dtv

Etwa zehn Prozent der deutschen Schülerinnen und Schüler sind verhaltensauffällig – Tendenz steigend. Lehrer registrieren vermehrt Probleme mit ganzen Klassen: Sie berichten von Unruhe und Unaufmerksamkeit, einem völligen Desinteresse an Themen, die vermeintlich nichts mit der Lebenswelt der Lernenden zu tun haben, und einer wütenden Abwehr gegen Anstrengungen jeder Art. Doch das von den Kindern und Jugendlichen zur Schau gestellte Selbstbewusstsein ist höchst vordergründig: Denn tief sitzen die Ängste, was die Fähigkeiten, Chancen und den Wert der eigenen Person anbelangt. Michael Köditz, Diplompädagoge und Berufsschullehrer, erläutert, welche gesellschaftlichen, familiären und schulischen Problematiken die Verhaltensauffälligkeiten der Kinder und Jugendlichen mit verursachen. Und er macht Vorschläge, wie ein Ambiente gestaltet werden kann, das die Entwicklung eines stabilen Selbst sowie ein entspannteres Lehren und Lernen ermöglicht.

Michael Köditz, geboren 1953, Vater eines Kindes, ist Diplompädagoge und Heilpraktiker für Psychotherapie. In einer beruflichen Schule in Offenbach am Main unterrichtet er als Studienrat für Sozial- und Medienpädagogik angehende Erzieherinnen und Erzieher und ist Beratungslehrer. Er arbeitet im Vorstand der Gewerkschaft Erziehung und Wissenschaft Hessen mit.

Michael Köditz

Wenn Kinder schwierig sind

Eine Hilfestellung für Eltern, Lehrer und Erzieher

Deutscher Taschenbuch Verlag

Originalausgabe
September 2004

www.dtv.de

Umschlagkonzept: Balk & Brumshagen
Umschlagfoto: © Mauritius/Weinhäupl
Satz: Greiner & Reichel, Köln
Gesetzt aus der Meridien 9,25/11,5' und der Officina Sans
Druck und Bindung: Druckerei C. H. Beck, Nördlingen
Gedruckt auf säurefreiem, chlorfrei gebleichtem Papier
Printed in Germany · ISBN 3-423-34117-3

Inhalt

Einführung

Seit einigen Jahrzehnten sind Verhaltensauffälligkeiten von Kindern und Jugendlichen verstärkt ins Blickfeld der Öffentlichkeit geraten. Besonders spektakuläre Vorfälle sorgen regelmäßig für Schlagzeilen. Sich häufende Klagen von Eltern sowie zunehmende Schwierigkeiten in Bildungseinrichtungen lassen darüber hinaus die Schlussfolgerung zu, dass es sich nicht um Einzelfälle, sondern um ein Phänomen handelt, das sich immer mehr ausbreitet. In Diskussionen über die Ursachen werden verschiedene Details benannt, insgesamt aber bleibt ein großes Maß an Hilflosigkeit und Verständnislosigkeit sichtbar. Daher soll hier versucht werden, dieses Phänomen mit einer ganzheitlichen Herangehensweise zu erfassen. Diese beinhaltet sowohl eine Beschäftigung mit dem individuellen Kind und seiner psychischen Struktur als auch mit den soziokulturellen Bedingungen der Welt, in der es aufwächst.

Gesteigerte Gewalttätigkeiten bis hin zu Amokläufen von Schülern sorgen seit einigen Jahren in den USA, inzwischen aber auch bei uns für entsetzte Reaktionen und erregte Diskussionen. Drohen Fernsehen und Computerspiele ganze Generationen zu verrohen – oder werden am Ende nur Einzelfälle von sensationsgierigen Medien hochgespielt? Was ist mit Kindern los, die zu derartiger Grausamkeit fähig sind? Was soll mit den Tätern geschehen? Sollen die Altersgrenzen für Straffähigkeit gesenkt werden? Und sollen auch die Eltern, die für die Erziehung dieser Kinder verantwortlich sind, bestraft werden? Kritische Geister rücken auch die Rolle des gesellschaftlichen Umfeldes für die zunehmende Gewaltbereitschaft verstärkt ins Blickfeld: Der Oscar-prämierte Dokumentarfilm ›Bowling for Columbine‹ von Michael Moore,[1] der sich mit dem Massaker an der Columbine High School in Littleton, Colorado im Jahre 1999 beschäftigt, stellt neben die Bilder des Amoklaufs die der örtlichen Atomwaffenproduktion durch die Rüstungsfirma Lockheed Martin und die Hartnäckigkeit der amerikanischen Waffenlobby, die sich bis heute erfolgreich jeglicher Verschärfung der liberalen Gesetzgebung zum Schusswaffenbesitz in der Bevölkerung widersetzt, sowie heftigster Bombardements von Wohnvierteln im Kosovo durch die US-Luftwaffe. Damit zeigt er, dass Gewalt und Grausamkeit nicht nur in der Welt der Kinder und Jugendlichen neue Dimensionen erreichen. Im kindlichen bzw. jugendlichen Verhalten spiegelt sich ganz offensichtlich ein sehr hässliches Stück unserer Erwachsenenwelt.

Besorgnis löst auch die Verbreitung illegaler Drogen aus. Hatte sich der Konsum »bewusstseinserweiternder« Drogen in den späten Sechzigern und Siebzigern noch aufgrund politischer Motivation verbreitet, traten derartige Motive bei darauf folgenden Generationen in den Hintergrund. Der Drogenkonsum nimmt jedoch trotzdem weiter zu. Darüber hinaus werden vermehrt andere Süchte bei Jugendlichen registriert, etwa Esssüchte. Aber auch hier ist festzustellen, dass Suchttendenzen sich nicht nur bei Jugendlichen verstärken, sondern in vielfältiger Form unser aller Leben prägen und – etwa in der Werbung – sogar offen propagiert werden.

Mit großer öffentlicher Resonanz wird das Problem konstant unruhiger Kinder diskutiert. Viele betroffene Eltern berichten besorgt von schier unlösbaren Problemen. Ihre Kinder sind ständig in Bewegung, dabei sehr ungeschickt und können sich auf nichts richtig konzentrieren. Sie gehen allen auf die Nerven und ein Gespräch mit ihnen ist kaum möglich. Als Gründe für diese Verhaltensauffälligkeiten wurden zunächst veränderte Ernährungsgewohnheiten genannt, so die Zunahme des Konsums phosphathaltiger Lebensmittel – vor allem Cola und Würstchen. Tatsächlich wurde zunächst von Fällen berichtet, in denen eine Umstellung der Ernährung die Problematik linderte. Dies half in anderen Fällen jedoch nicht, so dass nach anderen Erklärungsansätzen gesucht werden musste, etwa minimalen cerebralen Störungen. Die Ursachen werden nach wie vor kontrovers diskutiert. Bemerkenswert ist jeist. Und so machen sich dann Lehrkräfte bei Eltern keineswegs beliebt, wenn sie ihnen sagen müssen, dass die Probleme nicht nur mit einem fremden »schwierigen« Kind bestehen, sondern ihr eigenes durchaus mit von der Partie ist.

In einigen Schulformen machen ganze Klassen ihren Lehrkräften deutlich, dass sie »keinen Bock« haben. Haupt- und Berufsschulklassen, in denen Schülerinnen und Schüler in der Pubertät unterrichtet werden, haben einen besonders schlechten Ruf. Aber auch in anderen Schulformen nehmen die Probleme zu. So ergab eine Studie an Hamburger Gymnasien, dass Jungen in den Klassenstufen 7 und 8 »praktisch nichts mehr dazulernen«[3]. Das Problem ist also keineswegs als individuelles anzusehen.

Typisch für als »schwierig« geltende Klassen, in denen kaum gelernt wird, ist ein großes Maß an Unruhe. Wenn jemand etwas mitzuteilen hat, muss sie/er das sofort tun, egal, ob die Mitteilung zum Unterrichtsthema gehört oder nicht, egal, ob sie an die Klasse gerichtet ist oder an Einzelne. Auch die Lautstärke der Mitteilung ist meist vom Adressaten unabhängig. Ein konzentriertes Unterrichtsgespräch ist selten möglich, spontane Bedürfnisse sind anscheinend kaum aufschiebbar: Toilettengänge, bei Älteren das Rauchen, etwas zu essen holen, organisatorische Fragen klären – alles soll sofort geschehen. Typisch ist – mitten in einer zentralen Erläuterung – die unterbrechende Frage: »Kann ich eine Schulbescheinigung haben?« Oft hat die Lehrkraft einen schweren Stand in dieser Klamauk-Atmosphäre. Spaß scheint im Vordergrund zu stehen, ein Erkenntnisinteresse ist nicht registrierbar.

Dies alles erscheint zunächst als Rücksichtslosigkeit. Auffällig ist jedoch die Unfähigkeit beziehungsweise Unwilligkeit vieler Schülerinnen und Schüler, Gesprächen, in denen nicht die momentanen eigenen Bedürfnisse im Vordergrund stehen, auch nur ansatzweise zu folgen. Besonders schwierig ist die Behandlung von Themen, die von der eigenen Lebenswelt entfernt sind. Politik, wozu denn? Was schert uns Afrika? Ausnahmen sind bewegende Ereignisse wie die Selbstmordanschläge auf das World Trade Center am 11. September 2001 oder der Irak-Krieg, aber auch hier verlieren viele bald das Interesse, wenn es in die Tiefe geht oder komplexer wird.

Eine Verkümmerung der Neugier wird deutlich, soweit es nicht um die eigene Person geht. Die profitiert davon jedoch keineswegs. Die Verkümmerung geht mit einer Verarmung der inneren Welt unserer Kinder und Jugendlichen einher. So wird diese eben nicht weiter und vielfältiger, sondern bleibt auf sich selbst fixiert. Dies geht in der Regel mit ungelösten Konflikten in der Persönlichkeitsstruktur einher: Die eigenen Probleme stehen so sehr im Vordergrund, dass für eine Beschäftigung mit Dingen, die außerhalb liegen, kaum noch Energie übrig ist.[4]

Erschwerend kommt hinzu, dass die Bereitschaft, Anstrengungen jeder Art auf sich zu nehmen, sehr gering ist. Wenn es schwer wird, tritt heftige Abwehr auf den Plan. In derartigen Fällen »haben wir schon alles verstanden«, auch wenn dies ganz offensichtlich nicht der Fall ist. Die Unruhe und die Bedürfnisse, den Klassenraum zu verlassen, steigern sich enorm, und im Zweifelsfall ist der Lehrer an allem schuld. Dieses Verhalten korreliert mit Größenvorstellungen, die viele Schülerinnen und Schüler von ihren eigenen Leistungen, Fähigkeiten und Lebensperspektiven haben. Deutlich werden diese nicht nur bei unrealistischen Berufszielen, sondern zum Beispiel auch bei Notenbesprechungen. Kaum nachvollziehbare Empfindlichkeiten werden hier sichtbar. Es gibt Schülerinnen und Schüler, denen eine 2+ schon als Kränkung erscheint. Aber auch jede andere Art von auch nur ansatzweise kritischen Hinweisen wird allzu oft als schwere Beleidigung verbucht. Wenn es dann aber »zum Schwur kommt«, tauchen viele plötzlich ab. Wenn Leistungen gezeigt werden sollen, am Ende sogar noch vor einer anderen Klasse, tritt häufig verblüffende Ängstlichkeit auf.

Die meisten der besonders auffälligen Kinder sind Jungen. Das hat auch damit zu tun, dass die traditionelle Männerrolle schon immer die Verrichtung weithin sichtbarer »Heldentaten« impliziert hat. Weithin sichtbare Taten sind aber auch solche, die besonders provozieren oder gar mit Gewalt verbunden sind. In der Peer-Gruppe gleichaltriger Jungen finden sich dann auch Gleichgesinnte, die das auffällige Verhalten als heldenhaftes feiern. Mit derartigen Taten wird ein »starkes« Image aufgebaut, das mit der Realität nicht mehr viel zu tun hat.

Zur Männerrolle gehört es, sich als stark, belastbar und erfolgreich zu zeigen, Rivalitäten mit anderen zu bestehen. Zu viel Emotionalität ist da kontraproduktiv. Die Ansprüche, die an Männer gestellt werden, bedeuten besondere Risiken für die kindliche Entwicklung im emotionalen und sozialen Bereich. Der Druck, ein »echter« Junge zu sein, kann den Erwerb bestimmter sozialer Kompetenzen erschweren oder sogar verhindern. Denn wenn von einem Jungen erwartet wird, kein »Weichei« zu sein, wird dieser es schwer haben, andere Menschen verstehen zu lernen und gut mit ihnen umzugehen. So ist es nicht erstaunlich, wenn Jungen sich besonders rau verhalten und kaum nachempfinden können, was sie anderen damit antun.

Leichte Kränkbarkeit, der Wunsch, im Mittelpunkt zu stehen, Interesse vor allem an der eigenen Person, Sprunghaftigkeit, verletzende Aggressivität – das alles ist nicht exklusiv Jungen vorbehalten. Auch Mädchen haben die Tendenz, um sich selbst zu kreisen, andere abzuwerten und eine verunsichernde eigene Realität mit einem grandiosen Image zu überdecken. Allerdings ist die Art, wie Jungen und Mädchen dies tun, unterschiedlich.

Die hier geschilderten Phänomene sind also nicht nur als Störungen einzelner Kinder und Jugendlicher zu verstehen. Es geht vielmehr um eine Entwicklung, die zunehmend ganze Generationen erfasst. Um zu verstehen, was hier passiert, reicht es nicht, die individuelle Situation, das jeweilige Elternhaus etwa, verantwortlich zu machen. Gesellschaftliche

Entwicklungen, kulturelle Veränderungen, die das Leben der Kinder und ihrer Eltern maßgeblich prägen, müssen berücksichtigt werden.

Viele Eltern, aber auch viele pädagogische Einrichtungen, allen voran die Schulen, werden von dieser Entwicklung überfordert. Vielfach mangelt es an ausreichendem Verständnis und daraus resultierenden Konzeptionen. Lehrkräften fehlt es in der Regel an Ausbildung im psychologischen Bereich. Ihnen selbst diesen Mangel anzulasten würde der Problematik nicht gerecht. Verantwortlich sind vielmehr die Ministerien, die die Inhalte der Lehrerausbildung bestimmen – und diese bislang möglichst kostengünstig gestalten.

An Ressourcen, die helfen könnten, die Situation grundsätzlich zu verändern, wird überhaupt gespart. So mangelt es nicht nur an Geld für die Aus- und Weiterbildung der Pädagogen. Auch Reflexion und die Entwicklung neuer Konzeptionen kosten Arbeitszeit und damit Geld. An zusätzliche, besonders qualifizierte Fachkräfte oder aber besonders geeignete Bauten und Gelände ist gar nicht zu denken. Vielfach fehlt sogar notwendiges Material, besonders in Schulen.

Damit hier die Sparflamme weiter brennen kann, muss in der öffentlichen Diskussion die Problematik wenigstens partiell heruntergespielt werden. Einzelphänomene werden angesprochen, an einzelnen Stellen wird »geflickt«, aber das Thema wird vor allem dann diskutiert, wenn wieder etwas Spektakuläres passiert, und dann auch nur so lange, bis es die nächste Sensation wieder aus den Medien verdrängt. Damit wird die problematische Entwicklung als nicht so ernst dargestellt, dass auf sie konsequent und ausreichend reagiert werden müsste.

Es ist zu befürchten, dass die Situation weiter eskaliert. Dabei ist sie schon schwierig genug. Besonders deutlich geworden in der öffentlichen Diskussion ist die Lage an den Schulen. Dass in den oben geschilderten Klassen kaum noch gelernt wird und sich vorwiegend negative Haltungen sowohl den Inhalten als auch den Mitschülerinnen, Mitschülern und Lehrkräften gegenüber verfestigen, versteht sich von selbst.

Dass wir mit der schulischen Ausbildung unserer Kinder und Jugendlichen im Weltmaßstab weit unten gelandet sind, wird sich in kommenden Jahrzehnten massiv auswirken. Im Moment haben vorwiegend Eltern sowie Pädagoginnen und Pädagogen Probleme mit »schwieriger« werdenden Kindern. Wenn diese Kinder erwachsen sind, können ihre Auffälligkeiten Auswirkungen auf alle Bereiche des gesellschaftlichen Lebens haben. Umso dringlicher ist es, hier mit pädagogischen Konzepten zu arbeiten, die Kindern und Jugendlichen eine positive Weiterentwicklung ermöglichen.

Doch dazu müssen wir zuerst verstehen, was sie bewegt. In diesem Buch soll versucht werden, Auffälligkeiten von Kindern und Jugendlichen aus einer Perspektive zu sehen, die erlaubt, ihre Gefühle nachzuvollziehen. Dies geschieht ganz im Sinne humanistischer Traditionen, die Einfühlung als Grundlage für therapeutisches Handeln voraussetzen. Erst wenn wir verstehen, was auffälliges Verhalten verursacht oder verstärkt, können wir auf einer fundierten Basis Überlegungen anstellen, wie Veränderungen bewirkt werden können.

Die Darstellung einzelner Schicksale im folgenden Kapitel soll die Hintergründe für die Zunahme der Auffälligkeiten insgesamt sichtbar machen. Auf dieser Basis lässt sich nachvollziehen, warum auffälliges Verhalten sich zunehmend ausbreitet. Welche gesellschaftlichen Haltungen und Entwicklungen spiegelt die emotionale Situation auffälliger Kinder wider? Wie lässt sich die Zunahme problematischen Verhaltens im Zusammenhang mit Veränderungen in der Welt unserer Kinder und Jugendlichen verstehen? Dabei geht es nicht nur um die rein materielle Umgebung. Haltungen und Einstellungen, die sich in unserer Gesellschaft ausbreiten, spielen hier ebenso eine Rolle wie typische Beziehungsgeflechte. Auf dieser Grundlage wird gezeigt, wie sich in den Verhaltensauffälligkeiten unserer Kinder typische Geister unserer Zeit widerspiegeln – die wiederum von gesellschaftlichen Entwicklungen hervorgerufen werden.

Besondere Aufmerksamkeit gilt dabei der Narzissmusproblematik. Der Begriff »Narzissmus« geht auf die griechische Mythologie zurück.

Narziss (griechisch *Narkissos*) war ein schöner junger Mann, der die Menschen, die sich um seine Gunst bemühten, abwies. Nachdem er auch die Nymphe Echo verschmäht hatte, bestrafte Aphrodite, die Göttin der sinnlichen Liebe und der Schönheit, seinen Hochmut: Als er sich über eine Quelle beugte, sah er dort sein eigenes Spiegelbild und verliebte sich in dieses. Sein Verlangen war nicht zu stillen, und er ging elend daran zu Grunde.

Demzufolge werden Menschen, die unfähig sind, sich auf andere liebevoll zu beziehen, und stattdessen nur auf sich selbst fixiert bleiben, als »Narzissten« bezeichnet. Doch auch wenn ihr Verhalten hochmütig erscheinen mag, liegt ihm tatsächlich eine innere Not zu Grunde. Wer in sich ein stabiles Fundament hat, kann sich frei von Ängsten und Zweifeln anderen zuwenden. Menschen, die zu liebevollem Kontakt nicht fähig sind und nur um sich selbst kreisen, mangelt es in der Regel an psychischer Stabilität, insbesondere an einem soliden Selbstwertgefühl. Was vordergründig als übergroße Liebe zur eigenen Person erscheint, gründet in narzisstischer Bedürftigkeit.

Derartige Problemlagen weiten sich aus; Narzissmus wird zunehmend als Erscheinung diskutiert, die für unsere Gesellschaft typisch ist. So geht etwa der amerikanische Soziologe Christopher Lasch davon aus, dass wir im »Zeitalter des Narzissmus«[5] leben.

Die Art und Weise, wie unsere Welt gestaltet ist, hat Auswirkungen auf die emotionale Situation und psychische Entwicklung unserer Kinder. Politische und wirtschaftliche Entscheidungen über die Zukunft unserer Umwelt und Kultur werden in der Regel nur sehr wenig von Überlegungen beeinflusst, was der Reifung unserer Kinder dient. Häufig stehen finanzielle Interessen im Vordergrund und die Situation unserer Kinder und Jugendlichen wird viel zu oft ausgeblendet.

Warum in unserer Gesellschaft eine Tendenz besteht, gerade vor schwierigen Entwicklungen die Augen zu verschließen, wenn nur die Finanzen stimmen – mit der Gefahr fataler Folgen –, ist in diesem Zusammenhang ebenfalls eine spannende Frage.

Die Betrachtung der Probleme im gesellschaftlichen Kontext soll auch von individueller »Schuld« entlasten und die Handlungsfähigkeit der Erziehenden sicherstellen. Eltern auffälliger Kinder haben oft starke Schuldgefühle, denn in der Tat ist das Verhalten ihrer Kinder für ihre Mitmenschen unangenehm, oft sogar unerträglich. Sie quält die Frage: »Was haben wir falsch gemacht?« So sehr es angebracht ist, das eigene Verhalten kritisch zu hinterfragen, so sehr kann das Gefühl eigener Unzulänglichkeit in die Resignation führen: Gefühle der Hilflosigkeit breiten sich aus. Wer sich zum Erziehen seiner Kinder unfähig fühlt, wird sich wohl kaum zutrauen, Veränderungen zu bewirken.

Werden die Schuldgefühle unerträglich, können sie auch dazu führen, dass Eltern die Problematik ihrer Kinder verleugnen oder verniedlichen. Werden diese ausfällig, haben eben andere sie dazu provoziert. In beiden Fällen wird sich nicht viel ändern. Wenn aber deutlich wird, wie gesellschaftliche Strömungen uns alle formen, und nicht individuelles Versagen im Vordergrund steht, erwacht der Mut von Eltern und Pädagoginnen und Pädagogen, sich der Problematik zu stellen, zu neuem Leben.

Wenn wir die Dynamik, in der auffälliges Verhalten entsteht, verstehen, können wir Perspektiven für neue Handlungsmöglichkeiten gewinnen. Diese werden neben der Beschäftigung mit den betroffenen Kindern und Jugendlichen auch in der Auseinandersetzung mit eigenen Haltungen und Beziehungsmustern stehen. Konsequenzen für die Einstellung und das Engagement im Hinblick auf gesellschaftspolitische Fragen kann diese Auseinandersetzung ebenfalls haben.

Beispiele für »schwierige« Kinder

Die folgenden Fallbeispiele beinhalten Verhaltensweisen, die in der pädagogischen Praxis häufig zu beobachten sind. Die Fälle (mit Ausnahme des Erfurter Amokläufers) habe ich meiner langjährigen Praxis in der Vorschulerziehung und als Beratungslehrer entnommen. Namen und weitere Details sind in dieser Darstellung verändert.

Anzumerken ist, dass ähnliche Verhaltensweisen aus unterschiedlichen Sozialisationsbedingungen resultieren können und umgekehrt ähnliche Ausgangsbedingungen zu unterschiedlichen Ergebnissen führen können. Vor Verallgemeinerungen sei also nachdrücklich gewarnt.

Absichtlich werden auch weniger auffällige Kinder dargestellt, Jungen ebenso wie Mädchen beschrieben. Dadurch sollen die ganze Bandbreite und das Ausmaß der Problematik deutlich werden.

Die Beispiele zeigen kindliche und jugendliche Leidenswege mit der Ausprägung von Symptomen in den unterschiedlichen Bereichen: Gewalt/Herrschaft, Drogen, ständige Unruhe und Depression. Damit sind wesentliche Formen von Auffälligkeiten erfasst. Die Beispiele aus der Praxis sollen dazu beitragen, Hintergründe für die Zunahme auffälligen Verhaltens sichtbar zu machen.

Macht, Gewalt und Tyrannei

Besonders spektakulär sind die Fälle von Kindern und Jugendlichen, die auf unverschämte oder sogar grausame Art mit ihren Mitmenschen umgehen und dabei auch vor engen Freunden und Verwandten nicht Halt machen. Empörte und entsetzte Resonanz in der Öffentlichkeit ist ihnen allemal gewiss. Dass die Schwere von Delikten zunimmt und die Täter immer jünger werden, ist bekannt. Was aber treibt Kinder und

Jugendliche dazu, andere beherrschen oder sogar vernichten zu wollen? Das zu verstehen fällt angesichts ihrer Opfer schwer. Daher soll zunächst ein Junge beschrieben werden, der noch zu klein ist, um medienwirksame Untaten zu begehen und dessen tyrannisches Verhalten[6] eher lächerlich als bedrohlich anmutet.

Ein kleiner Despot

Machtkämpfe zwischen Kindern und Eltern sind in der Öffentlichkeit immer wieder zu beobachten, etwa die bekannten Auseinandersetzungen vor den Süßwarenregalen der Supermärkte, besonders in Kassennähe, wo die Kleinen – auf dem Einkaufswagen sitzend – quasi in Greifnähe an all den Leckereien vorbeigeschoben werden. Nur selten gewinnen die Erwachsenen diese Kämpfe; angesichts der Zuschauer geben sie oft auf, um sich Ruhe zu verschaffen und weitere Peinlichkeiten zu vermeiden. Supermarktketten bauen darauf bei der Einrichtung ihrer Märkte, um einen möglichst hohen Umsatz zu erwirtschaften. Und weil Kinder schnell lernen, bekommen sie mit, wo und wie sie sich gegen ihre Eltern durchsetzen können – und erproben das Gelernte in anderen Situationen weiter.

So weit, so harmlos. Weniger harmlos erscheint da schon folgendes Beispiel: Eine Mutter muss mit ihrem vierjährigen Jungen, nennen wir ihn Uwe, eilig zu einem wichtigen Termin. Ihr bietet sich die Chance, einen Halbtagsjob zu bekommen. Zum Vorstellungsgespräch will sie mit dem Bus fahren und ihren Sohn auf dem Weg zu einer Betreuung bringen.

Uwe versteht nur in Umrissen, worum es geht. Aber so viel ist ihm klar: Seine Mutter will zeitweise weg. Und er soll wieder in die Kindertagesstätte, die er bereits einige Wochen besucht hat. Dort ist Uwe als launisch und aggressiv aufgefallen. Er bekam Schwierigkeiten mit den anderen Kindern und wollte nicht auf seine Erzieherin hören. Also weigerte er sich, die Einrichtung weiter zu besuchen, und blieb wieder bei der

Mutter zu Hause. In die Kita will er keinesfalls zurück. Er hat kein Vertrauen zu einer Erzieherin, die gar nicht daran denkt, sich stets nach ihm zu richten. Er hat nicht gelernt, mit anderen Kindern zu teilen. Er kann nicht damit umgehen, dass die ihren eigenen Willen haben und ihm gegenüber gleichberechtigt sind. Er ist überfordert und verunsichert.

Der Junge will also nicht mitfahren. Es gelingt der Mutter, das protestierende Kind zur Bushaltestelle zu bugsieren. Als der Bus kommt, rächt Uwe sich. Er erklärt kategorisch, er werde erst einsteigen, wenn die Mutter vor ihm auf die Knie falle. Die Mutter redet auf ihn ein; sie muss diesen Bus bekommen, um ihren Termin wahrzunehmen. Der Junge bleibt bei seiner Haltung. Der Busfahrer wird ungeduldig und will die Tür schließen. Da fällt die Mutter auf die Knie, der kleine Junge steigt ein, und seine Mutter folgt ihm beschämt und mit puterrotem Gesicht. Die Reaktionen der Fahrgäste schwanken zwischen heller Empörung und hämischem Feixen.

Dieses Beispiel macht deutlich, was mit dem Begriff »kleiner Tyrann« gemeint ist. Der Junge scheint seine Mutter zu beherrschen: Gerade durch den verlangten Kniefall macht er klar, wem hier Devotion gebührt. Sie fühlt sich unfähig und gedemütigt, ganz besonders vor den anderen Fahrgästen. Und er – ist er wirklich als strahlender Sieger aus diesem Konflikt hervorgegangen?

Stellen wir uns einen Moment vor, wie es für den Jungen sein mag, jetzt mit seiner Mutter im Bus zu sitzen. Und vergegenwärtigen wir uns dabei, dass Vierjährige wirklich klein sind; etwa halb so groß wie all die Erwachsenen ringsum, zudem wesentlich schwächer und unwissender, im Grunde genommen sehr hilflos darin, sich in der Welt außerhalb der eigenen Wohnung zu bewegen. Tatsächlich kann Uwe noch nicht einmal alleine mit dem Bus fahren. Und nun sitzt er mit seiner Mutter in diesem Bus, er am Fenster, sie (Gott sei Dank!) am Gang.

Die Fahrgäste sind überwiegend empört und werfen ihm finstere Blicke zu. Einer erklärt lautstark, dass Uwe dringend geohrfeigt werden müsse. Allein seine Mutter kann ihn davor schützen. Und die macht keineswegs einen starken und kampfesmutigen Eindruck, sondern ist beschämt in sich zusammengesunken. Viele Fahrgäste grinsen, sie machen sich über sie lustig. Sie würde sich aus lauter Scham am liebsten verstecken.

Strahlender Sieger ist der Kleine nun keineswegs: Die Mutter ist erniedrigt, und er wird einhellig angefeindet. Müsste Uwe sich jetzt nicht eigentlich sehr unwohl fühlen in dem Bus, wo alle Großen ziemlich böse auf ihn sind und seine Schutzperson gerade im Boden versinken möchte? Wie kommt es dazu, dass Uwe sich traut, seine Mutter so unverschämt zu behandeln, und ihn nicht beispielsweise Angst- und Schamgefühle davon abhalten? Warum verursacht Uwe eine solche Situation? Und wie kommt es dazu, dass Uwes Mutter das alles mit sich machen lässt?

Die Hintergründe dieses Falls will ich kurz umreißen. Uwe wohnt nur mit seiner Mutter zusammen in einer großen Stadt. Sein Vater unterhält zwar eine Beziehung mit der Mutter und kommt regelmäßig zu Besuch, wohnt aber in einer eigenen Wohnung. Viele Außenkontakte bestehen nicht, die Großeltern wohnen weit weg und werden im Urlaub besucht.

Uwes Eltern haben viele Ängste und Befürchtungen, nicht nur materieller Art. Beiden fällt es schwer, Entscheidungen zu treffen. So konnten sie sich auch nicht dafür entscheiden zusammenzuziehen. Häufig gibt es Streit zwischen den Eltern. Trennung – und damit für Uwe der Verlust des Vaters – ist immer wieder ein Thema, bei jedem Streit aufs Neue. Der Vater befürchtet, den Kontakt zu seinem Sohn und dessen Mutter zu verlieren. Noch intensiver aber erlebt Uwe die Ängste seiner Mutter mit. Zu Hause herrscht oft eine angespannte, angstbeherrschte Stimmung, deren Ursachen und Folgen Uwe natürlich nicht abschätzen kann. In dieser Situation suchen die Eltern – ohne sich dessen wirklich bewusst zu sein – ein Stück Sicherheit und Geborgenheit bei ihrem Sohn.

Verkehrte Welt

Das Eltern-Kind-Verhältnis hat sich hier in wesentlichen Punkten umgedreht. Die mit großer Ambivalenz verbundene Beziehung der Eltern lässt beide Erwachsene unbefriedigt. Daher suchen sie emotionalen Halt bei ihrem Sohn, der ihnen Nähe, Wärme und ihrem Leben Bedeutung gibt. Uwe und seine Mutter schlafen im selben Bett, der Vater schläft – zumindest, wenn es Krach gegeben hat – auf dem Sofa. Wenn die Eltern sich nicht einigen können, wird Uwe gefragt, und seine Entscheidung gilt dann. Uwe muss entscheiden: etwa über die Wohnungseinrichtung, über die Frage, was gemacht werden soll, ob ein Fest veranstaltet werden soll, wer eingeladen werden soll usw. Meist weiß er gar nicht genau, was seine Entscheidung im Einzelnen überhaupt bedeutet. Man könnte fast sagen, er wird als Zufallsgenerator missbraucht, wenn es seinen Eltern zu mühevoll wird, eine Einigung zu erzielen.

Eine Freundin sagte der Mutter einmal, man wisse eigentlich gar nicht genau, wer denn nun ihr Mann sei. Und selbst wenn Uwe dieses Maß an Einfluss und Zuwendung schmeichelt, ist er doch davon überfordert, dass so viel von ihm abhängt und seine Mutter emotional so bedürftig ist. Um hier Missverständnissen vorzubeugen: Kinder sollen durchaus in Entscheidungen einbezogen werden, wenn es um ihre Bedürfnisse geht und sie in der Lage sind, die Konsequenzen zu überblicken. Und wenn Kinder sich nachts ängstigen oder allein fühlen, tut es ihnen sicher gut, dann ins elterliche Bett kriechen zu können. Allerdings geht es hierbei um die Bedürfnisse der Kinder und nicht um die der Eltern. Wenn Kinder jedoch Entscheidungen treffen müssen, von denen sich ihre Eltern überfordert fühlen, dann läuft etwas grundsätzlich schief.

Eigentlich sollte es umgekehrt sein. Eigentlich sollte Uwe sich darauf verlassen können, dass seine Eltern für ihn sorgen, dass sie wissen, was gut für ihn ist, und ihm zu seinem eigenen Schutz auch Grenzen setzen. Eigentlich sollten Uwes Eltern seine Sicherheit in der Welt der Großen garantieren. Das alles funktioniert hier nicht. Uwe darf nicht wirklich Kind sein. Ein wichtiger Teil von ihm hat zu Hause keinen Platz: seine Hilflosigkeit, seine Bedürftigkeit und sein Angewiesensein darauf, dass andere sein Leben weitgehend strukturieren.

Starke Helden

Uwe hat sich daher von derartigen Gefühlslagen abgeschottet und damit auch ein Stück von seiner Realität. Er hat stattdessen eine Welt konstruiert, die ihm Größe und Stärke verspricht. Großartig kann er sich fühlen, wenn ihm die Eltern devot begegnen. Weitere Bausteine für seine Größenwelt findet er in Medienangeboten. – Hier soll allerdings kein Plädoyer für einen restriktiven Umgang mit Medien folgen. Fantastische Geschichten spielen für Kinder eine wichtige Rolle und dieselben Sendungen können mit ganz verschiedenen Augen gesehen werden.

Uwes Lieblingssendung im Fernsehen ist »Dragonball Z«. Superstarke Zeichentrickfiguren bekämpfen dort mit großkotzigen Sprüchen »die Bösen« im gesamten Universum. Ihren Möglichkeiten sind keine Grenzen gesetzt: Sie können sich – sogar ohne Raumschiff – mit Überlichtgeschwindigkeit durchs All beamen. Sie können – allein durch ihre geistigen Kräfte – ungeheure Energiemassen in den bloßen Händen konzentrieren, die sie als Blitze durchs All schleudern. Die Vernichtung ganzer Planeten ist kein Problem für sie. Diese Helden sind wahrlich omnipotent – und siehe da, eine der Figuren heißt sogar »Gott«.

Uwe sammelt Plastikfiguren starker Monster, die er durch die Luft sausen und gegeneinander kämpfen lässt. Er hat Poster seiner Lieblingshelden aufgehängt und guckt sich gern die dazugehörigen Comic-Hefte an. Und doch hat er sich nicht in eine Traumwelt zurückgezogen. Er ist mit seinen Wünschen und Forderungen zu Hause sehr präsent. Eher bezieht er die anderen in seine Traumwelt mit ein. Wenn er anderen – und hier bietet sich besonders seine Mutter an – seinen Willen aufzwingt, fühlt er sich stark und mächtig, so wie seine Monsterhelden.

Natürlich können Kinder und Erwachsene im Spiel gemeinsam Fantasiewelten teilen. Dabei können auch die Kinder die Rollen beherrschender Figuren übernehmen. Bei Uwe und seinen Eltern handelt es sich aber nicht um ein Spiel. Es ist nicht möglich, Regeln zu verhandeln. Es ist nicht möglich, einfach auszusteigen und Schluss zu machen. Denn die Eltern haben Uwe zum Spielleiter gemacht und ihm die gesamte Verantwortung übertragen.

Uwe benutzt besonders seine Mutter, die ihm ständig zur Verfügung steht, dazu, seine Größenwelt zu bestätigen. Und auch wenn sie vielleicht meint, sie würde mit ihrer Unterwerfung »alles für ihn tun«, tut sie ihm keinen Gefallen. Sie wird zu seiner Komplizin bei dem Unterfangen, sich selbst in einer Potenz zu sonnen, die völlig an der Wirklichkeit vorbeigeht. Die Mutter-Kind-Rolle hat sich nicht nur umgekehrt, es ist – wenigstens partiell – ein despotisches Verhältnis entstanden. Uwe will die Unterwerfung seiner Mutter im Ernst. Er hat zu bestimmen, sie ist seine Dienerin. Wenn er schon Mamas kleiner Mann sein muss, dann ist er eben ein ziemlich grausamer. Die Realität – in der er ein noch stark abhängiges kleines Kind ist – wird dabei vollkommen auf den Kopf gestellt.

Genau das geschieht auch in der Szene im Bus. Vor dem geschilderten Hintergrund können wir auch verstehen, dass Uwe weder Angst noch Scham spürt. Derartig negative Gefühle löst er bei anderen aus, und dadurch kann er sich großartig fühlen. Denn wer so Große so fertig macht, muss ja wohl ganz schön stark sein. Doch durch die Beherrschung seiner Mutter beim Einsteigen in den Bus erfährt Uwe nur kurzfristig ein Gefühl der Stärke. Weil seine Mutter sich von ihm demütigen lässt, erweist sie sich als schwächer als er selbst, was wiederum seinen erwachsenen Schutz entwertet. Dadurch entsteht ein so genannter »Circulus vitiosus«, ein Teufelskreis. Durch die Beherrschung der Mutter wird Uwes Realität unsicherer. Deshalb muss sie noch stärker geleugnet und die fantastische Welt, in der Uwe der Mächtigste ist, noch mehr zelebriert werden. Also gehen seine Versuche, die Mutter zu unterwerfen, noch intensiver weiter. Doch dadurch wird die Mutter für ihn immer weniger als starke Beschützerin vorstellbar. Ein Gefühl der Geborgenheit und Sicherheit erreicht er so nie, ganz im Gegenteil. Und das Verhältnis Mutter-Kind leidet zusehends.

In vielen Fällen wird dieser Teufelskreis nie durchbrochen. Die Kinder versuchen später, sich von anderen Menschen denselben Kick zu holen. Sie leugnen die Realität aus Angst, dass ihre Verletzlichkeit und Schwäche spürbar werden, und benutzen andere dazu, ihnen ihre Macht und Größe zu bestätigen. Schwächere, Kleinere sind hier natürlich willkommene Opfer. Aber noch mächtiger ist, wer Größere besiegt. Lehrkräfte, die sich nicht durchsetzen können, sind für Kinder mit Uwes Problematik ein gefundenes Fressen.

Aber es gibt noch andere Möglichkeiten als durch Gewaltandrohung über Schwächere zu triumphieren. Ein Kreis von Bewunderern, ein »Fanklub«, kann ähnliche Dienste leisten. Und so kann Uwe auch sehr verführerisch sein, wenn er etwas erreichen will. Eins haben seine Kontakte jedoch gemeinsam: Nie geht es um die anderen. Und seine charmante Art schlägt sehr schnell um, wenn er nicht zum Ziel kommt.

Uwe ist keineswegs ein bösartiges Kind, das gerne andere tyrannisiert. Seine Realität überfordert ihn so sehr, lässt ihn so wenig Kind sein und bietet ihm so wenig Sicherheit, dass er sich von ihr abgeschottet hat. Sein Schutzbedürfnis und seine Sehnsucht nach Eltern, die ihn halten können, bleiben unerfüllt. Auch wenn sich die Eltern vordergründig sehr um ihn bemühen, ist für einen Teil von Uwe zu Hause kein Platz. Er hat daher gelernt, die Realität zu leugnen und sich stattdessen durch Druck und Manipulation kurzfristige und fantastische Erlebnisse eigener Größe zu verschaffen. Dadurch lernt er weder, ängstigende Situationen angemessen wahrzunehmen und auf sie zu reagieren, noch, einen befriedigenden emotionalen Kontakt mit anderen Menschen herzustellen und darin wirkliche Geborgenheit und Sicherheit zu finden. Uwes auffälliges tyrannisches Verhalten muss als Hilfeschrei verstanden werden.

Angstregulation

Uwe hat nicht gelernt, mit negativen Gefühlen, speziell Unsicherheit, Hilflosigkeit und Angst, konstruktiv umzugehen. Seine Eltern können das auch nicht, wenn sie bei ihm, dem Kleinsten, Geborgenheit suchen, statt sich mit ihrer unbefriedigenden Situation auseinanderzusetzen und sie zu ändern. Uwe flüchtet stattdessen in eine fantasierte Größenwelt. Das ist keine einzigartige Reaktion. Diese Tendenz ist in unserer Kultur durchaus verbreitet und beschränkt sich keineswegs auf Kinder. Doch es ist notwendig, negative Gefühle ernst zu nehmen und positiv mit ihnen umgehen zu können, also über die Fähigkeit zur Angstregulation zu verfügen.

Angst ist ein unangenehmes Gefühl. Und doch ist es wichtig, sie zu spüren. Denn sie gibt uns wichtige Signale. Sie warnt uns, wenn wir in eine tendenziell bedrohliche Situation, Konflikte mit anderen oder auch mit eigenen Erfahrungen oder Werten geraten. Wie ein Wecker, der immer häufiger und lauter klingelt, bis man endlich aufsteht, meldet sie sich immer stärker, bis wir endlich Maßnahmen zu unserem Schutz ergreifen. Sie ist darüber hinaus spürbar, wenn etwas passiert, das für unser Leben entscheidend sein könnte. Dann treibt sie uns dazu, dieser Situation angemessen zu begegnen und ihr unsere volle Aufmerksamkeit und Energie zu widmen.

Wer keine Angst empfindet, lebt gefährlich. Damit aber die Angst ihre regulierende Funktion erfüllen kann, muss man in der Lage sein, auf sie angemessen zu reagieren. Für kleine Kinder bedeutet das zunächst, dass sie ausreichend Schutz und Geborgenheit – vor allem von ihren Hauptbezugspersonen – brauchen. Im Lauf ihrer Entwicklung erwerben sie zunehmend Kompetenzen, die ihnen helfen, neue Herausforderungen zu bewältigen und selbst mit bedrohlichen Situationen fertig zu werden. Das sind Kompetenzen im motorischen Bereich (zum

Beispiel schnell laufen oder schleichen können), im kognitiven (die Bedrohung analysieren und eine Strategie entwickeln können) sowie im kommunikativen Bereich (verhandeln können, Verbündete gewinnen). Um den Umgang mit Situationen, die mit Schwierigkeiten oder gar Angst verbunden sind, zu erlernen, braucht es Muster, Vorbilder und Übungsfelder.

Erfolgserlebnisse müssen möglich sein. In Situationen, die das Kind noch nicht selbst bewältigen kann, braucht es starken Schutz von Erwachsenen – etwa den Schutz einer sicheren Position, aus der heraus es beobachten kann, was die Erwachsenen jetzt machen. Und es braucht Situationen, die weniger bedrohlich und damit von ihm selbst zu bewältigen sind. Darin kann es die eigenen Fähigkeiten zur Abwehr einer Bedrohung testen, erweitern und trainieren.

All dies lernt ein Kind nicht nur zu Hause. Auch von Verwandten, Bekannten und Nachbarn kann das Kind sich etwas »abgucken«. Und je mutiger das Kind wird, desto weiter werden sich seine Übungsfelder vom Elternhaus entfernen. Uwe hat nicht nur zu Hause keine Möglichkeit, sich auf diesem Gebiet zu entwickeln, ihm fehlt auch ein entsprechendes Umfeld.

Die kleine Königin spielt alle aus

Etwas anders, aber mit ähnlichen Strebungen stellt sich die Geschichte von Desiree dar. Sie ist ein neunjähriges Mädchen, das als ungekrönte Königin seiner Klasse und der Mädchenclique in der Nachbarschaft gelten kann.

Draußen sieht man die Mädchen oft beim Rollschuhlaufen. Auf einem asphaltierten Platz spielen sie häufig »Kunstlauf«. Die Mädchen drehen ihre Pirouetten und geben richtige kleine Vorstellungen. Desiree läuft nie mit; sie verteilt die Punkte und kürt die Siegerin. Natürlich bemühen sich alle um ihre Gunst, aber die ist gar nicht so leicht zu erringen. Desiree bewertet, wertet ab, sagt den anderen, was ihnen noch fehlt –

und das nicht nur beim Rollschuhlaufen. Was die wenigsten wissen: Desiree kann gar nicht Rollschuhlaufen. Raffiniert, nicht wahr?

Bei schlechtem Wetter spielen die Mädchen gern drinnen mit Barbie-Puppen. Desirees Puppe ist immer die Chefin und hat auch die schönsten Kleider. Als Imke ihre neue »No-Name«-Puppe mitbringt, ist Desiree ziemlich entrüstet. Die Puppe darf nur Nebenrollen spielen und muss anziehen, was übrig bleibt. Imke, die ihre neue Puppe liebt, fühlt sich bloßgestellt und ist sich plötzlich nicht mehr so sicher, was sie von ihrer neuen Puppe eigentlich halten soll.

Überhaupt hat Desiree die Tendenz, andere vorzuführen. Auf einer Freizeit erreicht sie mit einem Trick, von dem sie mal gehört hat, dass Kornelia nachts ins Bett pinkelt: Sie hält eine Hand der Schlafenden in einen Eimer mit Wasser. Dann weckt sie die anderen und teilt ihnen mit, Kornelia habe ins Bett gemacht. Und die schämt sich natürlich fürchterlich.

Imke allerdings hat nicht geschlafen und Desiree mit dem Wassereimer gesehen. Natürlich leugnet Desiree alles, aber Imke beginnt immer mehr zu durchschauen, was für ein Spiel Desiree mit ihnen treibt. Nun wird Desiree misstrauisch. Sie möchte mehr darüber wissen, was Imke denkt. Also schenkt sie ihr zum Geburtstag ein besonders schönes Tagebuch, eins mit einem Schloss, in das man alle Geheimnisse schreiben kann. Imke, die gerne schreibt, freut sich sehr und benutzt das Tagebuch regelmäßig.

Aber eines Tages ist es aus ihrer Schreibtischschublade verschwunden. Ein paar Tage danach kommt Desiree zu Besuch. Nachdem Imke für einen Moment ihr Zimmer verlassen hat, holt Desiree das Tagebuch mit den Worten »Guck mal, was ich gefunden habe! Du hast wohl doch nicht richtig gesucht!« aus der Schreibtischschublade. Erst später stellt sich heraus, dass Desiree beim Kauf zwei Schlüssel für das Tagebuch bekommen hatte, wovon sie einen behielt.

Desirees Herrschaft ist sehr viel schwerer zu durchschauen als die von Uwe. Sie ist älter und cleverer. Sie weiß sehr geschickt Täuschung als Mittel zur Sicherung ihrer Macht einzusetzen und alle gegeneinander auszuspielen. Ein verlässliches Miteinander bleibt dabei natürlich auf der Strecke; immer mehr wird das Verhältnis der Mädchen zueinander von Misstrauen geprägt. Warum setzt Desiree auf Manipulation und Beherrschung anstatt auf Freundschaft?

Desirees Mutter ist sehr auf den Eindruck bedacht, den die Familie in der Öffentlichkeit macht. Desiree wird – wie ihre Mutter – stets der neuesten Mode entsprechend gestylt und gekleidet, und sie besucht sogar regelmäßig die Maniküre. Ihre Schulnoten sind fast ebenso makellos. Das ist allerdings nicht nur ihrem Fleiß zu verdanken, sondern vor allem ihrer Freundschaft mit guten Schülerinnen, die sie abschreiben lassen. Und wenn ein Lehrer dazu tendiert, ihr eine »Drei« zu geben, legt sie sehr eloquent dar, warum das vollkommen unangemessen ist. Eine schlechtere Zeugnisnote als »Zwei« hatte sie bisher noch nicht. Kurzum: Desiree scheint in jeder Hinsicht perfekt zu sein.

Der Vater ist beruflich meist im Ausland unterwegs. Die Mutter übt keinen Beruf aus, ist aber ausgiebig ehrenamtlich tätig. Ihre hauptsächliche Beschäftigung besteht darin, Desiree zu erziehen. Eigentlich hatte sie sich gewünscht, beruflich erfolgreich zu sein; als Jugendliche hatte sie von einer Karriere als Sängerin geträumt. Frühe Heirat und Schwangerschaft kamen dazwischen. Desirees Mutter ist eigentlich nicht zufrieden mit sich, ohne Berufsabschluss und meist ohne ihren Mann allein mit Kind zu Hause.

Diese Unzufriedenheit mit der eigenen Person versteckt sie hinter einer Maske der Perfektion. Und dabei muss Desiree mitmachen. Kind darf sie nicht sein. Stattdessen bekommt sie Bestätigung, wenn sie eine kleine Dame ist. Also verleugnet Desiree ihre kindlichen Gefühle. So, wie sie wirklich ist, ist sie nicht in Ordnung – das hat sie schmerzlich gelernt. Also wird sie eine andere und bereitet allen Schmerzen, die noch kindlich sein dürfen. Sie breitet das Regime, unter dem sie selbst steht, über ihre »Freundinnen« und Mitschülerinnen aus.

Wenn Desiree auch den Eindruck erweckt, sie strotze vor Selbstbewusstsein, darf doch nicht übersehen werden, dass sie in ihrem Kern verletzt ist. Ein Verhalten, das ihrem Alter entspricht, darf sie nicht zeigen. Nur wenn sie sich verstellt, ist sie etwas wert. Ihre Lage lässt sich vergleichen mit der eines Menschen, der nicht ohne Maske auf die Straße gehen kann. Für Desiree ist – um bei diesem Bild zu bleiben – überall Straße, auch zu Hause bei der Mutter. An ihre Maske hat sie sich schon so gewöhnt, dass diese nun vollkommen zu ihr zu gehören scheint. Nur in ihren manipulativen Bemühungen, andere zu beherrschen, wird noch deutlich, dass ihre eigene kindliche Persönlichkeit manipuliert und beherrscht ist.

Ein junger Mann läuft Amok

Die Frage, was Robert Steinhäuser dazu bewegte, einen Massenmord an seiner ehemaligen Schule in Erfurt zu begehen, ist kurz nach der Tat in der Öffentlichkeit breit diskutiert worden, dann aber wieder in Vergessenheit geraten. Statt eine Analyse der Tat und der Täterpersönlichkeit als Aufgabe für pädagogische Konsequenzen zu begreifen, wurde vielfach die Einmaligkeit der Tat betont. Dass ähnliche Beweggründe zu einer Vielzahl weniger spektakulärer Handlungen führen, wurde dabei geflissentlich übersehen. Deshalb hier noch einmal einige Hintergründe zu dem Fall.

Robert Steinhäuser entstammte einer »ganz normalen Familie«, wie auch sein Vater erklärte. Dass man wenig über Gefühle redete und auch wenig vom anderen wusste, ist nicht so ungewöhnlich. Die materielle Versorgung stimmte jedenfalls. Doch wenn schwelende Konflikte – hier etwa die Rivalität mit dem älteren Bruder und das Gefühl, überflüssig zu sein – nicht thematisiert werden, kann eine derartige familiäre Situation als kalt empfunden werden. Das Gefühl, nicht gebraucht zu werden, ein Versager zu sein, aktualisierte sich dramatisch, als Robert, eher tollpatschig, nicht besonders helle, von Mädchen nicht begehrt, von Lehrkräften und Mitschülern disqualifiziert, wegen Betrügereien ohne Abschluss von der Schule flog.

Robert hatte sich schon längst zurückgezogen in eine Welt, in der er mehr galt und konnte. Er spielte stundenlang Ballerspiele und wurde darin richtig gut. Einen nicht zu unterschätzenden Schritt vom Spiel zum Ernst bedeutete sein Beitritt zu einem Schützenverein. Und auch hier erzielte er schnell Erfolge, allerdings ausschließlich im Umgang mit der Waffe. Nicht gelernt hatte er hingegen, mit Menschen umzugehen, ihnen seine Not und seine Bedürfnisse mitzuteilen, sich zu öffnen, im Kontakt mit ihnen Bestätigung zu finden. Und offensichtlich hatte auch niemand gemerkt, wie nötig er dies hätte lernen müssen.

»Ich möchte, dass mich eines Tages alle kennen«, soll er gesagt haben. Dieser größenwahnsinnige Wunsch hatte sich nie durch die Erfahrung transformieren können, mit seinen tiefen Nöten erkannt zu werden und diese teilen zu können. Sicher, Robert hatte sich abgeschottet und sorgsam vermieden, sich in diesem Punkt zu »outen« und Hilfe zu holen. Aber stimmt es nicht nachdenklich, dass in unserer Gesellschaft sehr schnell deutlich wird, wenn ein Schüler nicht rechnen kann, und hierzu verschiedenste Hilfsangebote gemacht werden, dass aber derartig elementare Defizite vollkommen unregistriert bleiben können?

Dass Roberts Wut sich in einer derartigen Bluttat entlud, ist tatsächlich ein zwar nicht einzigartiger, aber doch sehr seltener Vorgang. Kinder, die in einer anscheinend ganz normalen, aber doch emotional kalten Situation aufwachsen, sich ungewollt, ungeliebt und ausgestoßen fühlen, gibt es viele. Und gerade in der Pubertät, wenn es darum geht, die eigene Anziehung zu erproben, können sich diese Gefühle auf unheilvolle Weise aktualisieren.

Gleichzeitig ist gerade in dieser Zeit das Bedürfnis, eigene Unzulänglichkeiten zu verstecken, besonders groß. Gewalttaten können die Möglichkeit bieten, sich einmal allen anderen überlegen zu fühlen, besondere Beachtung zu bekommen, im

Mittelpunkt zu stehen. In diesem Fall scheint aber ein weiterer Aspekt eine wichtige Rolle zu spielen.

Narzisstische Wut

Roberts Selbstwertgefühl war nach dem Schulverweis offensichtlich auf dem Nullpunkt angelangt. Die anderen schafften es, er nicht. Im Vergleich zu ihnen fühlte er sich als Versager. Aus dieser Perspektive müssen seine ehemaligen Mitschülerinnen und Mitschüler, die gerade dabei waren, das Abitur zu »schaffen«, und die Lehrkräfte, die bewerteten (was er möglicherweise als Entscheidung über den Wert oder Unwert seiner Person aufgefasst hat), ihm seine eigene Wertlosigkeit gespiegelt haben. Ihre tatsächliche Haltung zu ihm kann dabei sehr viel differenzierter gewesen sein. Dies hat er vermutlich gar nicht mehr genau registriert. Tiefenpsychologisches Denken geht davon aus, dass in solchen Situationen die Abbilder der Menschen, mit denen wir zu tun haben, in unseren Köpfen mit Repräsentanzen früherer negativer Erfahrungen verschmelzen.

Diese Unterscheidung ist wichtig, um zu verstehen, dass die eigene Psyche eine aktive Rolle dabei spielt, anderen Menschen Gedanken und Gefühle zuzuordnen. Das, was wir in einem anderen sehen, wird massiv beeinflusst von unseren Vorerfahrungen. Und oft sind die Unterschiede zwischen dem, was wir in einem anderen sehen, und dem, was er wirklich denkt und fühlt, recht groß.

Erfahrungen, die mit Gefühlen des Versagens verbunden waren, hatte Robert wiederholt gemacht. Wir können davon ausgehen, dass er die Vorstellung entwickelt hatte, dass auch andere Menschen ihn für einen Versager hielten. Darunter werden auch Menschen gewesen sein, die ihm sehr nahe standen und deren Urteil für ihn elementar war, etwa seine Eltern. Aber auch seinen Mitschülerinnen, Mitschülern und Lehrkräften unterstellte er diese Ansicht. Die Wut auf die anderen, die stärker, größer, begehrter und erfolgreicher zu sein schienen und von denen er sich abgewertet, abgelehnt und ignoriert gefühlt haben muss, steigerte sich ins Unermessliche, weil ihr

Erfolg für ihn bedeutete, dass er ein Nichts war. Sie zu eliminieren kann man also als einen Versuch verstehen, den eigenen Wert wiederherzustellen. Die, die ihn – in seiner Vorstellung – in Frage stellen, werden ausgeschaltet.

Kriege und Massaker

Was hier auf individueller Ebene tödliche Folgen hatte, kann in sehr viel größerem Maßstab geschehen, wenn ganze Massen von Menschen von ihrer narzisstischen Wut getrieben werden. Erich Fromm sieht darin häufige Ursachen für Kriege und Massaker.[7] Viele Menschen verbinden ihren Selbstwert in hohem Maße mit ihrer Zugehörigkeit zu einer bestimmten Religion, Kultur oder Nationalität. Wenn sie diese durch andere Religionen, Kulturen oder Völker bedroht sehen, wird es gefährlich. Zur Verteidigung ihrer Werte – Fromm spricht hier von »Gruppennarzissmus« – haben sich Menschen immer wieder dazu bewegen lassen, andere massenweise auszulöschen. Sie sehen in ihren Opfern nicht mehr die jeweiligen Individuen, sondern erleben sie als Bedrohung für ihr Selbstwertgefühl.

Menschen, deren Selbstwertgefühl besonders stark an ihre Religion oder Nationalität gebunden ist und die auch nicht auf andere Werte zu ihrer Selbstbestätigung zurückgreifen können, sind besonders leicht für derartige gewalttätige Auseinandersetzungen zu motivieren. Einzigartig waren Robert Steinhäusers Beweggründe zum Massenmord offensichtlich keineswegs. Noch dazu werden viele, die sich an ähnlich motivierten kriegerischen Auseinandersetzungen beteiligen, anschließend als Helden gefeiert.

Sucht

Wenn von Sucht die Rede ist, wird meistens die Gefährdung durch illegale Drogen thematisiert. Das ist allerdings zu kurz gegriffen. Längst nicht jeder wird süchtig, der illegale Drogen konsumiert. Und nur ein Teil der Süchte hat überhaupt mit

Drogen zu tun. Legale Drogen, deren Gefährdungspotenzial keineswegs gering einzustufen ist, sind aus unserem Alltag kaum noch wegzudenken. Zigaretten und Kaffee als kleine Muntermacher sind fester Bestandteil unserer Welt geworden. Mittel zum Einschlafen, gegen Schmerzen, zum Schöner- und Stärker-Werden, gegen Müdigkeit und schlechte Stimmung: Der Konsum legaler Drogen wird in der Werbung geradezu propagiert. Mit Erfolg – so konsumieren beispielsweise nach Angaben des Robert-Koch-Instituts 31 Prozent der Männer und 16 Prozent der Frauen in Deutschland Alkohol in gesundheitsgefährdendem Ausmaß.[8] An jeder Straßenecke eine Kneipe, die Flaschenregale im Supermarkt, Tabletten gegen jedes Wehwehchen: Kinder lernen schnell, dass Erwachsene Drogen benutzen, um unerwünschte Gefühlslagen zu verändern. Und Kinder, die die Welt ja mit sehr neugierigen und kritischen Augen sehen, haben einen scharfen Blick auch für andere Süchte und Abhängigkeiten: Was hat es eigentlich mit Mamis vielen Diäten auf sich? Sind Papas Freundinnen auf die Dauer nicht etwas nervig? Warum rennt der große Bruder immer in die Spielhalle, obwohl er anschließend Mama um Geld anbetteln muss? Und warum braucht die große Schwester stets die neuesten Klamotten, obwohl die alten noch gar nicht abgetragen sind? Angesichts der Vielzahl alltäglicher Süchte und Abhängigkeiten werden Erwachsene, wenn sie die Risiken illegaler Drogen darstellen wollen, von vielen Jugendlichen nicht mehr so richtig ernst genommen.

Drogen

Die Einnahme von Rausch erzeugenden Drogen kann zu einer kurzfristigen Entlastung von unangenehmen Gefühlen führen. Setzt die Wirkung schlagartig ein, spricht man von einem »Kick«. Dieser wird besonders dann als befreiend empfunden, wenn die Droge in einer unerwünschten Gefühlslage konsumiert wurde.

Nach welchen Gefühlen sich die Konsumenten sehnen,

darüber gibt die von der Droge erwünschte Wirkung – die nicht immer eintritt – verlässlich Auskunft. Man fühlt sich freier und stärker zum Beispiel durch Alkoholkonsum oder entspannter und harmonischer zum Beispiel durch das Rauchen von Haschisch. Die Modedroge Kokain, die sich nur gut Betuchte leisten können, und das verbreitetere Crack verhelfen zu wahren Größenwahn-Orgien, die auch gewalttätig enden können. Das ebenso angesagte Ecstasy unterstützt dabei, sich lebendig, herzlich und warm, gut aufgehoben und verbunden mit einer Masse anderer Disco-Gäste zu fühlen.

Natürlich kann das alles sehr schief gehen, und süchtiger Konsum führt allemal in ein Leben, das mit wesentlich weniger Geborgenheit, Einklang und wirklicher Stärke verbunden ist. Das aber sind genau die Gefühle, an denen es den Jugendlichen mangelt. Und weil sie nicht wissen, wie sie diese auch auf anderem Wege erleben können, nehmen sie alle negativen Folgen in Kauf. Auch in den vorab beschriebenen Fallbeispielen wurde eine Entlastung von Gefühlen der Angst und Unsicherheit gesucht, und auch dort war das Fehlen von Geborgenheit ein wichtiges Thema. Ebenso spielten Sehnsüchte nach Stärke, innerer Stabilität und Einklang eine große Rolle.

Computerkind

Immer mehr verbreiten sich aber auch Süchte, die nichts mit Drogen zu tun haben. Moderne Medien eignen sich sehr, um einer Realität zu entfliehen, in der Probleme zu bewältigen und negative Gefühlslagen auszuhalten sind. Hier deshalb der Fall eines Jungen, der sich vorwiegend vor seinem Rechner aufhält.

Philipp ist vierzehn. Er besucht die 7. Klasse der Realschule zum zweiten Mal. Wegen häufiger Fehlzeiten waren seine Leistungen so schlecht geworden, dass er die Klasse wiederholen musste. In seiner neuen Klasse hat er wenig Kontakt, weil er sehr oft fehlt und zudem noch zurückhaltend ist. Mit den Mädchen, die in seiner Schule in der Überzahl sind, will er nicht viel zu tun haben, sagt er. Seine Schüchternheit ist nicht zu übersehen. Wegen seines Aussehens und seiner Unsportlichkeit rechnet er sich wenig Chancen bei Mädchen aus. Und bevor er eh nur Körbe kassiert, zieht er sich lieber zurück.

Wegen seiner schlechten schulischen Leistungen machen ihm seine Eltern große Vorwürfe. Sehr viel Zeit, sich mit ihm zu beschäftigen, haben sie jedoch nicht. Der Vater ist beruflich viel unterwegs, und die Mutter muss sich um seine Geschwister kümmern, seinen dreijährigen Bruder und seine Schwester, die gerade ein Jahr alt geworden ist. Sie ist ständig krank, und die Mutter ist häufig mit ihr beim Arzt oder in der Uniklinik. Die Mutter fühlt sich von der Situation manchmal überfordert.

Philipp verzieht sich zu Hause immer sofort in sein Zimmer. Dort läuft ständig sein Computer. Die Großeltern finanzieren ihm eine Flatrate – ein Weihnachtsgeschenk. So ist Philipp ständig online. Die Bauteile für seinen neuen, schnellen Rechner hat er zum letzten Geburtstag bekommen – die Verwandtschaft hatte dafür zusammengelegt –, etwas anderes stand nicht auf seinem Wunschzettel. Seinen alten Computer hat Philipp auch noch. Wenn man beide zusammenschließt, kann man Computerspiele gegeneinander spielen.

Philipp hat zwei Freunde in der Nachbarschaft, die ihn gelegentlich besuchen kommen. Ihre große Leidenschaft sind Computerspiele. Sie sitzen dann gemeinsam vor seinen vernetzten Rechnern und spielen. Da ist Philipps Realität dann eine ganz andere. Er ist weder schüchtern, noch hat er Misserfolge. Weil er seit Jahren übt und schon im Kindergartenalter mit dem Gameboy angefangen hat, ist er gut trainiert. Hier ist er einer der Schnellsten und Besten, und sehr erfolgreich spielt er auch im Internet in Spielergemeinschaften mit. Hier ist er gefragt, man ist gerne mit ihm zusammen. Natürlich gehen die drei auch auf LAN-Partys, wo Philipp meist ziemlich gut abschneidet.

Natürlich spielt Philipp nicht nur, er kennt sich auch bestens im Internet aus, hat so ziemlich alles, was es an Programmen gibt, und selbstverständlich schraubt er seinen Rechner selbst zusammen. Der arbeitet einfach besser als jeder von einer Firma hergestellte. Philipp weiß nämlich genau, welche Teile besonders gut zusammenarbeiten; bei ihm gibt es keinen Pfusch.

So lebt Philipp in zwei Welten. Die eine, die aus Schule und seiner Familie besteht, ist für ihn ziemlich grau. Eigentlich ist er da überall abgemeldet. In der anderen, der Welt der Rechner, der Computerspiele, der LAN-Partys, ist er gefeierter Held und Fachmann. So ist es gut verständlich, dass er sich mehr und mehr aus der ersten zurückzieht und Erfolge in der zweiten sucht. Freilich wird dadurch sein Dasein in der ersten Welt immer schattenhafter. Auch seine hohen Fehlzeiten sind so zu erklären. Wenn er die Nächte durchgespielt hat, schafft er es einfach nicht mehr in die Schule.

Mit Ringen unter den Augen, wirklich fertig aussehend, bekommt er dann auch eine Entschuldigung von seiner Mutter oder ein Attest vom Arzt, besonders wenn er dazu noch etwas hustet und von Magenschmerzen redet. Es ist ihm immer ein bisschen unangenehm, so um eine Entschuldigung bitten zu müssen, aber wenn es geschafft ist, hat er wieder für einen oder mehrere Tage Ruhe. Er schließt sich dann in sein Zimmer ein und jagt erfolgreich Monster und Feinde, erlegt zielstrebig einen nach dem anderen und knackt Geheimnisse. Er findet jeden Trick heraus und ist schneller als alle anderen. Dass es mit seinem mittleren Abschluss vielleicht nichts mehr wird und er wohl bald auf die Hauptschule wechseln muss, ist dabei erst mal vergessen.

Das Muster ist bekannt. Misserfolg, wenig Kontakt und Unsicherheit sind die schwer auszuhaltende Realität. So wie sich andere durch verschiedenste Kicks wenigstens temporär in eine angenehmere emotionale Situation versetzen, flüchtet Philipp in eine Welt, in der er sich als mächtig und großartig erleben kann. In der Schule und in der Familie läuft er ganz hinten mit, aber hier schafft er sie alle, und das im Handumdrehen.

Es mangelt Philipp nicht nur an Kompetenzen, seine Realität zu verändern, er traut es sich auch gar nicht zu. Er erhält die nötige Unterstützung nicht und fordert diese auch nicht ein. Sein Selbstwertgefühl reicht nicht aus, um sich seiner Situation zu stellen. Er ist nicht davon überzeugt, dass er überhaupt eine Chance hat. Und somit nimmt er einen Weg, der seine realen Probleme vermehrt.

Kampf gegen den eigenen Körper

Essstörungen werden im allgemeinen Sprachgebrauch ebenfalls den Süchten zugerechnet, und tatsächlich finden sich vielfach suchtspezifische Symptome. Trotzdem ist von einer eigenständigen Krankheit auszugehen, die sich von den Süchten dadurch unterscheidet, dass es hier nicht um Ersatzbefriedigung, sondern um fehlgeschlagene Lösungsversuche kindlicher Probleme geht. Exemplarisch möchte ich hier einen Fall von Magersucht vorstellen. Dieser wurde in einem Krankenhaus diagnostiziert, in das die vierzehnjährige Nicole mit Kreislaufkollaps und Niereninsuffizienz eingeliefert wurde. Bis dahin hatte niemand etwas von ihrer Krankheit gemerkt. Dabei hatten ihre gebildeten und gut situierten Eltern sich stets sehr um sie gekümmert.

Nicole wurde als Kind von ihren Eltern behütet und in der Rolle eines netten kleinen Mädchens bestärkt. Sie war eher still, unauffällig und artig und entwickelte die Tendenz, sich anderen anzupassen. Lautes Getobe war ihr fremd – wiewohl sie große Jungen gerade wegen ihrer wilden Art manchmal bewunderte. Unter der Obhut ihrer Eltern fühlte sie sich sicher, aber sie entwickelte wenig Mut, Eigenes auszuprobieren.

Ihre Eltern hatten sich emotional einander entfremdet, lebten aber weiter zusammen. Statt gegenseitiger Bestätigung konzentrierte sich der Stolz der Eltern auf ihr kleines Mädchen. Nicole bekam Anerkennung für ihr adrettes Auftreten in

Kleidchen, die nicht schmutzig werden durften. So wurde sie in der Nachbarschaft, bei Freunden und Verwandten vorgeführt, wo die Eltern regelmäßig betonten, wie bezaubernd sie doch aussehe. Zärtlichkeiten und körperliche Nähe zwischen den Eltern bekam Nicole kaum zu sehen. Ihr Verhältnis zu ihrem eigenen Körper war eher geziert.

Kurz nach Nicoles Eintritt in die Pubertät trennten sich ihre Eltern. Der Auszug des Vaters verunsicherte sie stark. Sie fühlte sich von ihm verlassen, auch wenn sie ihn in regelmäßigen Abständen weiterhin sah. Ihre eigenen körperlichen Veränderungen in der Pubertät verstärkten ihre Verunsicherung zusätzlich. Sie wollte nicht so werden wie ihre Mutter, der sie insgeheim die Schuld an dem Auszug ihres Vaters gab. Sie spürte, mit welch schmerzlichen Gefühlen Beziehungen verbunden sein können, auch wenn in der Familie darüber nicht offen geredet wurde. Und sie hatte Angst davor, die Sicherheit ihrer Kindheit zu verlieren und als Erwachsene ungeschützt der Welt ausgesetzt zu sein.

Das alles verstärkte auf der einen Seite ihre Angst, eine Frau zu werden. Auf der anderen Seite vermisste sie ihren Vater. Ihr pubertärer Wunsch, für Männer attraktiv zu sein, wurde verstärkt – und damit gleichzeitig die Angst, nicht attraktiv genug zu sein. Dass sie so, wie sie war, geliebt werden könnte, kam ihr gar nicht in den Sinn. Sie hatte gelernt, dass sie Anerkennung bekam, wenn sie sich anpasste, verkleidete und auf eine Art präsentierte, die anderen gefiel.

Dass Männer eher dünne Frauen mögen, war ihr natürlich bewusst. Sie wusste es nicht nur von der Mutter und den Freundinnen. An jedem Zeitungskiosk, jeder Plakatwand konnte sie sehen, wie Frauen aussehen, die Männer reizvoll finden. Film und Fernsehen führten ihr dieselben Idealbilder vor, die ihr unerreichbar schienen. So verfolgte sie die Entwicklung ihres Körpers in extrem kritischer Weise. Sie ekelte sich vor ihren zunehmenden Rundungen und ihrer beginnenden Behaarung. Und sie entwickelte eine ungeheure Angst davor, zu dick zu werden. Dazu hatte sie eigentlich keinen

Anlass, aber ihre Wahrnehmung verzerrte sich. Alles an sich fand sie zu dick, besonders ihre Schenkel und ihren Po, und sie suchte ständig und heimlich ihren Körper nach Fettpolstern ab. Regelmäßig stieg sie auf die Waage und reagierte panisch, wenn die Anzeige zu viel zeigte.

So, wie sie sich als Kind verkleidet hatte, begann sie nun, ihren Körper zu modellieren. Sie entwickelte ungeheure Energie darin abzuspecken. Sie trainierte ausdauernd, joggte stundenlang, nahm heimlich alle Pillen gegen Gewichtszunahme, derer sie habhaft werden konnte, und versuchte, Essen zu vermeiden, so weit es ihr möglich war. Dabei ging sie sehr fantasievoll vor. So kochte sie gerne für andere – niemand hätte vermutet, dass es ihr selbst nicht schmecken könnte. Wurde dann gegessen, verstanden alle, dass sie keinen Hunger mehr hatte, weil sie ja angeblich schon so viel beim Kochen probiert hatte.

Sie erfand viele Ausreden, warum sie keinen Appetit hatte und wo sie schon etwas gegessen hatte. Essen fand sie immer ekliger; mageren Joghurt und Salat konnte sie gerade noch ertragen. Wenn sie dann doch einmal nicht umhin konnte zu essen, fühlte sie sich innerlich beschmutzt und rechnete sich aus, wie viele Kalorien jetzt an welchen Stellen zu wie viel Fett führen würden. Wenn es möglich war, übergab sie sich heimlich, um »diesen Dreck« wieder loszuwerden.

Niemand merkte etwas, bis Nicole zusammenbrach. Und sie selbst war vollkommen erstaunt, als der Arzt im Krankenhaus ihr mitteilte, dass ihre Art (nicht) zu essen lebensgefährlich sei, und therapeutische Maßnahmen veranlasste.

Nicole hatte nie ein unbefangenes und lustvolles Verhältnis zu ihrem Körper entwickeln können. Sie hatte nicht genug Selbstbewusstsein, um sich anderen gegenüber durchzusetzen. Beides steht in Zusammenhang: Ein positives Verhältnis zum eigenen Körper ist die Grundlage für ein positives Verhältnis zu sich selbst, und das wiederum erleichtert es, sich gegen andere zu behaupten. Für ihre nette, artige Art hat Nicole als Kind sicher viel Lob gekriegt; nur dass die Entwicklung ihrer Persönlichkeit dabei zu kurz kam, fiel niemandem so recht auf.

In der wegen der zahlreichen Veränderungen verunsichernden Pubertät bauen die Jugendlichen in psychischer Hinsicht auf dem Fundament auf, das in ihrer Kindheit gelegt wurde. Wenn dieses Fundament nicht stabil ist, treten besondere Schwierigkeiten auf. In Nicoles Fall macht sich unter anderem das Fehlen eines guten körperlichen Selbstbewusstseins bemerkbar. Sie findet ihren Körper abstoßend und möchte sich am liebsten verstecken. Als Kind konnte sie die Welt noch durch ihre Artigkeit bezaubern; als junge Frau reicht das nicht mehr.

Der Vater, der Bestätigung geben könnte, ist gerade gegangen. In dieser Situation entwickelt Nicole eine andere, verhängnisvolle Möglichkeit, ihrer negativen Gefühlswelt zu entfliehen. Zwar reagiert sie nicht tyrannisch beziehungsweise gewalttätig. Und von der kriminellen Drogenwelt ist sie als braves Mädchen meilenweit entfernt. Sie perfektioniert stattdessen das, was ihr seit ihrer Kindheit am vertrautesten ist: Sie designt den eigenen Körper, um andere zu faszinieren. Dabei geht sie vollkommen über die eigenen Gefühle hinweg. Und hier ist sie zäh. Sicher hat sie Hunger, am Anfang sogar sehr starken. Aber sie hält durch. Sie feiert Triumphe auf der Waage, Siege über den eigenen Körper. Sie wird zunehmend dünner.

Weil sie ihre zugrunde liegende Unsicherheit aber nicht angeht, wird in Wirklichkeit gar nichts besser. Sie braucht immer mehr Erfolgserlebnisse im Kampf gegen ihren Körper, um die tatsächlichen Unsicherheiten, die im Hintergrund lauern, in Schach zu halten, und dabei gefährdet sie sich zunehmend selbst.

Ständige Unruhe

Ein riesiges Problem in sehr vielen Kindertagesstätten wie in Schulklassen ist die starke Unruhe und Ablenkbarkeit der

Kinder. Jedem Impuls wird sofort nachgegangen. Schwätzen, zappeln, kippeln, mit den Fingern trommeln, vom Stuhl fallen; nicht zuhören, nicht abwarten können, bis andere zu Ende geredet haben, sondern ständig reinplatzen; wenig Ausdauer und kaum »Biss« bei schwierigen Themen, extreme Ungeduld und Unruhe: Das macht jede Lernatmosphäre kaputt.

Hier handelt es sich nicht um ein Problem einzelner Kinder. Natürlich gibt es einige, die immer ganz vorn mit dabei sind, wenn es ums Stören geht. Aber die meisten anderen steigen darauf ein, und genau das macht es schwierig, die Gruppe in diesem Punkt zu »bändigen«. Hören die vorne endlich zu, geht es hinten wieder los. Natürlich kennen wir das auch aus unserer Schulzeit – meist als Vergeltungsmaßnahme an ungeliebten Lehrerinnen und Lehrern. Neu ist die starke Ausbreitung dieser Unruhe. In vielen Schulen hat sie bereits den überwiegenden Teil der Klassen und des Unterrichts erfasst.

Erzieherinnen und Erzieher kommen aus ihren Kindertagesstätten oft richtiggehend fertig nach Hause, weil sie ständig eingreifen und vermitteln müssen. Viele können den Beruf nur deshalb ertragen, weil sie nur halbtags arbeiten. Ein ganzer Tag im Kindergarten: Das halten Erwachsene auf Dauer kaum mehr aus – und vielen Kindern geht das ebenso. Gestört werden hier nämlich nicht nur die Erwachsenen; ebenso werden andere Kinder beim Reden unterbrochen, beim Spiel gestört. Durch ungeschicktes Gehampel geht kaputt, was andere gerade gebaut haben, und schon ist der schönste Streit im Gange. So sorgt die Unruhe auch für zunehmende Unzufriedenheit und Entzweiung unter Kindern und Jugendlichen.

ADHS

Für die Ausbreitung dieser Unruhe wird häufig die Zunahme einer Störung verantwortlich gemacht. Aufmerksamkeits-Defizit-Syndrom (ADS), meist in Zusammenhang mit Hyperaktivität (dann als ADHS = Aufmerksamkeitsdefizit-Hyperaktivitätsstörung[9] bezeichnet), wird zunehmend von Kinderärzten diagnostiziert. ADS bedeutet, dass das Kind seine Aufmerksamkeit nicht ausreichend fokussieren kann; damit ist es ständig ablenkbar. Kinder, die ADHS haben, agieren zusätzlich unentwegt eine starke innere Unruhe aus. Damit machen sie nicht nur ihrer Umgebung das Leben häufig regelrecht zur Hölle, auch sie selbst wirken unglücklich und gequält. Gleichzeitig registrieren sie sehr sensibel die Reaktionen anderer Menschen auf sie und sehnen sich nach Anerkennung und Zuwendung. Auch wenn ihr Verhalten stark provoziert, ist es keineswegs als »bösartig« anzusehen. Wenn Pädagoginnen oder Pädagogen das nicht wissen, können die Schwierigkeiten noch mehr eskalieren.

Hyperaktive Kinder toben und zappeln nicht nur ständig herum, ihre Bewegungen sind auch nicht zielgerichtet. Anhaltende Konzentration auf einen Inhalt oder ein Ziel ist ihnen nicht möglich. In der Schule kommt es dadurch nicht nur zu Lernproblemen, sondern auch zu Schwierigkeiten im sozialen Bereich. Die Kinder haben selten Dauerfreundschaften und werden oft zu Außenseitern. Internationalen Studien zufolge sind etwa sieben bis neun Prozent aller Menschen von derartigen Symptomen betroffen.[10]

Diese Einschätzung wird jedoch nicht von allen Fachleuten geteilt – über die Diagnose ADHS wird in Fachkreisen sogar intensiv gestritten. Dabei geht es vor allem um die Frage, ob die unterschiedlichen Fälle überhaupt einer einheitlichen Diagnose zugeordnet werden können und welche Ursachen eine Rolle spielen.

Der Sozialmediziner Hartmut Amft kritisiert die Diagnose ADS, da die Entstehungsgeschichte der Störungsbilder nicht einheitlich sei. Die These, dass hier vor allem Veränderungen in der Gehirnphysiologie ursächlich seien, weist er zurück und rechnet unter Bezug auf unterschiedliche Untersuchungen vor, dass dies nur für einen sehr geringen Teil der entsprechend diagnostizierten Kinder in Frage käme.[11] Er fordert statt dessen, Ursachen im sozialen Kontext zu berücksichtigen.

Der Schweizer Psychologe Marcel Zentner gibt zu bedenken, dass es von der Umgebung abhänge, ob ein derartiges Verhalten von Kindern als Störung empfunden werde: »Ein sehr aktives, impulsives, leicht reizbares fünfjähriges Mädchen wird auf einem Bauernhof unter ihren vier älteren Brüdern kaum auffallen. Dasselbe Mädchen würde aber in einer engen Stadtwohnung, die mit zerbrechlichen Gegenständen angefüllt ist, von ängstlichen Eltern unschwer als ›gestört‹ wahrgenommen werden und eine entsprechende Diagnose (zum Beispiel einer Hyperaktivitätsstörung) riskieren.«[12]

Das Problem ist nicht nur als individuelles zu betrachten, das medizinisch zu lösen ist. Die Frage, ob es sich um ein Phänomen handelt, das Folge kultureller Degenerationserscheinungen ist und etwa in Zusammenhang mit einem Mangel an Bewegungsmöglichkeiten und Reizüberflutung steht, kann man nicht ignorieren. Wenn derartige Faktoren eine Rolle bei der Ausbreitung des Störungsbildes spielen, kann die Problematik insgesamt allein aus medizinischer Sicht weder ursächlich erfasst noch gelöst werden. Amft spricht von ADS als »Symptom einer Krankheit der Gesellschaft«[13].

Die Zunahme der Diagnosen – laut Amft seit 1990 um 2800 Prozent[14] – wird von Forschern skeptisch betrachtet, die hirnorganische Störungen nicht als hauptsächliche Ursache ansehen. Sie kritisieren ebenfalls die zunehmende Verschreibung von Ritalin, das die Kinder ruhiger werden lässt – und damit für ihre Umwelt besser erträglich.

Dem Heilpädagogen Dieter Mattner zufolge ist der Ritalinverbrauch allein von 1997 bis 2000 um 270 Prozent angestiegen[15]. Dazu muss gesagt werden, dass das Mittel nicht heilen kann, es wirkt nur, solange es im Körper bleibt. Bei Ritalin handelt es sich um eine Droge; unter ihrem Einfluss werden die Kinder lediglich vorübergehend ruhiger und konzentrierter.

Allerdings muss ebenfalls berücksichtigt werden, dass viele Kinder mit der unter ADHS zusammengefassten Symptomatik starke Störungen aufweisen – die auch auf Bauernhöfen zu massiven Problemen führen würden – und dass diese Kinder mit ihrer Problematik selbst sehr unglücklich sind. Unheilvolle Eskalationen sind die Folge, wenn alle nur noch genervt sind und auch die Eltern einfach nicht mehr können. Die Gabe von Ritalin trägt dazu bei, dass das Kind Beziehungserfahrungen und Lernfortschritte macht, die ihm vorher nicht möglich waren. Vor diesem Hintergrund kann die Verschreibung im Einzelfall durchaus sinnvoll sein. Sie pauschal zu verdammen hieße, die große Not, die mit diesem Störungsbild verbunden sein kann, zu ignorieren. Insgesamt macht jedoch die Verbreitung dieser Behandlungsmethode unsere Hilflosigkeit im Umgang mit der Störung deutlich.

Zusätzlich gibt es eine Vielzahl weiterer therapeutischer Möglichkeiten, die zur Linderung der Problematik beitragen können. Viele sind mit Übungen auf körperlicher Ebene verbunden. Die meisten erfordern sehr viel Geduld und sind recht aufwändig. Schnelle Besserung ist dabei nicht zu erwarten.

Hier das Beispiel eines Jungen, dessen Störungsbild ärztlicherseits als ADHS diagnostiziert wurde und dessen Problematik so gravierend ist, dass die Not aller Beteiligten deutlich wird.

Peter rastet aus

Peter, der vierzehn Jahre alt ist, kommt aus einer sehr fürsorglichen Familie. Beide Eltern haben studiert, der Vater ist Mediziner. Seit seiner Geburt ist Peter durch starke Unruhe aufgefallen. Als Säugling schrie er viel, auch nachts. Für die Eltern waren die Ursachen oft nicht zu erkennen, und das Kind ließ sich kaum beruhigen. Peters motorische Entwicklung verlief zeitlich verzögert. Der Kinderarzt diagnostizierte ADHS. Weil Peter erst spät sprechen lernte und seine Reaktionen auf Menschen nicht resonant erschienen, stellte er zusätzlich Autismus fest; andere Ärzte bestätigten diese Diagnose nicht.

Von Anfang an hielt der Junge alle in Atem. Arme und Beine waren ständig in Bewegung. Wo er war, fiel regelmäßig etwas um, ging etwas kaputt, verletzte er sich selbst oder auch andere. Die Beziehung der gestressten Eltern ging in die Brüche, als Peter drei Jahre alt war. Für die Mutter wurde Peter zu einer Rund-um-die-Uhr-Beschäftigung, auch wenn der Vater weiter an der Betreuung des Kindes mitwirkte. Die Eltern setzten sich mit Peters Störung intensiv auseinander und schickten ihn in die verschiedensten Therapien. Die Einnahme von Ritalin konnte die Symptomatik nur zeit- und teilweise lindern.

Verschiedene Versuche, das Kind in Kindertagesstätten und später in Regelschulen unterzubringen, scheiterten stets nach kurzer Zeit – auch daran, dass Peter sich vor den vielen anderen Kindern fürchtete. Die Beziehung zwischen Mutter und Sohn wurde immer gereizter. Nach acht Jahren war die Mutter mit ihrer Kraft am Ende. Jugendamt und Ärzte empfahlen die Unterbringung in einem Heim mit angeschlossener Erziehungshilfeschule wegen der besseren therapeutischen Möglichkeiten.

Peter fühlt sich dort wohl, da die Einrichtung sehr klein ist und man sich intensiv um ihn kümmert. In der Schule hat er sogar oft Einzelunterricht. Der Kontakt mit den Eltern ist keineswegs abgebrochen. Allerdings sitzt er, wenn er nach Hause kommt, meist vor dem Computer und spielt Ballerspiele, und er reagiert sehr ungehalten, wenn man ihm vorschlägt, etwas anderes zu machen. Daher sind die Eltern froh, dass er in einem Heim ist, in dem er an vielen kreativen und motopädagogischen Angeboten teilnehmen kann.

Aber auch die Fachleute im Heim wissen nicht immer, wie sie mit ihm zurechtkommen sollen. Besonders schlimm ist es, wenn Peter ausrastet. Vor kurzem war das wieder der Fall, als Peter beim Werken durch ungeschickte Bewegungen die Tonfigur eines anderen Kindes zerstörte, das sich daraufhin beschwerte. Peter begann nun mit Ton um sich zu werfen, stieß Stühle und Tische um, zerdepperte eine Glasflasche auf dem Boden und rannte aus dem Zimmer, als der Lehrer eingreifen wollte. Dabei zerfetzte er noch das Plakat an der Tür. Auch auf dem Flur krachten Stühle und ein Tisch, und Bilder hingen in Fetzen von den Wänden.

Die wilde Jagd – Peter wird mittlerweile von einem Pädagogen verfolgt – verlagert sich nach draußen. Dort beginnt er, die Fenster mit Steinen zu bewerfen, eine Scheibe zerspringt. Plötzlich ist er nicht mehr zu sehen. Dann sind laute Hilfeschreie zu hören. Auf der anderen Seite des Schulhofs liegt ein Mädchen am Boden. Peter steht über dem Mädchen und tritt es mit Füßen, immer wieder und mit voller Kraft. Der Pädagoge muss ihn mit seiner ganzen Kraft von hinten packen und ihn wegreißen, auf den Boden werfen und dort festhalten. Inzwischen ist auch die Polizei eingetroffen, die der Hausmeister alarmiert hat.

Peters Wahrnehmung des Vorfalls ist eine andere. Als seine Mutter, die sofort angerufen wurde, kommt, sagt er ihr, der Pädagoge habe ihn völlig grundlos von hinten angegriffen und zu Boden gerissen, um ihn dort zu würgen. Erst als der Mutter die Verletzungen des Mädchens gezeigt werden, nimmt sie Abstand von dem Vorhaben, eine Strafanzeige gegen den Pädagogen zu erstatten.

Probleme potenzieren sich

Peters Betreuer stellen sich einige Fragen, auf die sie keine Antwort finden. Seine Unruhe, seine motorische Ungeschicklichkeit, seine Unfähigkeit, aufmerksam zu bleiben, und seine unterschiedliche Wahrnehmung sind deutlich. Aber hat sein Verhalten nicht manchmal auch tyrannische Züge, wenn er etwa mit Gewalt reagiert, sobald er kritisiert wird oder etwas nicht gleich bekommt? Nimmt er wirklich nicht richtig wahr, was er anderen antut, oder versucht er einfach, die Mutter und den Pädagogen gegeneinander auszuspielen? Hat es einen verwöhnenden Effekt auf ihn gehabt, dass die Mutter viele Jahre nur für ihn da war? Will er etwa die Rolle des kranken Kindes nicht aufgeben, weil sie ihm zu viele »Extrawürste« verschaffte? Dass er Stunden vor dem Computer verbringen kann und Ballerspiele auch mit der nötigen feinmotorischen

Geschicklichkeit bewältigt, stimmt misstrauisch. Was genau ist eigentlich die Ursache für sein Verhalten? Ist er ein körperlich krankes Kind – oder hat die Interaktion in seiner Familie sein auffälliges Verhalten zumindest mit verursacht?

Es ist nicht möglich, auf die vielen Fragen, die sich im Zusammenhang mit ADHS stellen, eine einfache Antwort zu geben. So viel ist jedoch zu dem beschriebenen Fall zu sagen: Peter ist bereits mit einer großen inneren Unruhe zur Welt gekommen. Diese hat sich – verstärkt durch anhaltenden Schlafmangel – auf seine Eltern übertragen. Ihr Genervtsein hat zur Zerrüttung ihrer Beziehung beigetragen. Sorgenvolle, unausgeschlafene Eltern, die sich streiten und dabei sind, sich zu trennen: all dies steigert die Unruhe zu Hause – und die wirkt natürlich auf Peter zurück.

Peter kann nicht in demselben Maße wie andere Vertrauen zu anderen Menschen aufbauen, Beziehungen erfahren und dadurch sein Sozialverhalten entwickeln. Auch Peters motorische Ungeschicklichkeit führt zu Schwierigkeiten in der Verständigung. Denn ein Großteil unserer Kommunikation läuft über Gestik und Mimik ab. Vielfach fühlen sich andere von ihm provoziert, wo er einfach nur tollpatschig ist. Seine Wahrnehmung, die anders ist als die vieler anderer Menschen, macht eine Verständigung ebenfalls schwierig. So schlägt ihm meist Ablehnung oder Misstrauen entgegen. Und das trägt ebenfalls dazu bei, seine innere Unruhe zu verstärken.

Wenn Peter Schwierigkeiten hat, seine Aufmerksamkeit zu fokussieren und äußerst ablenkbar ist, bedeutet das auch, dass er sich nicht intensiv mit einer Aufgabe oder Frage beschäftigen und daher auch nicht dazulernen kann. So fehlen ihm die Erfolgserlebnisse und die zunehmende Selbstsicherheit, die durch Lernfortschritte erzielt werden. Dabei wären gerade dies Faktoren, die zur Ausbreitung innerer Ruhe beitragen.

So verstärken sich die Probleme. Auch wer von einer körperlichen Ursache ausgeht, kann sehen, dass psychische Probleme dazukommen. Ein mangelhaftes Selbstwertgefühl spielt auch bei Peter eine zentrale Rolle. Sein Ausrasten folgte direkt auf die Kritik an seinem Ungeschick. Auf eine Konfrontation mit eigenen Unzulänglichkeiten mit Tobsuchtsanfällen zu reagieren bedeutet auch, so wenig überzeugt von sich selbst zu sein, dass man keine weitere Kritik ertragen kann.

Peters psychische Probleme bedürfen einer Behandlung, bei der Beziehungsarbeit geleistet wird und Möglichkeiten zum Nachholen der fehlenden Entwicklungsschritte angeboten werden. Hier kommen vor allem therapeutische Maßnahmen in Frage, die mit Bewegung, Spiel und kreativen Mitteln arbeiten. Was ihm gut tut, sind Bezugspersonen, die es schaffen, Peter trotz der Unruhe, die er verbreitet, zu lieben und sich nicht von seiner Hektik anstecken zu lassen. Bei der Schwere seiner Problematik ist aber auch klar, dass keine schnellen Erfolge zu erwarten sind.

Entwicklungsdefizite

Selbst wenn man – wie oben zitiert – von sieben bis neun Prozent ADHS-Betroffenen ausgeht, sind das im Durchschnitt nicht mehr als zwei Kinder pro Schulklasse. Diese können zwar für ein erhebliches Maß an Unruhe sorgen, der Rest der Kinder wäre jedoch anders strukturiert. Tatsächlich aber stören und zappeln in Kindertagesstätten und Schulen nicht nur Kinder, bei denen ADHS diagnostiziert wurde. Unruhe ist in diesen Einrichtungen allgemein verbreitet. Es scheint sich daher um ein Phänomen zu handeln, das sehr viel umfassender ist.

Eine hektische Welt

Vergegenwärtigen wir uns, dass Hektik, Unruhe und eine immer kürzere Fokussierung von Aufmerksamkeit für unsere Zeit überhaupt typisch sind. Ich erinnere mich an meine Rückkehr von einem mehrwöchigen Afrika-Aufenthalt vor einigen Jahren. Dort hatte ich eine noch wenig entwickelte ländliche Umgebung besucht, in der Eselkarren das Straßenbild prägten. Die Rückreise erfolgte über Paris. Die Fahrt zum

Bahnhof mit der Metro werde ich nicht vergessen. Alle überholten mich, rasten an mir vorbei, selbst auf den Rolltreppen blieb niemand stehen, alle rannten weiter, obwohl sie doch gefahren wurden. Ich war überwältigt von dieser Hektik. Nach einigen Wochen fuhr ich wieder nach Paris – diesmal kam ich aus Frankfurt. Jetzt fand ich das Tempo ganz normal, so war ich es von zu Hause wieder gewöhnt.

Das langsamere Tempo in dem afrikanischen Dorf entspricht dem Tempo bei uns vor vielen Jahrzehnten. Heute muss alles immer schneller gehen, immer mehr und immer neue Reize wollen beachtet werden. Kinofilme, die wir in den siebziger Jahren noch aufregend fanden, wirken heute oftmals langatmig. Ständig steigert sich das Tempo – und das hat negative Auswirkungen auch auf unsere innere Ruhe. So sollte es uns nicht allzu sehr erstaunen, wenn diese Erscheinung sich auch auf unsere Kinder auswirkt.

Eine Vielzahl von Reizen benötigt ausreichende Verarbeitungsmöglichkeiten. Kinder verarbeiten ihre Erlebnisse vorwiegend in bewegtem Spiel. Räume für kindliche Bewegung werden in unserer Welt jedoch immer kleiner, gerade in großen Städten hat die Verkehrsentwicklung Vorrang. Dadurch werden Möglichkeiten für kindliche Reifung eingeschränkt, was sich auch in der verzögerten körperlichen Entwicklung vieler Kinder ausdrückt. Koordinations- und Haltungsschwächen sind bei uns zur Regel geworden.[16]

Mangel an Aufmerksamkeit für Kinder

In einer Welt, in der zu viele Zerstreuungen locken, konstatiert der Philosoph Wilhelm Schmid einen sich zuspitzenden Kampf um Aufmerksamkeit. Kinder brauchen jedoch wenigstens zeitweilig die ungeteilte Aufmerksamkeit ihrer Bezugspersonen, sie wollen von ihnen auf verständnisvolle und wohlwollende Art gesehen werden. Schmid interpretiert die Zunahme unruhigen Verhaltens als Ausdruck dieses kindlichen Bedürfnisses. Durch das Verhalten soll Aufmerksamkeit »nötigenfalls mit Macht erzwungen werden«[17].

Ein Mangel an Aufmerksamkeit ist zum einen dadurch gegeben, dass die Gedanken um andere Dinge kreisen, Termindruck herrscht, vielleicht nebenbei der Fernseher läuft oder das Telefon klingelt. Doch es mangelt zum anderen auch an Aufmerksamkeit für sich selbst, am notwendigen Innehalten, um das eigene Verhalten zu reflektieren und neue Erlebnisse zu verarbeiten. Zeit zum Verdauen ist jedoch nötig, um Reifungsprozesse zu ermöglichen – das gilt für Kinder ebenso wie für Erwachsene. Ein Zustand konstanter innerer Unruhe behindert die persönliche Entwicklung.

Das kindliche Bedürfnis, von seinen Bezugspersonen gesehen zu werden, wird auch dann nicht befriedigt, wenn sich die Eltern zwar mit ihrem Kind beschäftigen, hierbei aber sehr stark eigene Wünsche auf das Kind projizieren: dass es etwa besonders talentiert oder in irgendeiner anderen Art hervorragend sein soll. Auch wenn dabei vordergründig der Eindruck entstehen kann, dem Kind werde viel Zeit gewidmet, ist in Wirklichkeit nur wenig Aufmerksamkeit dafür vorhanden, wie das Kind wirklich ist, welche Schwächen, welche Ängste zu ihm gehören und welche Bedürfnisse es selber hat. Dies hat ebenfalls Folgen für die Aufmerksamkeit des Kindes für sich selbst: Wenn die Persönlichkeitsanteile, die nicht mit Größe verbunden sind, von den Eltern nicht gesehen werden, lernt das Kind geradezu, wenigstens partiell nicht auf sich zu achten.

Das Bedürfnis nach Aufmerksamkeit verstärkt sich in dieser Situation noch. Gerade wenn ich nicht in der Lage bin, mir selbst Aufmerksamkeit zu schenken, will ich mehr von außen: Was ich mir selbst zu geben nicht gelernt habe, will ich von anderen bekommen. In diesem Sinn kann ein konstant unruhiges Verhalten als Hilfeschrei verstanden werden, hinter dem die Verzweiflung des Kindes steckt, dass ihm eine Konzentration von Aufmerksamkeit nur eingeschränkt möglich ist. Und wenn dann die anderen auch unruhig werden, ist es mit seiner inneren Unruhe wenigstens nicht mehr allein.

Der innere Zusammenhalt fehlt

Ein Übermaß an äußeren Reizen und die Einschränkung der Möglichkeiten, sie zu verarbeiten, haben Folgen. Immer mehr Kindern mangelt es an der Fähigkeit, sich mit ihrer ganzen Persönlichkeit voll und ganz auf eine Sache zu konzentrieren. Innere und äußere Reize lenken sie sofort ab, sie sind ihnen hilflos ausgeliefert. Was die Fähigkeit zur Fokussierung ihrer Aufmerksamkeit und ihre Koordination betrifft, stehen sie auf der Stufe von Kleinkindern. Sie können ihre Wahrnehmung nicht auf ein Ziel konzentrieren und kognitiv verarbeiten, Entscheidungen treffen und gezielt reagieren.

Oft weiß der Verstand nicht, was die Füße gerade tun; sie scheinen sich quasi selbstständig zu machen, wenn sie so hin und her zappeln. Kognition und Motorik scheinen auseinander zu fallen, die kindliche Psyche weist Tendenzen zur Fragmentierung auf. Damit verbunden ist ein Verlust von Funktion, Bedeutung und Sinn. Der Psychiater und Psychoanalytiker Ernest Wolf, Mitarbeiter von Heinz Kohut, dessen Theorien zur Behandlung narzisstischer Persönlichkeitsstörungen als bahnbrechend gelten, beschreibt das Selbsterleben in diesem Zustand als ängstlich, launisch, leer, unkonzentriert oder desorganisiert. Fragmentierung bedeutet ihm zufolge, »dass Teile der eigenen Selbsterfahrung scheinbar nicht mehr koordiniert sind und zusammenpassen«.[18]

Die Gefahr einer Fragmentierung wird als sehr bedrohlich empfunden.[19] Die damit verbundenen Gefühle mobilisieren motorische Energie zur Abwehr. Wir alle kennen motorische Reaktionen auf bedrohliche Situationen: Wir werden unruhig, beginnen nervös hin und her zu laufen oder trommeln mit den Fingern auf den Tisch, ohne das überhaupt zu bemerken. Das hyperaktive Verhalten wird durch ein Gefühl der Bedrohung von innen und außen noch einmal verstärkt. Es entsteht ein Teufelskreis.

Davon deutlich zu unterscheiden sind Kinder, die mit großer Freude ausgelassen herumtoben und vielleicht auch Spaß daran haben, etwas säuerlich zusehende Erwachsene mit ihrer überschießenden Lebensfreude zu necken. Solche energetischen Explosionen haben mit obigem Phänomen gar nichts zu tun – ganz im Gegenteil: Diese Kinder sind einfach »Energiebündel«.

Die Bündelung entspricht einem hohen Maß an innerem Zusammenhalt. Die psychoanalytische Selbstpsychologie spricht hier von »Kohäsion im Bereich der psychischen Struktur«. Wolf zufolge bedeutet Kohäsion, von Wohlbehagen und Optimismus erfüllt und voller Energie zu sein.[20] Die Kinder machen vielleicht Krach, sind jedoch keineswegs innerlich unruhig, sondern voller Kraft und Freude.

Bei Kindern hingegen, deren innerer Zustand durch einen Mangel an Kohäsion gekennzeichnet ist, ist immer auch Ungeschicklichkeit bemerkbar, weil eben die Koordination fehlt. Auch wirkt das Kind alles andere als glücklich.

Nachreifung

Psychische Struktur wird nicht nur in der frühen Kindheit erworben, Entwicklung kann nachgeholt werden. Eine emotionale Stabilisierung durch eigene Erfolgserlebnisse und die Erfahrung von Zuwendung stehen dabei im Vordergrund. Eltern, Verwandte, Freunde, Pädagoginnen und Pädagogen können wertvolle Beiträge dazu leisten. Zusätzlich existieren vielfältige therapeutische Angebote.

Der Motologe Ernst J. Kiphard entwickelte die Psychomotorik, die zunächst im Behindertenbereich eingesetzt wurde, aber inzwischen auch Einzug in Kindertagesstätten und Schulen gehalten hat. Durch körperliche Übungen werden Balance, Körperschema und Lateralität gefördert. Dabei geht es aber nicht nur um die Verbesserung der motorischen Leistungsfähigkeit, sondern vor allem um die Persönlichkeitsentwicklung und Handlungskompetenz.[21]

Kiphard geht von einem herabgesetzten Aktivierungsniveau des Zentralnervensystems hyperaktiver Kinder aus und versteht von daher ihre ungebremste Motorik als Eigenstimulation. Bei seinen Beobachtungen registrierte er vor allem eine

Vielzahl von Dreh- und Kippbewegungen, die den Gleichgewichtsapparat trainieren. Er schreibt: »Wenn hyperaktive Kinder eine besondere Vorliebe für alle möglichen Körperdrehungen, für Hüpfen, Wippen und Schaukeln zeigen, so tun sie damit nichts anderes, als ihrem unzureichend funktionierenden und reagierenden vestibulären System entsprechend starke Reize zuzuführen.«[22]

Er folgert daraus, dass ihrem Bewegungsdrang eben nicht Einhalt geboten werden darf – vielmehr sollten ihre Bemühungen durch entsprechende Angebote unterstützt werden. Ihr Hunger nach vestibulären (= den Gleichgewichtssinn betreffenden) Reizen kann durch Geräte wie Rollbretter, Wippen, Schaukeln, Trampolin usw. therapeutisch genutzt werden. Dadurch wird eine Verbesserung ihrer Körperkontrolle angestrebt. In weiteren Schritten sollen dann die wilden Bewegungen in systematischere Bahnen gelenkt werden, um Bremsvorgänge und Bewegungssteuerung einzuüben. So kann beispielsweise Autofahren gespielt und dabei das Bremsen ausprobiert werden. Bewegungssteuerung lässt sich durch Slalomläufe um aufgestellte Kegel üben. Das Trampolinspringen erfordert den kontrollierten Einsatz der eigenen Körperkraft; wer zu kräftig springt, wird neben dem Gerät landen. Übungen mit geschlossenen Augen dienen der Verbesserung der Konzentrationsfähigkeit. Das Übermaß an visuellen Reizen wird ausgeschaltet, Sinneserfahrungen, die auf dem Tast- und dem Hörsinn basieren, stehen im Vordergrund. Auch Entspannungsübungen und Fantasiereisen können eingesetzt werden. In einem weiteren Schritt lernen die Kinder, zwischen Wahrnehmung und Reaktion eine Pause einzulegen, die als Schritt zu überlegten Handlungen dienen soll. Die Verbalisierung von Handlungsmöglichkeiten kann am Ende eines psychomotorischen Trainings stehen.

Kiphard hält es für wesentlich, das Selbstwertgefühl der Kinder, die durch ihr Verhalten viel Ablehnung erfahren haben, zu stärken. Er geht davon aus, dass sie sich nach Verständnis und Liebe sehnen. Schuldgefühle müssen abgebaut werden. Ein Gelingen der erzieherischen Bemühungen ist davon abhängig, dass den Kindern Akzeptanz und Zuneigung entgegengebracht wird. Statt Ermahnungen und Einschränkungen soll ihnen Bewegung ausdrücklich erlaubt werden. Alle Übungen müssen in einen lustbetonten, spielerischen Zusammenhang eingebettet werden.

Einen ähnlichen Ansatz verfolgt das heilpädagogische Bewegungskonzept Marianne Frostigs. Des Weiteren bieten sich Ergotherapie, Musiktherapie und Eurythmie an. Das Aufarbeiten seelischer Konflikte in einer Spieltherapie dient der Integration im psychischen Bereich. Auch die Arbeit mit Darstellendem Spiel und kreative Betätigungen haben hier einen hohen Stellenwert.

All dies erfordert viel Mühe und Geduld. Reifung braucht Zeit. Nachreifung kann nicht auf therapeutische und heilpädagogische Zusammenhänge beschränkt bleiben, sondern muss auch einen Platz im erzieherischen Alltag haben.

Nadia arbeitet an sich selbst

In einer Berufsschulklasse unterrichte ich Nadia, eine siebzehnjährige Jugendliche aus einer sehr traditionellen islamischen Familie. Die Eltern haben große Angst, sie könnte unter schlechten Einfluss geraten. Daher wird sie sehr stark kontrolliert. Die Eltern und auch der große Bruder passen auf sie auf. Nach der Schule soll sie pünktlich nach Hause kommen und sich nicht etwa herumtreiben.

Nadia hat vier Geschwister. Die Familie wohnt in einer Drei-Zimmer-Wohnung in einem Hochhaus an einer verkehrsreichen Straße. Nadia teilt ihr Zimmer mit zwei Schwestern, der kleine Bruder schläft im Elternschlafzimmer, der große im Wohnzimmer. Zur Ruhe kommt Nadia zu Hause kaum, zumal der Fernsehapparat ständig läuft.

Nadia ist an Unterrichtsinhalten interessiert, macht Vorschläge, bringt sich ein, beteiligt sich also zumindest zeitweilig. Sie stört nur entsetzlich (nicht nur mich, sondern die ganze Klasse), weil sie ständig schwätzt. Sie bringt es einfach nicht fertig, sich zu melden und abzuwarten, bis sie drankommt, sie platzt regelmäßig mitten in die Redebeiträge anderer. Außerdem unterhält sie sich fast ständig halblaut mit verschiedensten Nachbarinnen. Auch motorisch ist sie recht unruhig, Sitzfleisch hat sie keins. So kommt es immer wieder zu handfestem Krach – mit mir ebenso wie mit ihren Mitschülerinnen und Mitschülern.

Ermahnungen, Umsetzen, schlechte mündliche Noten: nichts schien zu helfen. Dabei war sie durchaus gutwillig, sie sah alles ein, hielt sich dann auch ein paar Minuten zurück – doch sehr schnell waren alle guten Vorsätze wieder vergessen. Glücklich war sie damit keineswegs. Sie zog immer wieder den Ärger der anderen auf sich, und ihre Noten litten, weil sie eben doch einiges nicht mitbekam. Sie fühlte sich allerdings nicht in der Lage, etwas zu ändern. Sie hatte das Gefühl, »irgendwie falsch« zu sein.

Eine Veränderung trat ein, als ich mit Nadia darüber sprach, dass kleine Kinder erst lernen müssten, ihre Aufmerksamkeit über längere Zeit zu fokussieren. Sie könnten einen Gedanken oder einen Impuls nicht »halten«, um ihn dann in ausgereifter Form in eine zielgerichtete Aktion münden zu lassen, sondern sähen ständig etwas Neues, dem sie dann folgten und dabei das Alte vergäßen. Ermahnte man sie, weil man etwa das dadurch entstehende Maß an Unordnung oder Unruhe nicht mehr tolerieren will, lenkten sie bereitwillig ein – aber das könnten sie nur wenige Minuten durchhalten.

Nadia kannte kindliche Verhaltensweisen von ihren Geschwistern genau, daher konnte sie alles gut nachvollziehen. Sie verstand, dass ihr offensichtlich ein Stück entsprechende Entwicklung fehlte, und sagte selbst, dass bei ihr zu Hause ständig Unruhe herrsche. Dort könne sie nur schwer üben, sich voll und ganz auf etwas zu konzentrieren.

Kinder gehen oft davon aus, so lange ungehemmt toben zu können, bis ein Erwachsener einschreitet. Für die Auswahl von Zielen, das Aufstellen von Regeln, für die Aufrechterhaltung einer Struktur sind die Großen zuständig. Nadia fühlte sich nicht groß. Dass es an ihr selbst war, Verantwortung für ihren Schulerfolg mit zu übernehmen, war in ihrem System nicht vorgesehen. Sie hatte nie daran gedacht, dass sie erwachsen genug war, ihr Schicksal wenigstens teilweise in die eigenen Hände zu nehmen.

Ich teilte ihr mit, dass Entwicklung nicht etwas sei, das Erwachsene mit den Kindern machen, sondern dass sich diese in den Kindern selbst vollziehe. Dass ich sie zwar ermahnen und auf ihr Verhalten aufmerksam machen könne, aber dass es von ihr abhänge, sich zu ändern.

Nach diesem Gespräch ergriff sie die Initiative. Sie setzte sich von selbst zu einer eher ruhigen Gruppe. Es gelang ihr nicht gleich, immer konzentriert mitzumachen. Aber sie übte. Ihr Ehrgeiz, sich weiterzuentwickeln, war geweckt. Allmählich konnte sie über einen immer längeren Zeitraum zuhören und beim Thema bleiben. Heute ist sie ziemlich stolz darauf, dass sie das geschafft hat – zu Recht.

An diesem Beispiel wird nicht nur deutlich, wie eine fehlende oder mangelnde kindliche Entwicklung zu Verhaltensauffälligkeit bei Jugendlichen führen kann, sondern auch, dass es möglich ist, die Entwicklung in späteren Jahren nachzuholen – und dass Eigenaktivität dabei eine sehr positive und stärkende Rolle spielen kann.

Depression

Ein sehr verbreitetes Phänomen stößt in der Öffentlichkeit auf wesentlich weniger Resonanz, weil es in viel geringerem Maß auffällt. Nach vorsichtigen Schätzungen leiden in Deutschland etwa drei Millionen Menschen an einer Depression.[23] Das Gefühl innerer Leere und Antriebsarmut kennen jedoch nicht nur Erwachsene.

Depressive Jugendliche und Kinder erregen keinen Anstoß durch ungestümes, ungelenkes, allzu lautes Treiben. Sie ziehen sich zurück und sind nur für den sichtbar, der genau hinguckt. Auf der körperlichen Ebene ist dieses Phänomen mit Erstarrung verbunden. Die Arbeit mit Depressiven erfordert nicht weniger Kraft als die mit unruhigen Kindern; Eltern sind oft verzweifelt.

Nach innen gerichtete Wut

Doris ist dreizehn und besucht die Realschule. Sie ist lethargisch und wirkt sehr ängstlich. Weil sie dick ist und sich linkisch bewegt, wird sie von vielen Mitschülern gehänselt, ganz besonders in den Pausen und im Sportunterricht. Sie ist die Außenseiterin der Klasse. Ihre schulischen Leistungen sind schlecht. Sie beteiligt sich kaum am Unterricht, sitzt nur da und blickt nach unten. Wenn sie aufgefordert wird, etwas zu sagen, reagiert sie erschrocken. Bei Einzelgesprächen mit ihrer Lehrerin sagt sie kaum etwas. Sie fehlt häufig wegen Krankheit, besonders wenn Ausflüge geplant sind. An einer Klassenfahrt nimmt sie nicht teil.

Die Lehrerin schlägt der Mutter vor, mit Doris eine Beratungsstelle aufzusuchen, um über ihre Ängstlichkeit zu sprechen. Sie hält Doris für intelligent und traut ihr ohne weiteres zu, dass sie die Realschule erfolgreich absolviert. Sie müsste nur mehr aus sich herausgehen. Die Mutter reagiert zwar misstrauisch – ist Therapie denn nicht etwas für Kranke? Ist Doris denn krank? – sagt aber zum Schluss zu. Ein Erstgespräch wird vereinbart. Zu dem Termin geht Doris aber nicht mit und macht klar, dass sie auch zu weiteren Terminen nicht gehen wird. Da gibt die Mutter auf.

Als in der Klasse ein Walkman abhanden kommt, ist allen gleich klar, dass nur Doris es gewesen sein kann. Sie saß in der Nähe. Allen anderen würde man so etwas auch gar nicht zutrauen. Das reicht den meisten als Beweis. Obwohl ausführlich recherchiert wird, lässt sich der Fall nicht aufklären. Deutlich wird aber, dass auch andere Gelegenheit zum Diebstahl hatten. Die Lehrerin macht der Klasse klar, dass Doris keinesfalls als Täterin anzusehen ist und im Übrigen auch ihr eigenes

Gerät besitze, wie ihre Mutter bestätigt habe. Einige Schülerinnen und Schüler, darunter die Klassensprecherin, pflichten ihr bei und erklären, dass es ungerecht war, Doris vorschnell zu verdächtigen.

Trotzdem kommt Doris von da an nicht mehr in den Unterricht. Die Lehrerin ruft sie wiederholt an und redet auch mit ihrer Mutter. Doris beklagt sich über ihre Klasse und will sich dort auch nicht mehr blicken lassen. Alle seien ungerecht zu ihr und würden sie ja doch nur schlecht behandeln. Auf den Vorschlag, in die Parallelklasse zu gehen, lässt sie sich nicht ein; sie könne ihrer alten Klasse nicht mehr begegnen. Anrufe von Mitschülerinnen nimmt sie nicht entgegen. Zu Gesprächsterminen mit der Lehrerin kommen Doris und ihre Mutter nicht. Nach drei Wochen meldet die Mutter sie von der Schule ab. Doris soll nun eine Hauptschule besuchen, was ihre Lehrerin sehr bedauert.

Doris liegt zu Hause meist im Bett. Freundinnen hat sie keine, mit der letzten hat sie vor einem halben Jahr Schluss gemacht, weil die sie »schlecht behandelt« habe. Was genau los war, erzählt sie aber nicht. Auf Kontaktversuche zweier Mitschülerinnen aus ihrer Klasse reagiert sie nur kurz. Sie weist die Einladung zu einer Fete zurück, zu der sie sich nicht zu gehen traut. Den Grund nennt sie aber nicht, und die Mitschülerinnen fühlen sich abgelehnt. Inzwischen ist Doris ganz allein.

Ihre Mutter ist verzweifelt. Sie redet häufig auf Doris ein, die dabei immer stummer wird, und verweist sie auf ihre miserablen Zukunftsaussichten. Wenn der Vater kommt, gibt es regelmäßig Streit wegen der Zensuren. Er beschimpft Doris oft als Versagerin, die in der Gosse landen wird. Und Doris glaubt ihm.

Doris ist depressiv. Ihre Gefühle zu sich selbst sind negativ. Was ihr Vater über sie äußert, das glaubt sie auch. Dabei hat er eigentlich wenig Grund, stolz auf sich zu sein. Er arbeitet als Fahrer und lässt sich auf eine Vielzahl von Überstunden ein, weil er um seinen Arbeitsplatz fürchtet. Wenn er doch mal frei hat, verschwindet er meist mit Freunden in der Kneipe. Zu Hause fühlt er sich nicht wohl, mit seiner Frau liegt er häufig im Streit. Auch Doris' Mutter hat wenig Selbstbewusstsein. Sie hat keinen Schulabschluss und ist arbeitslos. Als sie schwanger wurde, verließ sie die Schule und absolvierte auch später keine Ausbildung mehr. Sie wünscht sich, dass der Tochter ein ähnliches Schicksal erspart bleibt, aber das traut sie ihr eigentlich nicht zu. Stattdessen entwickelt sie eine Wut auf die Tochter, deren Lethargie sie enttäuscht und die sie nicht aus dem Bett bekommt. Die Mühe, mit energischem Auftreten Doris wieder zum Besuch der Realschule zu bewegen, macht sie sich nicht mehr.

Im mangelnden Zutrauen zu Doris ist sich die ganze Familie einig. Wenn die Mutter besorgt und etwas hektisch auf Doris einredet und der Vater sie beschimpft, verstärkt das verständlicherweise ihre eigenen negativen Gefühle sich selbst gegenüber noch. Mit ihrem mangelnden Vertrauen zu sich selbst scheitert sie dann auch in der Schule. Da sich Doris überhaupt nicht vorstellen kann, dass jemand etwas von ihr will, kann sie auf Kontaktangebote nicht angemessen reagieren. Gemeinsamkeiten mit anderen Jugendlichen entwickeln sich auch deshalb kaum, weil Doris vor allen möglichen Unternehmungen Angst hat. Sehr genau registriert sie jedoch jede Form von Ablehnung, die sie intensiv in sich aufnimmt. So gerät sie immer mehr ins Abseits.

So viel Abwertung und Ablehnung lösen eine ungeheure Wut aus. Die traut sich Doris jedoch nicht zu zeigen. Dabei könnte genau hierin ihre Chance bestehen. Wenn sie anderen deutlich zeigen würde, wie sehr sie sich ungerecht behandelt und verletzt fühlt, und hier Grenzen setzte, könnte ein respektvoller Kontakt entstehen. Vor Auseinandersetzungen, die Doris in der Familie so negativ erlebt hat, hat sie jedoch Angst. Gerade weil sie sich so schwach fühlt, geht sie davon aus, dass sie nur den Kürzeren ziehen kann.

Da nun die aggressiven Impulse in ihr sehr stark sind, ihre Angst aber noch stärker ist, fällt sie in eine Art Starre. So ist ihre körperliche und psychische Lethargie zu erklären. Doris kann durch ihr Leiden und ihren Rückzug lediglich indirekt deutlich machen, wie es ihr geht. Sie bleibt in der Rolle des hilflosen Opfers gefangen und verweigert sich. Sie bleibt einfach im Bett liegen. An ihren Schulproblemen sind die schuld, die sie so schlecht behandelt haben. Das haben die nun davon! Das ist ihre Rache! – Eine ziemlich fatale Rache, denn letzten Endes ist sie die Leidtragende. Doris wendet ihre Wut gegen sich selbst.

Mobbing

Doris wird in der Klasse gehänselt und ungerechtfertigt zur Täterin erklärt, als ein Diebstahl passiert. Sie eignet sich aus mehreren Gründen als Mobbingopfer. Sie wehrt sich nicht und hat auch keine Freundinnen oder Freunde. Da hat ein Angreifer nichts zu befürchten. Ihre Kontaktverweigerung kann auch als Ablehnung empfunden werden Das macht sie den anderen nicht sympathisch. Vor allem aber hat sie einige Eigenschaften, die andere Kinder an sich selbst nicht mögen würden: Wer will schon gerne unbeholfen, ängstlich, linkisch, zu dick und schlecht in der Schule sein?

Nun gibt es – gerade in der Pubertät – eine ganze Reihe von Kindern, die sich in ihrem Innersten ganz und gar nicht sicher sind, wie elegant, wohlgeformt und mutig sie wohl selber sind. In ihrer Klasse haben also auch andere Ängste, und Doris ist beileibe nicht die Einzige, die schlechte Noten bekommt. Indem ihre Mitschülerinnen und -schüler Doris hänseln, entlasten sie sich selbst. Sie beschwichtigen – wenn auch nur für einen Moment – ihre eigenen Unsicherheiten und Ängste, wenn sie alles Negative Doris aufhalsen.

Für Doris ist das eine schreckliche Qual, die sie immer tiefer in die Verzweiflung treibt. Aber auch die anderen profitieren eigentlich nicht davon. Sie fühlen sich beim Mobben zwar großartig (im Vergleich zu Doris), aber ihre eigenen Ängste bleiben bestehen. Mit ihnen setzen sie sich nicht auseinander, was bedeutet, dass sie sich einerseits nicht weiterentwickeln, und andererseits ihre Lust, Doris zu mobben, eher zunimmt. Die Realität ist eben nicht, dass Doris eine Niete ist und die anderen die Gewinnertypen. In Wirklichkeit geht in der ganzen Klasse die Angst um, nicht toll genug zu sein für das andere Geschlecht und nicht fit genug für schulischen und beruflichen Erfolg.

Mobbing ist an unseren Schulen weit verbreitet. Die hier beschriebenen Verhaltensweisen sind sogar eher harmlos. Die Anwendung körperlicher Gewalt, Erpressung, üble Nachrede in anonymen Briefen an Eltern und Lehrkräfte, Telefon- und SMS-Terror: Der Fantasie scheinen hier kaum Grenzen gesetzt.

Internationales Aufsehen erregte ein Fall, bei dem ein Privatvideo eines linkischen Jungen aus Kanada, der einen Kampf aus »Star Wars« nachspielte, zufällig von seinen Klassenkameraden entdeckt und ohne sein Wissen gleich ins Internet gestellt wurde. Der Junge verkraftete nicht, dass Millionen über ihn lachten, und kam in die Psychiatrie.[24]

Wenn wir davon ausgehen, dass sich die Täter von eigenen Unsicherheiten und Ängsten entlasten, dann lässt die Grausamkeit und die Häufigkeit,[25] mit der Mobbing in Schulen betrieben wird, Rückschlüsse auf einen wenig stabilen psychischen Zustand vieler Kinder und Jugendlichen zu.

Die Verbreitung von Mobbing schafft ein entwicklungshemmendes Milieu an unseren Schulen. Wenn Unsicherheiten und Fehler derart verfolgt werden, wagt niemand mehr einzugestehen, dass er etwas nicht kann. Voraussetzung für Bildungsprozesse ist jedoch die Erkenntnis, dass ich vieles erst noch lernen muss und sich bestimmte Fähigkeiten noch entwickeln müssen. Wo Unfertigkeit bestraft wird, wird Reifung verhindert.

Zur Gefühlswelt »schwieriger« Kinder

Die geschilderten Fallbeispiele machen deutlich, dass problematische Verhaltensweisen unter verschiedensten Bedingungen und in unterschiedlichsten Milieus entstehen können. »Schwierige« Kinder kommen sowohl aus gut situierten als auch aus sozial schwachen Familien, die deutscher, aber auch ausländischer Herkunft sein können. Manche Eltern sind gebildet, andere nicht. Uwes Mutter kann sich nicht durchsetzen, Doris' Vater ist streng. Um Philipp wird sich offensichtlich nicht genug gekümmert, um Nicole aber um so mehr. Vorschnelle Schuldzuweisungen müssen hier also scheitern.

Die pädagogische beziehungsweise therapeutische Arbeit erfordert sehr viel Aufwand, da sich menschliches Leben in komplexen Zusammenhängen vollzieht und man, um mit einem Kind zu arbeiten, nicht umhinkommt, diesen im Detail nachzuspüren. Es gilt also, alle Umstände einzubeziehen, um verstehen zu können, auf was genau dieses Kind reagiert und was es mit seinem Verhalten ausdrücken will beziehungsweise ausagiert.[26]

Trotzdem fallen bei näherer Betrachtung der Fallbeispiele einige Gemeinsamkeiten auf:

- Soziale Kontakte gestalten sich – zumindest auf einer tieferen Ebene – in allen Fällen überwiegend problematisch. Teilweise sind noch funktionierende Peer-Kontakte vorhanden – etwa bei Philipp –, häufig sind die Kinder und Jugendlichen aber Außenseiter. Ihre Kontakte gehen nicht in die Tiefe, sie sind in der Regel nicht sehr stabil und können schnell wechseln. Es fällt auch eine Kälte der Kinder im Umgang mit anderen Menschen auf, Empathie ist in der Regel nicht vorhanden. Sie sind so sehr in ihrer eigenen Problematik gefangen, dass sie nicht fühlen können, was ihr Verhalten bei anderen auslöst.
- Alle Kinder sind daher sehr einsam, wenn auch auf unterschiedliche Art. Obwohl manche – etwa Uwe, Desiree und Nicole – nicht wirklich isoliert sind, sondern eher behütet und gut versorgt zu sein scheinen, können sie sich mit ihren tiefen Sorgen und Nöten ihrer Umgebung nicht

öffnen. Daher fühlen auch sie sich – trotz aller Aufmerksamkeit, die sie bekommen – im Grund allein.

- Langfristige und tatsächlich befriedigende Sicherheit, Wärme und Geborgenheit erleben die Kinder nicht. Gefühle von Unsicherheit, Hilflosigkeit, Schwäche, starke Ängste dominieren stattdessen. Dies ist auch dort so, wo vordergründig das Gegenteil der Fall zu sein scheint. So fühlt sich etwa Uwe in Wirklichkeit gar nicht so stark und mächtig, wie er sich gibt, wenn er seine Mutter beherrscht.
- Viele auffällige Kinder – zum Beispiel Uwe – können sich in manchen Punkten sehr gut durchsetzen. Oft erscheint ihr Verhalten daher egoistisch. Tatsächlich geht es ihnen jedoch darum, Ängste und Unzulänglichkeiten zu überspielen, häufig suchtartig. Wirkliche Bedürfnisse der ganzen Person – beispielsweise nach Reifung und innerer Stabilität, aber auch nach Beziehungen, die sich durch gegenseitiges Verstehen und Liebe auszeichnen – bleiben vollkommen unbefriedigt. Wir können davon ausgehen, dass es weder Uwes wirklichem Bedürfnis entspricht, sich mit seiner wichtigsten Bezugsperson total zu entzweien, noch dass es Nicoles echtes Bedürfnis ist, sich zu Tode zu hungern. Was die Kinder so radikal gegen andere durchsetzen, sind Kompensationsbedürfnisse, Wünsche nach Flucht aus ihrer unangenehmen Realität. In der Regel schaden sie sich damit selbst. Wir können also davon ausgehen, dass die beschriebenen Kinder große Probleme haben, ihre echten Bedürfnisse zu befriedigen.
- Mit dem eigenen Körper bestehen häufig Probleme. Er wird in vielen Fällen als tollpatschig, unruhig, ungeübt, unattraktiv, missgestaltet erlebt und manchmal sogar – wie im Fall Nicoles – intensiv gehasst. Ein Erleben eigener Kraft und Fähigkeit ist nur kurzfristig möglich, und dies meist in destruktiven Situationen, etwa bei der Anwendung von Gewalt. Im Grunde aber ist das Verhältnis zum eigenen Körper überwiegend von negativen Gefühlen geprägt.

- Alle Kinder zeichnen sich durch einen eklatanten Mangel an Selbstwertgefühl aus. Dieser Mangel wird zum Teil – etwa von Doris – offen gezeigt, weitaus häufiger aber auf unterschiedlichste Art kaschiert. Die Gefühle, die der Mangel an Selbstwert mit sich bringt, sind für die meisten Kinder nicht auszuhalten. So ist auch die Empfindlichkeit zu verstehen, mit der die Kinder auf – oft auch nur fantasierte – Kränkungen reagieren. Bis auf Doris, die einfach erstarrt ist, und Nadia, die ihre innere Unruhe auslebt, ohne dies so recht zu registrieren, suchen alle Kinder nach Erlösung in gegenteiligen Gefühlen, auch wenn diese nur von kurzer Dauer ist. Dadurch sind viele in hohem Maße suchtgefährdet.

Die Frage ist warum sich diese Gefühlslagen – also Ängste, Unsicherheit, Mangel an Selbstwertgefühl (auch in körperlicher Hinsicht) – so stark ausbreiten. Warum fehlt Mitgefühl für andere Menschen? Warum bleiben Kontakte oberflächlich und sind oft sogar darauf reduziert, andere dazu zu benutzen, um suchtartig kurzfristige Erlösung von eigenen Minderwertigkeitsgefühlen zu erfahren, statt sie zu nutzen, um wirklich stützende Beziehungen herzustellen? Warum mangelt es Kindern an Geborgenheit, Sicherheit und Zuversicht, obwohl sie in einem der reichsten Länder der Erde aufwachsen, das allen Menschen wenigstens eine Minimalversorgung garantiert?

Ganz offensichtlich reichen die materiellen Grundlagen, die sich in unseren Kinderzimmern beispielsweise in einer Vielzahl von Stofftieren, Barbie-Puppen mit Zubehör, Computerspielen, Laserkanonen und vielem anderen Spielzeug manifestieren, nicht aus, damit die Kinder das Gefühl entwickeln können, ein wertvoller, hinreichend starker, kompetenter, geschätzter Mensch zu sein, der sich in seiner sozialen Umgebung sicher und geborgen fühlen kann.

Die Grundlagen eines stabilen Selbst

Störungen im Bereich des Selbstwertgefühls beschränken sich keineswegs auf Kinder. Psychotherapeuten stellten in den sechziger und siebziger Jahren fest, dass sich die Krankheitsbilder, mit denen sie konfrontiert wurden, wandelten. Statt zwanghafter Neurosen herrschten vermehrt Borderline- und narzisstische Störungen vor. Mit stark zunehmender Tendenz: »In den Fällen, in denen Menschen heute therapeutische Hilfe in Anspruch nehmen, liegen fast immer Beeinträchtigungen des Selbstwertgefühls zugrunde«,[27] schreibt Andreas Wintels dreißig Jahre später.

Um die zunehmenden Störungen im Bereich des Selbstwertgefühls besser verstehen und behandeln zu können, entwickelten der Psychoanalytiker Heinz Kohut und seine Mitarbeiter die Selbstpsychologie. Durch eine Beschäftigung mit dem Kohutschen Ansatz können wir nicht nur ein besseres Verständnis für Menschen mit Problemen im Bereich ihres Selbstwertgefühls erlangen, sondern auch Hinweise gewinnen, wie diesen Menschen eine Unterstützung geboten werden kann, die ihnen hilft, sich weiterzuentwickeln. Die Selbstpsychologie ermöglicht zudem, die Problematik vor ihrem gesellschaftlichen Hintergrund zu sehen. Dadurch wird es möglich, gesellschaftliche Prozesse sehr viel genauer auf ihre Risiken für die menschliche (und hier besonders: die kindliche) Psyche hin zu untersuchen und Überlegungen anzustellen, wie und wo entgegengesteuert werden muss.

Das stabile und das fragile Selbst

Unter »Selbst« wird die Gesamtheit der psychischen Struktur eines Menschen verstanden. Es ist keineswegs selbstverständlich, sich als einheitliches Wesen, als Ganzes, das mit der Außenwelt in befriedigender Weise in Beziehung treten kann, zu fühlen. Unterschiedlichste Bedürfnisse, Gefühle und Erinnerungen wirken in einer Person zusammen oder gar gegeneinander. Kohut ging von einer Bipolarität des Selbst aus.[28] Im Selbst besteht zwischen einem »Pol der Ambitionen« und einem »Pol der Werte und Ideale« ein Spannungsbogen.[29] Potenzielle Gegensätze müssen also »unter einem Dach vereint« werden. Eine psychische Struktur, die die eigene Person in ihrer Gesamtheit erfasst und zwischen den unterschiedlichen Polen vermittelt, muss in der kindlichen Entwicklung erworben und gefestigt werden[30]. Denn durch Ambitionen und Ideale, die sich an der Realität brechen, entstehen Krisen, die verarbeitet werden müssen. Ein innerer Zusammenhalt, die so genannte Kohäsion, entsteht, wenn die Verarbeitung gelingt.

Das Selbst als ein Zentrum der Initiative im Kern der Persönlichkeit ermöglicht, sich auf eine bestimmte Sache zu konzentrieren und andere Dinge vorübergehend zurückzustellen. Es wird möglich, auch Unlust zu ertragen, Mühen in Kauf zu nehmen um der Befriedigung zentraler Bedürfnisse willen. Wenn wir Aufgaben übernehmen und erledigen, in Auseinandersetzungen durchhalten, Beziehungen auch in schwierigeren Situationen aufrechterhalten, brauchen wir eine halbwegs funktionierende psychische Struktur.

Damit wir Prioritäten setzen und uns zwischen unterschiedlichen Bedürfnissen entscheiden können, müssen wir eine Vorstellung davon haben, welche Werte und Ziele, welche Strebungen und welche Fähigkeiten zu uns gehören.

Für den emotionalen Haushalt ist es von zentraler Bedeutung, ein wertschätzendes Gefühl zur eigenen Person zu entwickeln und zu halten, gerade in Zeiten, in denen nicht alles glatt läuft. Hierzu gehört auch die Fähigkeit, sich grundlegend akzeptieren zu können trotz aller Unzulänglichkeiten. Ein Mensch mit einem stabilen Selbst kann Selbstzweifeln, Selbstvorwürfen und Ambivalenzen die eigenen Fähigkeiten und Erfolge entgegenhalten und gegebenenfalls die notwendigen Anstrengungen unternehmen, um unzufrieden machende Situationen zu verändern. Er kann sich richtig einschätzen und sich Fehler verzeihen. Ein stabiles Selbst ist Voraussetzung dafür, auf realistische Art zu wissen, was man will.

Ein Mensch mit einem fragilen Selbst hat hingegen Schwierigkeiten, seine Mitte zu finden. Es fällt ihm schwer, zwischen unterschiedlichen psychischen Anteilen zu vermitteln und sich zu Anforderungen von außen zu verhalten. Dieser Zustand ist mit sehr negativen Emotionen verbunden: mit Gefühlen der Überlastung, Abgetrenntheit, Leere, Verwirrtheit, Panik, Hilflosigkeit, Wut und Verzweiflung. Diese Gefühle gehen einher mit der Vorstellung, man sei im Kern seines Wesens minderwertig oder gar schlecht.

Glücklich zu sein bedeutet für das stabile Selbst, sich als Ganzheit, sich mit sich selbst und der Welt im Reinen zu fühlen. Nun ist Glück ein eher seltener Zustand. Auch ein »normales« Selbst weist ein gewisses Maß an Fragilität aus. Es muss immer wieder zwischen Wünschen und Sehnsüchten und den Anforderungen und Beschränkungen der Realität vermitteln. Wir müssen uns in immer neuen Situationen behaupten. Dabei erfahren wir uns auch immer wieder neu. Das geschieht nicht im luftleeren Raum. Wer wir sind, was wir können und wie liebenswert wir sind, erfahren wir in der Auseinandersetzung mit unserer Umwelt.

Wenn wir dieses Konzept des Selbst auf die dargestellten Fallbeispiele übertragen, ergeben sich Ansätze zu ihrem Verständnis. Tatsächlich hat keines der Kinder ein ganzes, zusammenhängendes, kohärentes Selbst, das die vordringlichsten Bedürfnisse angeht und mit sich selbst zufrieden ist, entwickeln können. Stattdessen sind sie den verschiedensten Einflüssen von innen und außen in oft hilfloser Weise ausgesetzt: Uwe der Angst (auch seiner Mutter!) vor der übermächtigen Welt draußen, Nicole den Anforderungen an ihren Körper von außen ebenso wie den eigenen körperlichen Veränderungen, Philipp den familiären und schulischen Anforderungen und denen seiner erwachenden Maskulinität, Doris den Anforderungen an ihren Körper, an ihre Beweglichkeit, an ihr Leistungsvermögen usw.

Keins der Kinder ist in der Lage, mit diesen Anforderungen konstruktiv umzugehen, realistische Ziele zu entwickeln und in diesem Rahmen eine gewisse Zufriedenheit zu erlangen. Die psychische Instanz, die in der Lage wäre, mit diesen inneren und äußeren Anforderungen und Strebungen auf eine Art umzugehen, die Weiterentwicklung ermöglichen würde, ist zu schwach ausgeprägt.

Eigene Sehnsüchte und Bedürfnisse, Erwartungen von außen, Ansprüche an die eigene Person – all dies wirkt auf die Kinder ein, ohne dass eine Vermittlung stattfindet. So werden nur schwer aushaltbare Gefühle eigener Unzulänglichkeit ausgelöst. Die eigene Person kann nicht als eine der Welt zugehörige Ganzheit erlebt werden, sondern wird von der Umwelt mit ihren unerfüllbaren Forderungen abgespalten beziehungsweise droht sogar innerlich auseinander zu fallen.

Hier ist zu bemerken, dass es den Kindern gerade an den angesprochenen Punkten an Unterstützung von außen mangelt. Zwar liegen teilweise Unterstützungsangebote vor – so im Fall Doris –, die jedoch von den Kindern nicht als hilfreich erlebt werden. Doris etwa hat nicht genug Zutrauen zu sich selbst, um von einer echten Verbesserung ihrer Lage durch Hilfe von außen auszugehen. Die Unterstützungsangebote erlebt sie eher als Kritik an ihrer Person. Aus derartigen schwer aushaltbaren Situationen flüchten sie alle auf die eine oder andere Art: Doris ins Bett, Philipp in die Cyberwelt, Uwe in Größenerlebnisse auf Kosten der Mutter. Und Nadia spielt einfach Kleinkind.

Was ist also notwendig, damit sich ein kohärentes Selbst entwickelt und stabil bleibt? Die Antwort auf diese Frage ermöglicht zu verstehen, welche Reifungsschritte die beschriebenen Kinder (noch) nicht erfolgreich durchlaufen haben und was ihnen in ihrem Leben fehlt.

Wir erfahren uns durch andere

Der Selbstpsychologie zufolge spielt die menschliche Umgebung eine zentrale Rolle für die Entwicklung eines stabilen

Selbst. Das Selbst entwickelt sich im Kontakt: Wir erfahren uns durch andere. Im regelmäßigen Austausch mit anderen Menschen findet sich unser Selbst und konsolidiert sich zu einem Ganzen. Dazu tragen vor allem jene Menschen in unserer Umgebung bei, zu denen wir eine enge Bindung haben und die unseren Bedürfnislagen verständnisvoll gegenüberstehen. Die Selbstpsychologie spricht in diesem Zusammenhang von »Selbstobjekterfahrungen«. Diese vitalisieren uns, steigern das Selbstwertgefühl und fördern Reifungsprozesse; wir brauchen sie wie die Luft zum Atmen.

»Andere« sind im Kindesalter also zunächst Bezugspersonen, die in der Lage sind, sich in die kindlichen Bedürfnisse einzufühlen. Die ersten Lebensmonate und -jahre spielen eine ganz besondere Rolle, neueren Erkenntnissen zufolge sogar schon die Zeit vor der Geburt,[31] weil hier wichtige Grundsteine gelegt werden. Aber auch später, im Erwachsenenalter, sind wir auf positive Rückmeldungen angewiesen. Die Bedürfnisse, die wir anderen gegenüber haben, sind entwicklungsspezifisch verschieden.[32]

Verschmelzung

Ein frühes Kontakterleben bei Neugeborenen und kleinen Babys wird als »Verschmelzung« bezeichnet. Dieser Zustand, der die ganze Umwelt einbezieht, ist mit Gefühlen von großer Wonne verbunden, solange alle anderen grundlegenden Bedürfnisse befriedigt sind. Später werden derartige Empfindungen besonders zu Beginn einer Liebesbeziehung wieder erlebt. Verschmelzung bedeutet auch, sich ganz, als Einheit zu fühlen, beinhaltet also Kohäsion. Diese Gefühle sind jedoch meist nur von kurzer Dauer. Wenn beispielsweise beim Säugling Hungergefühle einsetzen oder wenn bei Verliebten die ersten Meinungsverschiedenheiten zum Streit führen, erfolgt ein jäher Absturz.

Spiegelung

Spiegelung kann auf verschiedenen Wegen erfolgen. Vor allem die visuelle Spiegelung ist eine zentrale Interaktion mit Säuglingen: Ein Erwachsener schaut in das Bettchen, dem Baby ins Gesicht; er freut sich über das geliebte Kind, und diese Liebe drückt sich in seinem Lachen aus. Beide lachen sich an und schauen sich ins Gesicht wie in einen Spiegel. Oder: das Kind hat Bauchschmerzen und weint. Der Erwachsene guckt das Kind mit mitfühlend-sorgenvoller Miene an. Dem Baby werden so seine Stimmungen gespiegelt, über die es auf diese Weise etwa erfährt, mit welchem Gesichtsausdruck sie verbunden sind. Gleichzeitig erfährt es, dass der Erwachsene es lieb hat, sich über es freut, mit ihm mitfühlt usw.

Spiegelungen erfolgen aber nicht nur visuell. Klänge, Stimmen etwa, werden bereits im Mutterleib wahrgenommen, und Berührungen lassen die Wertschätzung, die uns zuteil wird, am elementarsten erleben. Aber auch Handlungen, die dem Kind zeigen, dass seine Bezugspersonen wissen, was es braucht, eine liebevolle Versorgung, Ermutigung, Trost, werden in diesem Sinne wahrgenommen.

Wie bedeutend diese Interaktionen für die kindliche Entwicklung sind, zeigten Untersuchungen, die in den fünfziger Jahren an Kindern durchgeführt wurden, die längere Zeit ohne elterliche Bezugspersonen in Kliniken und Heimen verbringen mussten. Ihnen wurde vorbildliche Pflege zuteil, allein die geschilderten zwischenmenschlichen Kontakte waren eingeschränkt. Die Folgen waren gravierend, nicht nur in psychischer Hinsicht. Apathie, körperliche Funktionsstörungen, gesteigerte Infektanfälligkeit und eine auffallende Zunahme der Sterblichkeitsrate wurden beobachtet.

So untersuchte René Spitz 91 Säuglinge in einem Waisenhaus, in dem sich die Betreuung auf ihre Pflege beschränkte. Er schreibt: »Nach fünf Monaten affektiver Entbehrung springen die irreversiblen Veränderungen ins Auge. Besonders auffällig ist die Starre des Gesichts, die Leere des Blickes; der Ausdruck ist oft imbezil, die Augenkoordination oft mangelhaft … Im weiteren Verlauf ist spasmus nutans (Nickkrampf) häufig; in den meisten Fällen konnte ich bizarre Fingerbewegungen beobachten, die an Athetose (unablässige bizarre Krampfbewegungen der Finger und Zehen) oder an die Bewegungen der Dezebrierten (Hirn-Operierten) erinnern.«[33]

37 Prozent der von Spitz untersuchten Kinder starben! Deutlicher kann kaum werden, wie bedeutend der zwischenmenschliche Kontakt für die kindliche Entwicklung ist, dass das Stillen psychischer Bedürfnisse ebenso elementar ist wie eine gute körperliche Versorgung.

Spiegelung befriedigt das Bedürfnis nach Bestätigung und Anerkennung. Dieses Bedürfnis bleibt zeitlebens bestehen, die Form, mit der es befriedigt wird, kann sich jedoch wandeln. Spiegelungen können bei Erwachsenen sehr viel symbolhafter sein. Dinge, die uns gelingen, Produkte unserer Aktivitäten, Schul- und Berufsabschlüsse, Beurteilungen, Aufgaben, die uns übertragen werden, Ämter und Funktionen – all dies dient dazu, uns zu versichern, welchen Wert wir in dieser Welt haben. Alle Arten von Spiegelung tragen zur Stärkung des Selbstwertgefühls und damit zur Stabilisierung des Selbst bei.

Idealisierung

»Mein Papa hat Wand gemacht. Mein Papa kann alles!« – Ganz stolz kam der kleine Jim zu mir, nachdem er seinem Vater zugesehen hatte, wie der eine Trennwand in ein Zimmer eingezogen hatte. Besonders kleine Kinder haben das Bedürfnis, sich einem bewunderten Objekt zugehörig zu erleben. Durch die Verschmelzung mit dem mächtigen Objekt hat das Kind die Möglichkeit, sich selbst zu akzeptieren und stark zu fühlen, obwohl ihm noch viele Fähigkeiten und Kenntnisse fehlen. Das eigene Selbstwertgefühl wird gestärkt.

Wenn die Kinder in späterem Alter derartige Fähigkeiten selbst entwickeln, beginnen sie, ihre Eltern wesentlich kritischer zu betrachten. Selbstwertgefühl können sie dann aus der Tatsache beziehen, dass sie nun selbst schaffen, was bisher ihren Eltern vorbehalten war, ja dass sie in einigen Details vielleicht sogar etwas besser können als diese. Die Idealisierung wird abgelöst durch eine realistischere Sichtweise: Auch die Eltern können manches gar nicht gut.

Die Bewältigung von Enttäuschungen ist ein bedeutender Bestandteil im Reifungsprozess. Nach Kohut ist sie einer der wichtigsten Faktoren bei der Entwicklung einer gesunden psychischen Struktur: Neben einer entsprechenden organischen Reifung müssen Enttäuschungen an idealisierten Objekten erlebt und verarbeitet werden.[34] Damit eine Verarbeitung möglich ist, dürfen die Enttäuschungen allerdings ein bestimmtes Maß nicht übersteigen. Traumatisch können sie sein, wenn ein Verlust des Objekts erfolgt oder wenn sich das Objekt als insgesamt machtlos oder unzulänglich erweist. Letzteres ist zum Beispiel dann der Fall, wenn eine der hauptsächlichen Bezugspersonen – in der Regel die Mutter – sich nicht in die Bedürfnisse ihres kleinen Kindes einfühlen kann. Damit kann sie auch nicht zur Aufrechterhaltung des Gleichgewichts der kindlichen Psyche beitragen. Sie kann weder Quelle benötigter Reize für ihr Kind sein noch vor einem Übermaß an Reizen schützen noch durch Gewähren von Trost für Befriedigung sorgen, wenn die Spannung zu groß wird.[35]

Wenn die Enttäuschung jedoch in Maßen erfolgt, betrifft sie nur einzelne Anteile oder Eigenschaften. Das Kind kann idealisierende Energie vom vordem als allmächtig erlebten Objekt abziehen und – nach erfolgter Verarbeitung durch Trauer – für sich selbst nutzen. Dabei werden die Anteile und Eigenschaften zunächst weitgehend von dem Bild der Person, der sie ursprünglich zugeschrieben waren, gelöst. Das Kind kann dann eigene Fähigkeiten und Potenziale entdecken, und etwa schlussfolgern: »Selbst wenn mein Vater das nicht kann, habe ich die Möglichkeit, es zu schaffen.« Damit ist ein Stück Selbstständigkeit erreicht.

Im Erwachsenenalter spielen Idealisierungen am Beginn von Liebesbeziehungen eine große Rolle, aber auch in hierarchischen Systemen, wenn Führungspersönlichkeiten bewundert werden. Und auch hier tritt oft Enttäuschung auf, wenn eine realistischere Sichtweise sich durchsetzt.

Alter Ego

Alter Ego heißt »anderes Ich«. Der andere wird hier nicht idealisiert, sondern als gleich erlebt. Darum spricht man in diesem Zusammenhang auch von »Zwillingserfahrung«. Diese Erfahrung wird besonders ab dem Kindergartenalter immer wichtiger. Es geht um die Verbindung mit einem Menschen, mit dem man sich vergleichen kann, der das eigene Wesen, das eigene Äußere und eigene Meinungen teilt. Dies können Geschwister in ähnlicher Altersstufe sein. Vor allem aber wird das Bedürfnis nach derartigen Erfahrungen in Kinderbanden und Peergroups gestillt.

Auch Erwachsene suchen Alter-Ego-Erfahrungen. Diese spielen in Partnerschaften und engen Freundschaften eine Rolle. Viele schließen sich auch Vereinen oder anderen Gruppierungen an, in denen sie Gleichgesinnte finden.

Aversive Spiegelung: Ich erfahre, wer ich nicht bin

Die Autonomie des Individuums wird in der weiteren Entwicklung gestärkt durch aversive Spiegelungen. Besonders bei Jugendlichen spielt dieser Vorgang eine große Rolle. Ich erfahre auch, wer ich bin, wenn mir ein anderer zeigt, wer und wie ich nicht bin. Das kann nur funktionieren, wenn das Gegenüber den Mut hat, authentisch aufzutreten und die eigenen Grenzen deutlich zu machen. Wenn Eltern beziehungsweise Pädagoginnen und Pädagogen aber selbst zu sehr darauf angewiesen sind, von den Kindern positiv gespiegelt zu werden, kann dieser Prozess nicht gelingen.

Selbstwirksamkeit

Im weiteren Sinne können die bisher genannten Selbstobjekterfahrungen alle als Spiegelungen gesehen werden: Ich erfahre mich im Kontakt mit anderen. Das Erleben von Selbstwirksamkeit[36] unterscheidet sich davon. Das Selbstwertgefühl wird gestärkt durch das Erlebnis, etwas bewirken zu können.

Diese Erfahrung, die bereits Babys machen, wird mit zunehmendem Alter immer wichtiger. Sie ist mit Gefühlen der Unabhängigkeit und Kompetenz verbunden: »Das kann ich schon selber.« Aber auch im Erwachsenenalter ist diese Erfahrung von zentraler Bedeutung. Die Depression, die manche Menschen befällt, wenn sie arbeitslos werden oder ins Rentenalter kommen, erklärt sich vor diesem Hintergrund: Sie können in einem wichtigen Bereich nichts mehr bewirken.

Obwohl es um das Erleben des »Selbermachens« geht, spielen Eltern eine wichtige Rolle bei der Entwicklung kindlicher Selbstwirksamkeit. Ernest Wolf fordert sie dazu auf, sich auf »optimale Responsivität«[37] zu beschränken: Kinder brauchen zur Entwicklung ihrer Fähigkeiten nur dann Hilfe, wenn sie allein nicht mehr weiterkommen. Das bedeutet für die Eltern, ihr Kind wahrzunehmen und zu ermutigen, aber ihm nicht gleich alles abzunehmen, auch wenn das manchmal viel Zeit sparen würde. Denn wenn dem Kind gelingt, etwas selbstständig zu bewirken, wird sein Selbstwertgefühl in besonderem Maße gestärkt.

Diese Art der Selbstobjekterfahrung ist häufig mit großen Mühen verbunden. Gerade kleine Kinder versuchen etwas immer wieder, bis sie es endlich können. Aufrecht gehen, das Klettergerüst bezwingen, Schuhe zubinden, Fahrrad fahren, all dies geht erst nach vielen Anläufen. Und wenn es mal wieder nicht funktioniert, können auch heftige Unlustgefühle ausgelöst werden. Eltern müssen es aushalten können, dass ihrem Kind wiederholt etwas misslingt. Trost und Ermutigung sind nun wichtig, um das Kind zum Weitermachen zu ermuntern. Wenn die Eltern dem Kind aber seine »Arbeit« abnehmen, bringen sie es um ein ganz elementares Erfolgserlebnis.

Reifung

Menschen, die in der Auseinandersetzung mit anderen Menschen und mit der Entwicklung eigener Kompetenzen innere Stabilität erlangt haben, sind eher in der Lage, Enttäuschungen zu verarbeiten, Grenzen ihrer Möglichkeiten anzuerkennen und zu akzeptieren, dass auch unterschiedliche Meinungen und Sichtweisen ihre Berechtigung haben. Die Frustrationstoleranz wächst.

Menschen mit einem stabilen Selbst vermögen andere als Personen mit eigenständigen Wünschen und Bedürfnissen zu sehen. Auch wird das eigene Selbst nicht als bedroht erlebt, wenn einmal nicht die gewünschte Resonanz erfolgt. Konfliktreiche Zeiten und Phasen von Abwendung können ausgehalten werden.

Selbstobjekterfahrungen, die nicht von einem aktuellen Kontakt mit anderen Menschen abhängen, nehmen mit fortschreitender Reifung zu. So können etwa kulturelle oder politische Identifikationen zur Stabilisierung des eigenen Selbst beitragen. Auch hier wird es möglich, Enttäuschungen zu verarbeiten und eine Weltsicht zu entwickeln, die zwischen »schwarz« und »weiß« eine nicht geringe Anzahl von Grautönen aufweist.

Unterschiedliche Realitäten können akzeptiert werden. Erst die Vorstellung, dass auch andere Wahrnehmungen und Einstellungen als die eigenen ihren Wert und ihre Existenzberechtigung haben, macht einen tiefen und gleichberechtigten Austausch mit anderen Menschen möglich. Eltern bzw. Pädagoginnen und Pädagogen können als entsprechende Vorbilder nur dann dienen, wenn sie selbst fähig sind, die Realitäten anderer zu ertragen.

Wenn die Entwicklung nicht gelingt

Wenn die Reifungsprozesse misslingen, besteht die Gefahr, dass die betreffende Person nur oberflächliche Kontakte eingeht, Auseinandersetzungen vermeidet und stattdessen Erlebnisse sucht, die mit einem Gefühl von Großartigkeit verbunden sind. Dies kann mit Süchten verbunden sein – das zu Größenerlebnissen verhelfende Kokain ist nicht umsonst Modedroge.

Die Beschäftigung mit eigenen Defiziten wird dann sorgfältig vermieden. Die Stabilisierung des fragilen Selbst steht so sehr im Vordergrund, dass jede Empathie für andere Menschen fehlt. Andere werden lediglich benutzt, ihre Bedürfnisse werden kaum registriert – sie spielen auch keine Rolle. Im Gegenteil kann es von eigenen Unzulänglichkeiten entlasten, andere abzuwerten. Mobbing hat in der Regel diese Funktion. Die eigenen Schwächen werden auf einen anderen Menschen projiziert und dort verurteilt oder verhöhnt. Und wer sich so massiv von den Schwächen, die er in anderen sieht, abgrenzt, wird sie bei sich selbst kaum wahrnehmen.

Wir sollten im Auge behalten, dass es sich dabei keineswegs um Bosheit handelt, sondern um den Versuch, die eigene angeschlagene Psyche zu stabilisieren. Diese wird dadurch aber nicht dauerhaft gestärkt, die eigenen Schwächen bleiben, auch wenn sie in anderen bekämpft werden. Ein tiefes Verstehen der eigenen Person ist dabei ausgeschlossen, Schein statt Sein ist die Devise. Hier wird ein Image aufgebaut, das mit der Realität nicht viel zu tun hat und jederzeit wie eine Seifenblase platzen kann. Und hinter dem »schönen Schein« lauern die oben dargestellten fatalen Gefühle, die mit einem unstabilen Selbst verbunden sind.

Das Verhalten, das eine Person zeigt, die kein stabiles Selbst hat ausbilden können, kann sehr unterschiedlich sein. Die individuelle Problemlage prägt die jeweilige Person auf spezifische Art. So ist zu erklären, dass bei den oben dargestellten Fallbeispielen Defizite im Bereich des Selbstwerts eine gemeinsame Ursache für ganz verschiedene Verhaltensauffälligkeiten bilden.

Das falsche Selbst

Menschen, die unter narzisstischen Störungen leiden, sind in der Lage, hohe Leistungen auf bestimmten Gebieten zu erbringen, um ein Image ihrer eigenen Größe zu produzieren. Sie kompensieren ihre Symptome durch ein falsches Selbst, das sich durch Perfektionismus, Grandiosität, Stolz und eine große Anspruchshaltung auszeichnet.[38] Diese Kompensation ist jedoch nicht durchgängig aufrechtzuerhalten und in hohem Maße von immer neuen Bestleistungen abhängig. Daher sind Zusammenbrüche vorhersehbar. Dann kommen die Symptome, die verleugnet werden sollten, zum Vorschein: Gefühle der Wertlosigkeit, Demütigung, Scham, innere Leere, Einsamkeit und Depression.

Aber auch so lange sie funktioniert, ist die Kompensation mit einem hohen Preis verbunden. Die wahre Persönlichkeit mit ihren Schwächen und Problemen wird nicht gezeigt. Andere Menschen werden manipuliert, echte Kontakte kommen nicht zustande. Wirkliche Nähe in engen Beziehungen kann nicht erlebt werden.

Viele Höchstleistungen sind in diesem Rahmen zu erklären. So nehmen manche Leistungssportler die Versagungen, die ihr hartes Training erfordert, letztendlich nicht aus sportlicher Lust und in spielerischem Geist in Kauf, sondern weil sie sich davor fürchten, abzusteigen und in Vergessenheit zu geraten. Ähnlich motiviert können Spitzenleistungen auf allen anderen Gebieten sein. Viele berühmte Models werden von der Angst beherrscht, nicht schön (genug) zu sein, aber wenn sie auf der Bühne gefeiert werden, ist die Angst für den Augenblick beschwichtigt. Sportler, Schauspieler, Politiker: Viele von ihnen brauchen den Glamour zur Verleugnung ihrer Selbstwertprobleme. Machtpositionen aller Art eignen sich vorzüglich zur Kompensation, nicht nur in der Politik, sondern auch im Managementbereich. Die Antriebe von Workaholics werden in diesem Zusammenhang ebenso verständlich wie ihre Zusammenbrüche, wenn es nichts mehr zu tun gibt und sie gar ihren Posten verlieren.

Festzuhalten bleibt: Auffällig gewordene Kinder und Jugendliche sind mit ihrer Problematik ganz und gar nicht allein. Sie befinden sich in bester Gesellschaft. Der allerbesten sogar, sozusagen.

[illegible]

[illegible] auf die Bevölkerungsstruktur auswirken, sie [illegible] werden. Dies ist jedoch nur zum Teil der Fall. Erst einmal muss Geld verdient werden.

Risiken für die kindliche Entwicklung

Mit dem Erklärungsansatz der Selbstpsychologie sollen nun Risiken für die kindliche Entwicklung aufgezeigt und in ihrem Bezug zu gesellschaftlichen Tendenzen betrachtet werden. Dabei soll weder der Eindruck entstehen, Entwicklung sei grundsätzlich gefährdet, noch, früher sei alles besser gewesen. Vielmehr soll deutlich werden, was zur Zunahme von Verhaltensauffälligkeiten beitragen kann. In vielen Fällen herrschen bessere Bedingungen als die dargestellten, und es kann auch nicht generell behauptet werden, dass Kinder unter bestimmten Bedingungen notwendig schwierig werden. Vielmehr spielen viele Einflüsse eine Rolle, individuelle Dispositionen sind zu berücksichtigen. Trotzdem gibt es Faktoren, die den Aufbau einer stabilen Psyche tendenziell erschweren.

Familiäre Situationen

Von zentraler Bedeutung ist, wie bereits dargestellt, der Kontakt zu Personen, zu denen eine enge Bindung besteht und die in der Lage sind, sich in die kindlichen Bedürfnisse einzufühlen. Allerdings ist die Vielfalt der Kontaktmöglichkeiten eingeschränkt, da der Kernfamilie zunehmend weniger Personen angehören. Dass Großeltern oder gar weitere Angehörige mit in der Familie leben, ist sehr selten geworden. Aber auch die Kleinfamilie selbst schrumpft. Die Kinderzahl pro Familie nimmt ständig ab, und viele Kinder wohnen nur noch mit einem Elternteil zusammen – mit steigender Tendenz.[39] Familiäre Beziehungsstrukturen lösen sich in unserer Gesellschaft also mehr und mehr auf. Nun könnte man argumentieren, dies müsse sich nicht auf die Beziehungsqualität auswirken, sie könne dafür umso intensiver werden. Dies ist jedoch nur zum Teil der Fall. Erst einmal muss Geld verdient werden.

Der Arbeitsplatz geht vor

Bereits 1978 folgerte der Pädagoge Klaus Strzyz aus einer steigenden Berufstätigkeit von Müttern kleiner Kinder, dass »die Mutter als die wichtigste Bezugsperson nicht mehr in ausreichendem Maße zur Verfügung stehen kann, ein Umstand, der durch mögliche mütterliche Schichtarbeit noch komplizierter wird«.[40] Er weist darauf hin, dass die Sozialisationskosten durch einen verzögerten Berufseintritt gestiegen sind – im Gegensatz zur vorindustriellen Familie, in der Kinder wichtige Mithilfe in Haus und Hof leisteten. Gerade weil Kinder da sind, ist also ein erhöhtes Familieneinkommen und damit ein entsprechendes berufliches Engagement notwendig. Sinkende Reallöhne verschärfen die Lage zusätzlich.

Mit dem Druck, den der ständige Abbau von Arbeitsplätzen und die wachsende Arbeitslosigkeit auf alle ausübt, die in einem Beschäftigungsverhältnis stehen, erhält der berufliche Bereich zusätzlich Priorität vor dem familiären. Viele Eltern sind unsicher, ob es ratsam ist, für einige Jahre aus dem Berufsleben auszuscheiden, um sich ganz dem Kind zu widmen. Selbst wenn eine formelle Arbeitsplatzgarantie besteht, ist die Angst da, dass berufliche Positionen und Funktionen aufgegeben werden, die später nicht mehr zurückzuerlangen sind. Männer, die in noch höherem Maß ihren gesellschaftlichen Status aus ihrem beruflichen Erfolg ableiten, verweigern sich hier in der Regel.

An vielen Arbeitsplätzen steigen die Anforderungen, Überstunden werden zur Regel. Viele Eltern sind durch eine beanspruchende Berufstätigkeit nicht mehr in der Lage, sich ihrem Kind ausreichend zu widmen, zeitlich nicht und kräftemäßig auch nicht. Von Kindertagesstätten werden in diesem Zusammenhang verlängerte Öffnungszeiten gefordert – bis in die Nächte und Wochenenden hinein – bei gleichzeitiger Aufnahme immer jüngerer Kinder. Hartmut Amft bemerkt dazu, dass die Qualität der Eltern-Kind-Beziehung unter dieser Situation leide, und macht sie für die Zunahme von Verhaltensproblemen Heranwachsender verantwortlich.[41] Ein hohes Arbeitstempo und Stress binden Energie, die dann zu Hause einfach nicht mehr zur Verfügung steht. Und so wird die kindliche Aufforderung »Mami (Papi), spiel mit mir« von manchem erschöpft nach Hause Zurückgekehrten regelrecht als Zumutung empfunden.

Die von Profitinteressen getragene Dynamisierung der Arbeitswelt fordert zunehmend Flexibilität und Mobilität von den Arbeitnehmern.[42] Die Bereitschaft, den Wohnort zu wechseln, wenn die Arbeitsplatzsituation dies erfordert, hat große Auswirkungen auf die Kinder und Jugendlichen. Sie verlieren bei einem Umzug zwar nicht ihre Familie, wohl aber ihre gewohnte Umgebung einschließlich aller Menschen, die dazugehören. Vielfache Wechsel – auch hauptsächlicher Bezugspersonen – müssen übrigens besonders häufig Kinder von Migranten verkraften.

Es scheint, als habe die Eltern-Kind-Beziehung längst gegen die Erfordernisse des Arbeitsmarktes verloren. Wir sollen länger arbeiten, am besten auch abends und an Wochenenden, bei Bedarf den Ort wechseln, zu finanziellen Abstrichen bereit sein – die Bedürfnisse unserer Kinder spielen da offenbar gar keine Rolle.

Risikofaktor Armut

Für sehr bemerkenswert halte ich, dass ein wichtiger Risikofaktor für die kindliche Entwicklung Armut ist. Gerade bei Familien mit Kindern nimmt die Armut in unserem reichen Land kontinuierlich zu. 1,5 Millionen Kinder leben nach dem Wegfall der Arbeitslosenhilfe im Rahmen der Agenda 2010 auf Sozialhilfeniveau.[43] Daran hat sich auch durch Kindergelderhöhungen nichts wesentlich geändert – sie wirken eher wie ein Tropfen auf den heißen Stein. In einigen Regionen sind fast die Hälfte aller Sozialhilfebezieher unter achtzehn Jahre alt.[44]

Ein holländisches Projekt, das mit Kindern arbeitete, die in der Schule auffällig geworden waren, kam zu dem Ergebnis: »Was in Klassenzimmern eindeutig hilft, ist ein gefüllter Magen.«[45] Viele Kinder aus ärmeren Familien erscheinen regelmäßig ohne Frühstück in der Schule und haben dann Schwierigkeiten, sich auf den Unterricht zu konzentrieren. Gleichzeitig kann es aber durchaus sein, dass sie zu Übergewicht tendieren, weil sich ihre Versorgung auf billiges, kalorienreiches Fastfood beschränkt.

Die Problematik ist jedoch keineswegs auf Ernährung zu reduzieren. Wenn in der Familie alle Kraft dafür verwendet werden muss, das Nötigste zum Überleben zu beschaffen, ist oft weder Zeit noch Geld vorhanden, um ein Kind mit Anregungen zu versorgen, die seine Bildungschancen verbessern. Zudem hatten viele Eltern selbst nicht die Möglichkeit, eine gute Bildung zu erwerben, sie sind vielleicht selbst in gesellschaftlich benachteiligten Situationen aufgewachsen, haben Verwahrlosung erlebt und haben nur bedingt stabile psychische Strukturen entwickeln können. Daher können sie auch nur eingeschränkt eigene Kompetenzen an ihre Kinder weitergeben, was die Problematik fortlaufend verschärft.

Es hat einen deutlichen Effekt auf Kinder, wenn sie in einer Familie aufwachsen, die zu den Verlierern unserer Wirtschaftsordnung gehört. Wenn die Eltern als insgesamt machtlos und unzulänglich erlebt werden, kommt es zu Störungen bei der Idealisierung und der notwendigen Verarbeitung von Enttäuschungen. Dies hat Auswirkungen auf die Ausbildung der psychischen Grundstruktur ebenso wie auf die Bildung zuverlässiger Ideale. Die frühkindliche Vorstellung von einem allmächtigen Objekt kann realistischeren Sichtweisen nicht weichen.

Das unerträgliche Macho-Gehabe männlicher Jugendlicher aus Unterschichtfamilien ist in diesem Zusammenhang zu verstehen. Besonders, wenn ein sehr niedriger gesellschaftlicher Status mit überhöhten Ansprüchen an die eigene Potenz zusammentrifft, wird nur noch aufgeblasene Großartigkeit produziert, die auf Außenstehende lächerlich und erschreckend zugleich wirkt. Wenn sich hier junge Männer aus bestimmten Kulturkreisen besonders hervortun, hängt das auch damit zusammen, dass Erwartungen ihrer Kultur an ihre Männlichkeit besonders hoch sind.

Die Notwendigkeit gut ausgestatteter sozialer Sicherungssysteme wird in punkto Familienarmut besonders sichtbar; leider wird hier jedoch zunehmend eingespart. Das Bewusstsein dafür, dass eine große gesellschaftliche Verantwortung für die Herstellung von Chancengleichheit besteht, ist in der Öffentlichkeit nicht ausgeprägt genug, um den Risikofaktor Armut effektiv zu minimieren.

Die lästige Aufgabe Erziehung

Das Aufziehen und die Betreuung von Kindern sind zu unbeliebten Tätigkeiten geworden. Die Bildungsexpertin Donata Elschenbroich stellt dies zwar vor allem im Hinblick auf die USA fest, betont aber den Einfluss der US-amerikanischen auf unsere Kultur. Sie macht zum einen die finanzielle Situation vieler Familien für diese Unlust verantwortlich. Dass Familien mit Kindern so häufig ins finanzielle Abseits geraten, motiviert nicht gerade zu Enthusiasmus bei der Erziehung.

Zum anderen weist Elschenbroich darauf hin, dass »die Lebensentwürfe von Frauen und Erwachsenen allgemein immer weniger zu einem Leben mit Kindern … passen. Tempo und Erwartungen an Aktivität und Vitalität der Erwachsenen liegen quer zum Rhythmus von Kindern.«[46] Alexander Mitscherlich hat bereits 1963 darauf hingewiesen, dass die Mutterrolle mit harten Opfern verbunden ist, gemessen an der gesellschaftlichen Verheißung von Konsum und Freizeitgestaltung nach eigenem Gutdünken. Die frustrierte Mutter könne dann ihre Unlustspannungen an ihrem Kind auslassen.[47]

Wenn eine Mutter in einer derartigen emotionalen Lage wenig Unterstützung von ihrer Umgebung erhält, weil diese eher kinderfeindlich ist, sich gleichzeitig aber zur Mutterliebe verpflichtet fühlt, wird sie zu Selbstvorwürfen tendieren. Das kann dazu führen, dass sie mit einem zwiespältigen mütterlichen Verhalten, einem Verhalten zwischen Liebe und Unlust, reagiert. Die Interaktionen mit ihr kann das Kind dann nicht dazu nutzen, Erfahrungen zu machen, die zu seiner Reifung beitragen – etwa beim Prozess des Spiegelns. Es erhält stattdessen widersprüchliche Botschaften. Dies kann den Grundstein zur Entwicklung psychischer Auffälligkeiten legen.[48]

Ein-Kind-Familien

Neben der Beziehung zu den Eltern ist die zu anderen Kindern bedeutend. Mit ihnen können Alter-Ego-Erfahrungen gemacht werden, doch ist dies innerhalb der Familie oftmals nicht möglich: Etwa ein Viertel aller Kinder in Deutschland wächst ohne Geschwister auf.[49] Daraus ergeben sich in der Regel spezifische Probleme.

In einer Familie mit nur einem Kind ist dieses zwar häufig geliebter Mittelpunkt. Mit der Zeit wird es für die Eltern aber doch recht anstrengend, alle Spielinteressen und Bewegungsbedürfnisse des Kindes zu erfüllen. Gleichaltrige Spielgefährten können sie ihm doch nicht sein, dafür sind Erwachsene und Kinder zu verschieden. Alternativ dazu werden dann Spielgefährten gesucht, das Kind in Kindergruppen angemeldet, was freilich auch Entlastung bringt. Wenn aber Eltern und Kind dann wieder allein zu Hause sind, geht das Generve von Neuem los. Und neben Kindern fehlen eben auch die Großeltern oder andere Verwandte, die – ohne dass man sich groß dazu verabreden muss – das Kind einmal »abnehmen« können.

Nun registrieren Kinder recht genau, welche Gefühle ihre Eltern haben: dass sie eigentlich nur wenig Lust haben, bei ihren Spielen mitzumachen. Dabei erleben sie unter Umständen, dass ihre Eltern sich unecht verhalten; auf jeden Fall bekommen sie mit, dass ihre Bedürfnisse den Eltern eine Last sind. Verschärfend kann es wirken, wenn Eltern und kleine Kinder mit beschränktem Wohnraum auskommen müssen.

Alleinstehende mit Kind

Noch schwieriger stellt sich die Situation in vielen Rumpffamilien dar, in denen nur noch ein Elternteil mit dem Kind zusammenlebt.[50] Dies ist in etwa 15 Prozent aller Familien der Fall, wie der Mikrozensus 2001 ergab.[51] Das Armutsrisiko ist hier besonders hoch – mit allen negativen Folgen.[52] Aber auch die emotionale Situation kann wegen eines höheren Maßes an Isolation schwierig sein, sowohl für die erziehungsberechtigte Person als auch für das Kind.

Häufig spielt eine vorangegangene Trennung eine große Rolle für die affektive Situation des Kindes und des zurückgebliebenen Elternteils. Dann sind starke Gefühle von Unsicherheit und Ängste aufgrund des Verlustes einer geliebten Person zu bewältigen, und zwar von beiden. Oft sind Kinder aber auch in negativer Weise in die Trennung der Eltern einbezogen: Sie werden instrumentalisiert, um der/dem anderen wehzutun, werden zwischen beiden hin- und hergerissen. Wenn der Hass der Eltern aufeinander groß genug ist, werden die Bedürfnisse der Kinder bei derartigen Auseinandersetzungen kaum noch wahrgenommen.

Aber auch wenn die »heiße Phase« der Trennung vorbei ist, kann die emotionale Situation der Kleinstfamilie problematisch bleiben, vor allem, wenn erwachsene Kontaktbedürfnisse nicht befriedigt werden. Diese werden dann vielfach an das Kind gerichtet, das sich zwar bemüht, sie zu erfüllen, aber letztlich damit überfordert ist. Und möglicherweise muss das Kind elterliche Einsamkeit und Verzweiflung in hohem Maß aushalten.

Der Raum, in dem das Kind einfach Kind sein kann und in dem es sich darauf verlassen kann, dass die Eltern für die Befriedigung seiner Bedürfnisse sorgen, wird enger. Werden die Belastungen für die kindliche Psyche zu groß, kann zudem eine Verarbeitung der vielfältigen Enttäuschungen nicht mehr erfolgen. Dies gefährdet Reifungsprozesse. Derartige Situationen überfordern Kinder nicht nur aktuell, sondern können zu einer Beeinträchtigung ihrer Fähigkeit führen, später dauerhafte eigene Paarbeziehungen einzugehen.[53]

Narzisstische Eltern

Narzisstische Tendenzen finden wir bei Erwachsenen häufiger noch als bei Kindern. In zunehmendem Maße beherrschen sie unsere Kultur überhaupt. Das prägt freilich auch unsere Kinder.

Wenn Eltern selbst narzisstisch bedürftig sind, können sie ihre Kinder in verschiedener Hinsicht nur unzureichend unterstützen. Eltern, die sich ihres Selbstwerts unsicher sind, haben nicht nur Schwierigkeiten, wenn Kinder kritische Auseinandersetzungen einfordern, die sie benötigen, um sich von ihren Idealisierungen zu lösen. Sie reagieren auch schon bei geringsten Anlässen gekränkt. So weist Strzyz darauf hin, dass eine narzisstisch bedürftige Mutter bereits das Schreien ihres Babys als Kritik an ihrer Person empfinden kann.[54] Hände, die Sicherheit geben, und eine warme, beruhigende Stimme kann das weinende Baby nicht erleben, wenn die Mutter dann etwa mit Verzweiflung oder Wut reagiert. Die kindlichen Bedürfnisse bleiben auf der Strecke.

Umgekehrt kann das Kind den Eltern dazu dienen, ihr eigenes leeres Selbst zu füllen. Schon die Schwangerschaft kann der werdenden Mutter die Möglichkeit bieten, den eigenen Körper als etwas Wertvolles wahrzunehmen. Dies führt natürlich nur dann zu Problemen, wenn sie dieses Gefühl sonst nicht hat und deshalb von ihrem Kind abhängig wird. Die Mutter braucht dann das Kind, um ihre eigene Identität zu sichern.[55]

Eltern, die von der Bestätigung durch ihre Kinder abhängig sind, haben Schwierigkeiten, ihnen Grenzen zu setzen. Wenn sie deutlich machen, dass ihnen etwas nicht passt, laufen sie Gefahr, kindlicher Kritik bis hin zu massiver Wut Stand halten zu müssen. Die kann aber nur ertragen, wer über die innere Stabilität verfügt, auch Momente der Entzweiung auszuhalten, und sich sicher fühlt bei dem, was er tut.

Dieselbe Stärke ist auch vonnöten, wenn es um Versöhnung geht. Verzeihen fällt sehr schwer, wenn man im Grunde von seiner Wertlosigkeit überzeugt ist und der Kritik und den Angriffen des Kindes nichts an eigener Wertschätzung entgegensetzen kann. Kinder können hier weder etwas darüber lernen, wie andere Menschen empfinden und wo ihre Grenzen sind, noch, wie Konflikte konstruktiv gelöst werden können. Abgrenzungsversuche von Kindern und Jugendlichen können nicht auf gute Art gelingen; die Pubertät gestaltet sich, was die Eltern-Kind-Beziehung angeht, zu einer Katastrophe.

Narzisstisch bedürftige Eltern haben die Tendenz, ihr eigenes fragiles Selbst zu stärken, indem sie ihr Kind »überspiegeln«. Sie machen es zu einer Prinzessin oder einem Prinzen – und sich selbst damit zum Königspaar. Sie projizieren ihre Größenfantasien auf das Kind, die allerdings vollkommen unrealistisch sind. Mit dem Kind und seinen wesentlichen Bedürfnissen und Strebungen hat dies alles nichts zu tun.

So wird es etwa für die Eltern unerträglich, die Gefühle mitzuerleben, die ihr Kind hat, wenn es etwas immer wieder probiert, aber es zunächst nicht schafft. Sie haben die Tendenz einzugreifen und dem Kind die Schwierigkeiten abzunehmen. Damit verhindern sie zugleich, dass ihr Kind Modelle dafür entwickelt, eigenständig Probleme zu lösen. Sie können es zudem nur schwer aushalten, dass ihr Kind beginnt, eigene Schritte zu gehen, weil sie die kindliche Bedürftigkeit zur Aufrechterhaltung ihrer eigenen Stabilität so dringend brauchen.

Andererseits wächst der Druck auf die Kinder, etwas Besonderes zu sein, etwa durch herausragende Leistungen. Die Journalistin Christiane Grefe schreibt in ihrem Buch ›Ende der Spielzeit‹ über die Vielzahl von Kursen und Trainings, an denen Kinder teilnehmen und die meist schon im Säuglingsalter beginnen. Anschaulich schildert sie den Stress, dem viele Kinder dadurch ausgesetzt sind, dass sie einen prall gefüllten Terminkalender haben.[56] Der Titel ihres Buches macht deutlich, was den Kindern entgeht: eine unbefangene Kindheit, die zu eigenen Unternehmungen und Entdeckungen in ihrem individuellen Rhythmus Zeit lässt. Wenn trotz aller Kurse nicht die ersehnten Erfolge zu verzeichnen, gar Durchschnittlichkeit oder Schwächen nicht mehr zu verdecken sind, tritt elterliche Enttäuschung zu Tage. Liebevolle Unterstützung und Trost können die Eltern nicht geben, obwohl die Kinder sie an dieser Stelle dringend brauchen, um den Mut nicht zu verlieren und ihre eigenen Fähigkeiten realistisch einschätzen und akzeptieren zu lernen.

Mangelnde gesellschaftliche Unterstützung

Einige Tendenzen wurden aufgezeigt, die dazu beitragen, dass die kindliche Entwicklung schwieriger wird. Nicht übersehen werden sollte jedoch, dass in früheren Zeiten starke Zwänge in vielen Familien herrschten, die zu einer nicht weniger prekären, aber völlig anders gearteten Problemlage führten. Viele Eltern bemühen sich heutzutage intensiv, ihren Kindern eine gute Erziehung angedeihen zu lassen, beschäftigen sich mit pädagogischen Fragen, setzen nach Kräften Zeit und Geld ein. Und dies sicher nicht nur aus narzisstischen Motiven.

Die dargestellten Risiken haben mit Phänomenen zu tun, die von außen auf die Familien einwirken: mangelnde Wertschätzung für die Erziehung von Kindern, ein Auseinanderfallen sozialer Systeme, die Unterstützung bieten, zunehmende Belastungen an Arbeitsplätzen und steigende Armut. Familien werden mit ihren Aufgaben in zu hohem Maße allein gelassen. Wenn dies zur Folge hat, dass Kinder sich zu Hause nicht mehr ausreichend geborgen fühlen und kaum noch Räume für ihre eigene Entwicklung finden, spiegelt sich hierin eine Abnahme von Geborgenheit und sozialer Verantwortung in unserer Gesellschaft. Dies ist langfristig besonders risikoreich, weil sich die Probleme über mehrere Generationen verschärfen. Wenn die narzisstischen Problematiken unserer Kinder und Jugendlichen zunehmen, ist zu erwarten, dass sie später als Eltern noch weniger in der Lage sein werden, die Bedürfnisse ihrer Kinder wahrzunehmen und auf sie einzugehen.

Schwindende Betätigungsfelder in der Umgebung

Nun lernen und entwickeln sich Kinder nicht nur in ihrer Familie. Eine ganz bedeutende und lange Zeit unterschätzte Rolle spielen die nähere und weitere Umgebung sowie die Personen, die zu ihr gehören. Die Veränderungen, die hier zu beobachten sind, haben nicht weniger dramatische Auswirkungen auf die Kinder als die Veränderungen in ihren Familien. Wichtige Betätigungsfelder für Kinder gehen verloren und auch hier ist die Tendenz zur Auflösung sozialer Strukturen zu beobachten.

Kein Platz für Kinder

Die nähere Umgebung bietet Kindern vielfältige Möglichkeiten, die Welt zu entdecken, ihren Forscherdrang zu befriedigen, Neues zu lernen. Als ich ein kleines Kind war, klingelten regelmäßig nach dem Frühstück ein paar Kinder bei uns, meine Mutter öffnete, und ich hörte die Frage: »Kann Michael rauskommen?« Mit der Auflage, zum Mittagessen wieder da zu sein, zogen wir gemeinsam los, sammelten unterwegs noch ein paar andere Kinder ein und erlebten spannende Abenteuer. Wir durchstreiften den Wald, spielten in einem Park und besonders gern in einer alten Scheune. Die etwas älteren Kinder passten auf, dass die Kleineren nicht zu viel Unfug machten, gut über die Straßen kamen und nicht verloren gingen.

Was wir dabei entdeckten und uns aneigneten, war äußerst vielfältig. Laufen, Springen, Kicken, Klettern, Balancieren, Kriechen erweiterte und trainierte unsere Bewegungsfähigkeiten und damit auch unsere Wahrnehmung und Koordination. Die Wahrnehmung wurde in groß angelegten Versteckspielen geschult, in dem Spiel »Ich sehe was, was du nicht siehst« oder in der Suche nach Materialien (»Wer hat den schönsten Stein?« – »Guck mal, wie meiner gemustert ist!«). Unsere Fantasie fand zahlreiche Ventile: Mal waren wir Seeräuber, mal Indianer, mal auf Weltreise. Jeder brachte seine Kenntnisse ein und gemeinsam entwickelten wir unsere Vorstellungen von der Welt und ihren Zusammenhängen weiter.

Aber auch naturwissenschaftliche Kenntnisse kamen nicht zu kurz. Wir lernten Pflanzen- und Tierwelt kennen, probierten aus, welche Materialien man wozu benutzen kann, und nahmen sogar einen alten Flaschenzug wieder in Betrieb. Wir lernten, wie man eine Hütte baut, die nicht gleich einstürzt, und welche Wirkung Wind und Wetter auf ihre Stabilität haben. Bei all dem verständigten wir uns miteinander, handelten aus, was wir gemeinsam machen wollten, verteilten Rollen, trugen Konflikte aus und erweiterten so unsere sozialen Kompetenzen. All dies machte uns richtig Spaß, und wir konnten es gar nicht erwarten, bis die Mittagspause vorbei war und wir wieder zusammen spielen konnten.

All diese Aktivitäten stärkten unser Selbstwertgefühl enorm. Nicht nur, dass der vielfältige Kontakt Spiegelungen aller Art zuließ, auch unsere Selbstwirksamkeit konnten wir immer wieder erleben. Wir waren ungemein stolz auf unsere Entdeckungen und unsere Produkte. Ganz besonders, weil wir das alles *alleine*, ohne die Erwachsenen, geschafft hatten. Und wenn mal etwas schief ging, berieten wir uns, holten eventuell auch Ratschläge von Älteren und trafen uns dann wieder, um es mit den gewonnenen Erkenntnissen erneut zu versuchen.

Diese Möglichkeiten haben heutige Kinder eher selten, oft nur noch im Urlaub auf dem Bauernhof oder auf dem Campingplatz. Der Straßenverkehr ist so gewachsen, dass viele Eltern ihre kleinen Kinder nicht mehr ohne die Begleitung von Großen nach draußen lassen. Grefe berichtet, dass die durchschnittliche Zeit, die Kinder draußen verbringen, allein in den letzten zwanzig Jahren um 50 Prozent abgenommen habe; die Hälfte aller Kinder spiele fast nur noch im Haus.[57] Dies ist besonders in großen Städten der Fall, aber auch Dörfer werden häufig von großen Straßen zerschnitten.

Nicht nur der Autoverkehr engt kindliche Spielräume ein.

Zunehmende Bebauung lässt Gärten kleiner werden und beseitigt wildwüchsige Flächen aller Art, die sich doch so herrlich für den kindlichen Forschergeist eignen. Aus einem großen Garten, in dem wir als Kinder früher gern gespielt haben, ist heute ein Supermarkt mit Parkplatz geworden. Gegen die Logik stark angestiegener Bodenpreise können kindliche Entwicklungsbedürfnisse nichts ausrichten.

Als Ausgleich eingerichtete Spielplätze sind kein vollwertiger Ersatz. Spielmöglichkeiten sind durch bestimmte Geräte vorgegeben. Platz zum Experimentieren, Erfinden, Forschen, Selbermachen ist nur begrenzt vorhanden. Und in den meisten Fällen werden Spielplätze von jüngeren Kindern wegen der Nähe gefährlicher Straßen nur in Begleitung Erwachsener besucht. Das Erlebnis, ohne die Erwachsenen einen Vormittag allein bewältigt und dabei großartige Taten vollbracht zu haben, ist zumindest Kindern, die noch nicht zur Schule gehen, heute nur noch selten vergönnt.

Das Verschwinden der Natur, das zumindest in unseren Ballungsräumen fortschreitet, hat nicht nur ökologische Auswirkungen, sondern nimmt auch unseren Kindern wichtige Betätigungsfelder. Dass dies in der öffentlichen Diskussion kaum thematisiert wird, sollte nachdenklich stimmen. Kinder haben keine Lobby, ihre Entwicklungsbedürfnisse spielen kaum eine Rolle, wenn es um die Gestaltung unserer Welt geht. Eigentlich muss es da nicht erstaunen, wenn sich das rächt, indem Kinder Auffälligkeiten entwickeln.

Nichts ohne meine Mama

Die Reduzierung der Räume für Kinder führt dazu, dass diese sich langweilen. Mit viel Aufwand versuchen dann die Eltern, Abhilfe zu schaffen. Das bereits erwähnte Kinder-Kurs-System tritt hier auf den Plan, verschiedene Angebote werden wahrgenommen, von musikalischer Früherziehung bis hin zu »Yoga für Kinder«. All diese Angebote sind zwar sinnvoll, machen Freude und fördern die kindliche Entwicklung. Doch das

Organisieren eigener Spielaktivitäten durch die Kinder selbst können sie nicht ersetzen.

Erwachsene sind immer dabei und machen Vorschläge. Kinder entwickeln daher eine passive Konsumentenhaltung. »Mir ist langweilig – was soll ich denn anfangen?« ist eine typische kindliche Frage, die deutlich macht, dass es an einer anregungsreichen Umwelt mit gleichaltrigen Freunden mangelt. Frustration und Lethargie breiten sich aus, wenn kein erwachsener Unterhalter zur Verfügung steht. Erwachsene sind bei gemeinsamen Aktivitäten aber auch immer dann zur Stelle, wenn es einmal schwierig wird. Wenn die Kinder dann später Schwierigkeiten allein durchstehen sollen, müssen sie passen; das haben sie nicht gelernt. Sie bleiben unselbstständig und abhängig von ihren Bezugspersonen.

Brüchige Kontakte

Dass Kinder über Jahre hinweg in kontinuierlichem Kontakt mit ihren Nachbarskindern oder Kindern von Verwandten groß werden, ist gerade in urbanen Gegenden eher die Ausnahme geworden. Umzüge, mit denen Eltern ihre Flexibilität auf dem Arbeitsmarkt beweisen, verschärfen die Situation. Die gestiegene Mobilität hat nachbarschaftliche und familiäre Bande schwächer werden lassen. Kontakte müssen immer wieder neu hergestellt werden und sie sind oft nur temporär.

Dies kann durchaus Auswirkungen auf die Tiefe der Beziehungen haben. Auch können Kinder Beziehungen in vielen Fällen nicht als dauerhaft erleben: zu Hause nicht, wenn Trennungen zum Verlust eines Elternteils führen, in ihrer Umgebung nicht, wenn Freunde wechseln oder sich der Wohnort ändert. Neben den Einschränkungen im Kontakterleben nimmt auch das Gefühl, zu einer bestimmten Umgebung zu gehören, ab; die Empfindung der Zugehörigkeit zu einem größeren Ganzen kann sich nur rudimentär entwickeln.

Inselhopping[58]

Wenn wir Kinder aus unserem Wohnhaus draußen waren, kam schon eine kleine Bande zusammen. Heute müssen Kinder durch die halbe Stadt zu ihren Spielgefährten chauffiert werden und dann spielen sie gemeinsam in der Wohnung. Die Eltern trinken im Nebenzimmer währenddessen Kaffee, immer mit einem Ohr am Kinderzimmer.

So werden die Kinder herumgefahren, vom Kurs zu Freunden, in den Park, in eine Spielgruppe usw. Ihre Welt könnte man vergleichen mit einem gefährlichen Ozean, in dem – Raubfischen gleich – die schnellen Autos und die riesigen LKWs ihr unberechenbares Unwesen treiben. Inseln, auf denen man sich frei bewegen kann, sind nur an der sicheren elterlichen Hand oder geschützt in Kinder-Sportwagen oder Autos zu erreichen. Dabei lernen die Kinder nur noch einzelne Teile ihrer Umgebung richtig kennen: Erforschen können sie nur die sicheren Inseln.

Sie können ihre Welt nicht mehr in immer weiteren Kreisen erkunden und in Besitz nehmen. Ihr Bild von ihrer Umgebung besteht aus einzelnen Fragmenten und kann nicht oder erst sehr spät zu einem Ganzen zusammenwachsen. Parallelen zur mangelnden Fähigkeit, das eigene Selbst als Ganzes zu erleben, sind deutlich. Damit bleiben die Kinder aber auch länger abhängig von Erwachsenen. Dies hat negative Auswirkungen auf die Entwicklung ihres Selbstwertgefühls.

Betreuungseinrichtungen als Ersatz

Einrichtungen wie Kindertagesstätten, Schulen und Stadtteilzentren spielen in dieser Situation eine immer wichtigere Rolle. Allerdings sind auch sie »Inseln«, und auch hier geht nichts ohne Aufsicht. Doch diese Institutionen können einen entscheidenden Beitrag zur kindlichen Entwicklung leisten. Wenn aber die Sozialisationsbedingungen in Familie und Umgebung immer schwieriger werden, sind auch sie überfordert.

Zudem ist die Qualität ihrer Arbeit in hohem Maß von den Ressourcen abhängig, die ihnen zur Verfügung stehen. Hier wird jedoch immer mehr gespart, was vermehrt zu Problemen führt.

Ersatzbefriedigungen

Während soziale Kontakte schwieriger werden und Betätigungsfelder für körperlich-sinnliche Aktivitäten schrumpfen, entstehen neue Möglichkeiten für Kinder, sich selbst zu erleben. Die moderne Technik bietet elektronischen Ersatz, der allerdings innere Lücken, etwa einen Mangel an sozialen Fähigkeiten, nicht mit realem Kompetenzgewinn zu füllen vermag. Konsum verheißt Identität, die wenig mit der tatsächlichen Persönlichkeit zu tun hat. Erfahrungen eigener Größe, die auf diesem Weg gemacht werden, basieren nicht auf realem Wachstum, sondern sind im virtuellen Bereich anzusiedeln.

Medien

Die Neuen Medien bieten Zerstreuung für Kinder, die nicht wissen, was sie mit sich oder ihrer Umwelt anfangen sollen. Was draußen nicht mehr erlebt werden kann, wird nun im Fernsehen verfolgt. Hier sehen Kinder anderen dabei zu, wie sie Entdeckungen machen und Abenteuer bestehen. Diese Art der Teilhabe ist jedoch von zweifelhaftem Wert. Natürlich können Kinder durch moderne Medien viel lernen. Wesentliches bleibt jedoch auf der Strecke.

Beim Fernsehen machen Kinder keine Erfahrungen damit, wie sie ihre Ziele durch eigenes körperliches Handeln erreichen. Der gesamte Bewegungs- und Haltungsapparat kann sich nicht weiterentwickeln.

Die Bundeszentrale für gesundheitliche Aufklärung berichtet: »Auffallend viele Kinder weisen Defizite bei körperlichen

Ausdauerleistungen, altersgerechter Körperkraft und der Koordinationsfähigkeit auf. Einhergehend mit einer verringerten körperlichen Leistungsfähigkeit werden in zunehmendem Maße Haltungsschäden festgestellt .... Über- beziehungsweise Untergewicht gehören zu den häufig festgestellten Defiziten.«[59]

Körperliche Befindlichkeit und Fähigkeiten tragen entscheidend zu einem guten Selbstwertgefühl bei. Kinder, die einen großen Teil ihrer Zeit vorm Fernseher verbringen, erleben ihren Körper nur selten als Quelle von Kraft und Lebensfreude und stärken dadurch ihr Selbstwertgefühl kaum, sondern fühlen sich unruhig und wenig ausgeglichen.

Wenn durch unkontrollierten Konsum dann auch noch Inhalte zu verdauen sind, die Kinder nur schwer verarbeiten können, verstärkt sich die Unruhe noch. Die Vielzahl der Programme lädt geradezu dazu ein, die Sinne zu überreizen. Unverdautes liegt quasi wie ein Stein im Magen. Denn erst Verarbeitung macht es möglich, dass Informationen eingeordnet und mit eigenen Erfahrungen in Bezug gesetzt werden; erst dann können sie dazu beitragen, den eigenen Horizont zu erweitern. Steine im Magen tragen nicht dazu bei, ein inneres Gefühl von Ganzheitlichkeit herzustellen, sie bleiben isoliert.

Wenn auch beim Fernsehkonsum selten Eigenes erworben wird, so erfolgt doch Beeinflussung. Die hypnotische Wirkung der Mattscheibe eignet sich vorzüglich zur Manipulation, worauf auch Patzlaff hinweist.[60] Dieses Medium macht Indoktrination gerade dadurch möglich, dass nur in vermindertem Maße ein kritischer Abgleich mit eigenen Erfahrungen erfolgt.

Überhaupt ist Zuschauen ein minderwertiger Ersatz für die Lernerfolge, die man durch eigene Aktivität erzielt. Die meisten Menschen haben in ihrer eigenen Schulzeit erfahren, dass sie durch Lehrervorträge allein nur wenig gelernt haben. Wie etwas wirklich geht, weiß man erst, wenn man es ein paar Mal selbst probiert hat. Und erst dann kann sich auch der Stolz einstellen, der mit dem Erwerb neuer Fähigkeiten und Fertigkeiten verbunden ist. Selbstwirksamkeit kann man beim Fernsehen nur erleben, wenn man die Fernbedienung benutzt. Zur Reifung der Persönlichkeit trägt das Gerät wenig bei.

Der Reiz des Fernsehens liegt eher darin, dass es eine Möglichkeit bietet, der als unzulänglich erlebten eigenen Realität temporär zu entfliehen. In der Identifikation mit omnipotenten Heldinnen und Helden können wir uns für einen Moment aller Selbstzweifel entledigen. Im Miterleben ist uns alles möglich – nur nicht die Umsetzung in unseren Alltag.

Computerspiele bieten schon mehr Möglichkeiten, durch eigenes Handeln etwas zu bewirken. Diese Wirkungen sind jedoch rein virtuell. Im Gegensatz zum kindlichen Rollenspiel, das ebenfalls mit fantastischen Vorstellungen arbeitet, werden hier ebenfalls keine realen Erfahrungen mit anderen Menschen gemacht. Es ist weiterhin nicht möglich, eigene Fragen aufzugreifen, eigene Erlebnisse einfließen zu lassen und verschiedenste eigene Lösungen durchzuspielen. So kann das Computerspielen kaum dazu dienen, das Spektrum der eigenen Potenziale zu erweitern. Hauptsächlich wird eine begrenzte Feinmotorik trainiert, und das erklärt auch die hohe Trefferquote jugendlicher Amokschützen.

Mit Neuen Medien werden Kinder daran gewöhnt, virtuelle Welten als Ersatz für reale zu nutzen. Der Unterschied zwischen Schein und Sein schwindet. Wenn Kinder dann eher an ihrem Image stricken, als wirklich an ihren Fähigkeiten zu arbeiten, weil dies einfacher erscheint, ist das in der Tat nicht wirklich erstaunlich.

Die Nutzung Neuer Medien wird vor allem dann zum Problem, wenn sie reale Erfahrungen ersetzt. Der Erwerb von Medienkompetenz ist heute notwendiger denn je, Vermeidung – etwa Fernsehverbot – ist deshalb keine geeignete Lösung. Wichtig ist, dass neben dem Fersehkonsum in hohem Maße soziale Kontakte und Möglichkeiten für körperlich-sinnliche Erfahrung bestehen und der Unterschied zwischen der realen und der virtuellen Welt spürbar bleibt. Wenn Fernseher und Computer als Ersatz für fehlende Geschwister und Freunde dienen, ist dies nicht mehr der Fall.

Konsum

Bei politischen Entscheidungen spielen kindliche Bedürfnisse häufig eine zweitrangige Rolle. Ganz anders verhält es sich jedoch, wenn an und mit ihnen verdient werden kann. Die Werbung spricht Kinder massiv und gezielt an. Produkte versprechen Identität, und diese Marketingstrategie ist dort sehr erfolgreich, wo das Selbsterleben von Unsicherheit und Zweifeln geprägt ist. So wird in vielen Schulklassen demjenigen Wert beigemessen, der Markenkleidung trägt – die Wertschätzung basiert jedoch nicht auf der Anerkennung realer Kompetenzen. Das Image, das durch Camouflage[61] hergestellt wird, steht im Vordergrund; die tatsächliche Persönlichkeit spielt keine Rolle. Zweifel an sich selbst können durch Styling überdeckt werden. Zum Aufbau eines falschen Selbst werden Kinder in unserer Gesellschaft geradezu ermutigt.

Konsum soll häufig als Ersatz für realen Kontakt dienen. Manche Eltern, die nur wenig Zeit für ihre Kinder haben, entschädigen sie mit Geschenken. Trennungskinder werden oft reich bedacht, meist von dem Elternteil, mit dem sie nicht zusammenwohnen. In einigen Fällen wetteifert auch die Verwandtschaft darum, wer dem Kind das teuerste Geschenk mitbringt. Dem Kind etwas zu geben, bedeutet aber nicht, es mit Waren abzuspeisen. Nähe, Innigkeit, Liebe sind nicht mit Geld zu erwerben.

Schokolade ist kein Ersatz für Berührung. Ein Eis für ein Kind, das traurig ist, ist eher Ablenkung als Trost. Es wäre hilfreicher, das Kind in den Arm zu nehmen und mit ihm über den Grund seiner Traurigkeit zu sprechen. Ein Mangel an realem Kontakt kann nicht durch Produkte aufgewogen werden. Stattdessen wird Suchtverhalten gelehrt.

Viele Kinderzimmer sind wahre Spielzeugläden, und das ist mit Reizüberflutung verbunden. Die Fülle der Spielangebote führt zu ihrer Beliebigkeit: Puppen, Stofftiere, Baukästen, Spielfiguren verlieren für das Kind durch ihre Vielzahl an Wert. Gerade in besonders gut ausgestatteten Kinderzimmern macht sich deshalb Lustlosigkeit breit. Die Frage »Was wollen wir denn spielen?« wird unbeantwortbar, wenn kein Spiel mehr richtig geliebt wird. So führt das Überangebot gerade nicht zu mehr Kinderglück. Und Kinder lernen, dass Erwachsene echte Zuwendung durch materielle Gaben ersetzen. Schlimmstenfalls werden sie ihr eigenes Sozialverhalten danach ausrichten.

Narzisstische Kultur

Die narzisstischen Züge unserer Kultur beeinflussen die Einstellungen und Haltungen unserer Kinder. Wenn wir auffällige Kinder in diesem Zusammenhang sehen, stellen wir fest, dass sie sich wenigstens teilweise so verhalten, wie es propagiert und ihnen vorgelebt wird.

Entsolidarisierung

Mir fiel in diesem Zusammenhang besonders die Anzeige einer großen deutschen Bank auf. Ein vor seinem Spiegelbild (!) stehender junger Mann macht sich Gedanken darüber, ob es sich für ihn lohnt, den Kontakt zu einer Frau zu suchen: »Soll ich sie zum Essen einladen? Oder gibt's noch bessere Geldanlagen?«[62] Zynischer geht es wohl kaum. Partnersuche verkommt zur Investition. Eine Frau ist auch nur eine Ware, und Liebe ist käuflich – das ist die Botschaft. Wo Empathie unbekannt ist, wird in Kontakten nicht Resonanz gesucht, sondern Rendite angestrebt.

Diese Anzeige ist kein Einzelfall. In einer Fernsehwerbung wird die Geliebte aus dem gemeinsamen Boot (!) geworfen, um eine Tüte Erdnussflips allein verzehren zu können. Beziehungen haben demzufolge einen geringeren Wert als der individuelle Konsum. Ja, Geiz ist geil! Kinder, die anderen etwas abgeben, die teilen wollen, müssen sich da ziemlich »out« vorkommen.

Entsolidarisierung wird nicht nur in der Werbung propagiert. Eine Zunahme des Konkurrenzdrucks ist in der Welt der Erwachsenen wie auch in Schule und Ausbildung zu beobachten. Wer als Antwort auf die Bildungsmisere die Auslese verschärft, muss sich nicht wundern, wenn sich Kinder und Jugendliche gegenseitig abwerten, anstatt einander zu schätzen. Dass Einzelne dabei so entmutigt werden, dass sie sich ganz in sich beziehungsweise in andere Welten zurückziehen, versteht sich von selbst.

Die Erfahrung, links liegen gelassen zu werden, macht natürlich auch die Vielzahl von Sozialhilfe abhängiger Kinder. Dies umso mehr, als gerade an den Armen immer weiter gespart wird. Die Arbeitslosigkeit ihrer Eltern empfinden sie als Abwertung ihrer ganzen Familie, nicht nur durch die Identifikation mit dem betroffenen Elternteil, sondern auch weil die finanziellen Folgen sie selbst treffen. Die Schließung von Jugendzentren etwa kann durchaus als Ausdruck mangelnder Wertschätzung der Gesellschaft betrachtet werden: »Mit uns können sie das ja machen!«

Wenn Kinder den Schluss ziehen, dass Rücksichtslosigkeit Trumpf ist und andere Menschen unter strategischen Gesichtspunkten zu benutzen sind, um eigene Erfolge zu erzielen, dann haben sie ihre Lektion gelernt. So wird auch deutlich, dass sie mit ihrem auffälligen Verhalten das spiegeln, was sie selbst haben erfahren müssen. Die Verdinglichung des Menschen geht mit einer Entwertung seines inneren Kerns einher. Was ein Mensch wirklich denkt und fühlt, wie er als einzigartiges Wesen beschaffen ist, das interessiert nicht. So kann ökonomischer Gewinn auf der psychischen Ebene Verarmung bedeuten.

Der schöne Schein

Die Tendenz, dass ein großartiges Image eine problematische Realität verdeckt, findet sich wieder in Kultur und Politik, in den »Blasen« der Börsen, in der Verfolgung wirtschaftlicher und politischer Ziele ohne Rücksicht auf soziale und ökologische Folgen bei gleichzeitiger medienwirksamer Verheißung von Verbesserungen. Die Folgen eines politischen und ökonomischen Handelns, das nicht auf Menschlichkeit, sondern auf Profit ausgerichtet ist, werden überwiegend ignoriert, was allerdings nur vordergründig und kurzfristig entlastet. Von narzisstischen Defiziten motivierte Scheingröße bietet nicht nur Kindern eine (Schein-)Möglichkeit, Gefühlen der Wertlosigkeit und Entfremdung, die die Struktur unserer Gesellschaft mit sich bringt, wenigstens punktuell zu entkommen. Wird die Image-Produktion zur Regel, verschwimmt der Unterschied zwischen Realität und Erfindung.

Entwertung von Bildung

Eigene Lücken durch Image zu kaschieren macht eine mühselige Aneignung von Bildung überflüssig. Dies drückt sich auch in dem Werbeslogan eines führenden Kosmetikherstellers aus: »Keinen Schimmer haben und trotzdem glänzen«. Was zählt, ist eben nicht der »Schimmer«, den man hat, sondern der Glanz.

»Die Verachtung der Massen« trifft intellektuelle Eliten zusehends als Reaktion auf die eigene Verächtlichmachung durch »verkrümmende Herrschaft« und »entleerende Arbeit«, wie der Philosoph Peter Sloterdijk beschreibt.[63] Er spricht hier von »Massennarzissmen«[64]. Damit geht eine Entwertung von Bildung einher. Diese ist im Umgang der Gesellschaft mit ihren Bildungseinrichtungen zu beobachten. Wenn beispielsweise hohe politische Repräsentanten Lehrkräfte in der Öffentlichkeit pauschal diffamieren,[65] wenn in einem Land, das zu den reichsten der Welt gehört, Schulen in einem Zustand des baulichen Verfalls belassen werden, wird eine mangelnde Wertschätzung deutlich sichtbar. Die beeinflusst natürlich auch die Schülerinnen und Schüler. Warum sollten sie sich um Bildung bemühen, wenn die Gesellschaft ihr so offensichtlich einen nur geringen Stellenwert beimisst?

Viele Jugendlichen gehen ohnehin davon aus, dass Bildung kaum einen Wert hat für ihr Leben. Sie erleben, dass zunehmend auch hoch qualifizierte Akademikerinnen und Akademiker arbeitslos werden. Bildung ist keine Garantie mehr für beruflichen Erfolg. Zukunftsängste haben auch die, die in der Schule erfolgreich sind. Viele Jugendliche wissen nicht, ob sich die Mühe lohnt, eine Ausbildung gut zu absolvieren. Scheint nicht manchmal eher der Zufall eine Rolle zu spielen bei der Frage, wer zu etwas kommt und wer nicht? Muss man »Connections« haben? Oder einfach nur gut aussehen?

Der Weg zu Abitur und Studium dauert viel zu lang, wenn man in nur einem halben Jahr eine »Superstar«-Karriere machen kann. In der Welt der Medien scheint alles möglich. Der Weg zum Erfolg bleibt im Bereich des Magischen. Ein Resultat steten Bemühens ist er jedenfalls nicht.

Zur Wertediskussion

Eine häufige Reaktion von Politikern auf die zunehmenden Verhaltensauffälligkeiten von Kindern und Jugendlichen besteht darin, Pädagogen zur intensiveren Wertevermittlung aufzufordern. Sie sollten Kindern wieder deutlicher machen, wie sie sich zu verhalten hätten und worum es im Leben tatsächlich gehe. In der Öffentlichkeit sieht das dann so aus, als bemühe sich die Politik um Verbesserung, wo die Pädagogik versagt hat. Hier macht es sich die Politik – ganz Zeitgeist – aber zu einfach.

Auf die wirklichen Ursachen des Verfalls bestimmter Werte wird nicht eingegangen, sonst würde auch zu viel von eigener Beteiligung sichtbar. Insofern kann die Wertediskussion eher als Ablenkung von der tatsächlichen Problematik gesehen werden. Die entsprechenden Forderungen der Politik sind dabei durchaus in einem narzisstischen Kontext interpretierbar.

Tatsächlich nutzt es nicht viel, Werte einfach zu predigen. Kinder lernen Werte am Verhalten anderer Menschen kennen. Und sie eignen sich ihre Werte vor allem dann an, wenn sie sich von ihnen gestärkt fühlen. Weiterhin machen sie eigene Erfahrungen im Umgang mit Werten, sie probieren sie aus. Wenn man ein Kind beispielsweise dazu animieren will, mit anderen Menschen zu teilen, muss man auch mit ihm teilen. Wenn das Kind anschließend die Erfahrung macht, dass es seine Beziehungen intensivieren kann durch Teilen, dass seine Welt glücklicher und befriedigender wird, besteht eine große Chance, dass es auch weiterhin teilen wird.

Kinder lernen von Vorbildern, von den schlechten ebenso wie von den guten. Tatsächlich gibt es, gerade wo es um Verständnis für andere, das Einstehen für andere, um Menschlichkeit geht, sehr viel mehr negative Vorbilder, auch in der Politik. Und so lernen Kinder in unserer Gesellschaft vorwiegend andere Dinge, etwa Besitz durch Geiz und Rücksichtslosigkeit anzustreben. Der Werteverfall, der bei Kindern und Jugendlichen beklagt wird, ist kein Produkt verfehlter Pädagogik. Er betrifft unsere Kultur und Gesellschaft insgesamt; im kindlichen Verhalten spiegelt er sich nur.

Wenn wir also wollen, dass unsere Kinder ein besseres Sozialverhalten erlernen, werden wir nicht umhinkommen, uns mit der Frage zu beschäftigen, wie der Tendenz zu Entsolidarisierung und Konkurrenz Einhalt geboten werden kann. Ganz besonders aber werden wir uns unseren Kindern fürsorglicher zuwenden müssen. Wer Kinder in Armut abschiebt und ihre Welt zubetoniert, tut dies jedenfalls nicht.

Fragmentierungen

Die Fragmentierung ihrer Psyche stellt, wie wir gesehen haben, eine zentrale Bedrohung für Menschen mit narzisstischen Defiziten dar. Fragmentierung droht jedoch nicht nur innerpsychisch. Auch Familien zerfallen in kleiner werdende Einheiten. Darüber hinaus weist die Gesellschaft insgesamt Zerfallserscheinungen auf. Wenn die Schere zwischen Armut und Reichtum sich immer weiter öffnet, wenn Alte gegen Junge ausgespielt werden, wenn Konkurrenz immer stärker wird, dann kann von Kohäsion keine Rede mehr sein. Auch unsere Verbindung zur Natur ist von Entzweiung geprägt, was in ihrer zunehmenden Zerstörung sichtbar wird.

Zusammenhalt geht auf vielen Ebenen verloren. Eine Ursache liegt in der Vorherrschaft wirtschaftlichen Denkens. Wo es nur um Profit geht, wo allein die Ergebnisse von Kosten-Nutzen-Rechnungen menschliches Handeln steuern, wird Nähe und Intimität geopfert. Freundlichkeit und vertrauensvolle Zuwendung werden zu Marketingzwecken missbraucht.

So beklagt der US-amerikanische Sozialwissenschaftler George Ritzer die »falsche, unehrliche Kumpelhaftigkeit«, mit der Fast-Food-Ketten Kunden an sich binden wollen.[66] An anderer Stelle beschreibt er die Unsitte, Reklame als Serienbriefe zu versenden, in denen potenzielle Kunden persönlich angesprochen werden. Er weist darauf hin, dass durch die Vortäuschung von Vertrautheit diese überhaupt entwertet wird.[67] Im Bemühen um Verkaufserfolge werden Verhaltensweisen, die zur Herstellung zwischenmenschlicher Verbindung beitragen, ihres Sinns entleert, ihre ursprüngliche Bedeutung geht verloren. Damit verlieren wir auch Möglichkeiten zur Herstellung von Nähe.

Fragmentierung vollzieht sich nicht nur insofern, als unsere derzeitige Gesellschaft auseinander driftet, auch das Bewusstsein historischer Kontinuität schwindet. Christopher Lasch schreibt: »Für den Augenblick, für sich selbst zu leben und nicht für Vorfahren oder Nachwelt, das ist die heute vorherrschende Passion. Das Gefühl einer historischen Kontinuität, das Wissen, in einer Folge von Generationen zu stehen, die aus der Vergangenheit kommen und in die Zukunft weiterführen – das geht immer mehr verloren.«[68]

Fragmentierung auf der zeitlichen Ebene hat vielfältige Aspekte, ihre Folgen können hier nur angedeutet werden. So wird beispielsweise zunehmend versucht, Alte gegen Junge auszuspielen, indem Bildungsfinanzierung auf Kosten von Renten versprochen wird. Dass auch die heutigen Jungen einmal ins Rentenalter kommen, wird dabei kaum diskutiert.

Zukunftsperspektiven spielen bei Entscheidungen überhaupt nur eine geringe Rolle, was etwa in der Anhäufung von Schulden oder in der Umweltzerstörung sichtbar wird. Im Vordergrund steht die momentane Rendite, der aktuelle Haushalt – alles andere muss dahinter zurücktreten. Langfristige Probleme verschärfen sich so, auch wenn mit großen Worten das Gegenteil beschworen wird.

Wenn Kinder und Jugendliche uns zunehmend fremd erscheinen und ihre Zukunft nicht auch als unsere begriffen wird, ist ein Bruch eingetreten. Wenn sich unsere Aufmerksamkeit auf momentane Befindlichkeiten beschränkt, verlieren wir die Welt, in der unsere Kinder und Jugendlichen später einmal leben werden, aus dem Auge. Mangelnder kindlicher Respekt für erwachsene Bedürfnisse kann als Spiegelung derartiger Einstellungen gesehen werden.

Wenn wir kulturellen Degenerationserscheinungen, die auf unsere Kinder einwirken, Einhalt gebieten wollen, müssen wir uns die Frage stellen, wie wir zu einem stärkeren Zusammenhalt beitragen können. Angesichts allgegenwärtiger Tendenzen zu narzisstischer Beziehungslosigkeit sollten wir den Mut dazu nicht verlieren. Es gibt viele kleine Schritte, die zur Vertiefung der Verbindungen zwischen Menschen sowie Mensch und Umwelt beitragen können. Ein Anfang besteht darin, auf die Problematik überhaupt aufmerksam zu werden; erst dann können wir mit einer Erweiterung unserer Handlungsmöglichkeiten experimentieren. Dazu gehört auch das Aufdecken unmenschlicher Strukturen sowie falscher Images, zuallererst natürlich der eigenen.

Schutzfaktoren für eine gesunde Entwicklung

Wir können die Welt, in der unsere Kinder aufwachsen, nur zu einem geringen Teil beeinflussen. Wir können uns selbst nicht fernhalten von Erlebnissen oder Ereignissen, die einen möglicherweise destabilisierenden Einfluss auf unsere psychische Befindlichkeit haben. Umso weniger können wir unsere Kinder, die ja auch nicht ständig in unserer Nähe sind, vor sämtlichen negativen Einflüssen schützen. Daher ist die Frage, wie hier ein Gegengewicht geschaffen werden kann, besonders bedeutsam.

Die Psychotherapieforschung beschäftigt sich bereits seit längerem mit der Frage »protektiver Faktoren«.[69] Gemeint sind Schutzfaktoren, die dazu beitragen, dass die psychische Organisation stabil bleibt, auch wenn schwierige Situationen eintreten. Entsprechend wird neben der »Pathogenese«, also der Entstehungsgeschichte von Erkrankungen, besonders im Umfeld der Integrativen Therapie die »Salutogenese« erforscht, also die Bedingungen, die für die Entwicklung einer gesunden Psyche sorgen.

Dem Begründer der Integrativen Therapie, Hilarion Petzold, zufolge lassen sich die protektiven Faktoren in internale – hierunter versteht er die eigenen Persönlichkeitsmerkmale – sowie externale unterteilen; letztere beziehen sich auf die Einflüsse des sozioökologischen Kontextes.[70] Mit dieser Herangehensweise wird von vornherein ausgeschlossen, dass allein individuelle Faktoren als Ursache für psychische Gesundheit gesehen werden. Die externalen Einflüsse unterteilt Petzold in die des unmittelbaren familiären Umfelds (»Mikrokontext«), zu dem die Familie und andere Erwachsene, die an der kindlichen Betreuung teilhaben, enge Freunde und die Wohnung gehören. Zum »Mesokontext« gehören die soziale Schicht, die eigene Subkultur, der Stadtteil und die Region, in der die Familie lebt. Dem »Makrokontext« sind »die übergreifende politische und sozioökonomische Situation« und »der Zeitgeist« zuzuordnen.

Mit dieser Einteilung wird deutlich, dass eine Sichtweise, die allein an der Verantwortung der Eltern für die kindliche Entwicklung festhält, zu kurz gegriffen ist. Im Gegenteil muss berücksichtigt werden, dass eben auch die Eltern gesellschaftlichen Einflüssen ausgesetzt sind, dass auch ihr Verhalten im Rahmen des Kontexts, in dem sie leben, verstanden werden muss.

Die Vielzahl von Einflüssen aus unterschiedlichsten Bereichen lässt erahnen, dass eine einfache Bestimmung protektiver und schädigender Einflüsse und ihrer Wirkweisen in Bezug zueinander nicht möglich ist. Aufgrund der Komplexität der Zusammenhänge kann nicht darauf verzichtet werden, jeden einzelnen Fall für sich zu bewerten. Wo sich der eine durch die Konfrontation mit einer Problematik neue Kompetenzen aneignet, kann der andere eine krankhafte Symptomatik ausprägen. Vor vorschneller Beurteilung sei also gewarnt.

Bei aller individuell unterschiedlicher Disposition und Reaktion haben sich in Untersuchungen statistische Korrelationen feststellen lassen. So wird sichtbar, welche Ereignisse auf eine Mehrzahl von Menschen einen eher schädigenden beziehungsweise einen eher förderlichen Einfluss hatten. Derart gewonnene Untersuchungsergebnisse können Hinweise für das pädagogische Handeln und die Frage, wie die Umwelt kindgerecht gestaltet werden kann, geben.

Die psychologische Forschung hat sich heute weitgehend von der Vorstellung entfernt, dass ein einzelnes Ereignis für die Ausprägung einer Symptomatik verantwortlich zu machen ist. Die Integrative Therapie geht davon aus, dass sich in Lebenskarrieren drei Einflussströmungen finden: Ketten widriger Beziehungsereignisse, die von anhaltender Überlastung gekennzeichnet sind, Ketten von prolongierten Mangelerfahrungen und Defiziten – hier spielt Unterstimulation eine Rolle – sowie Ketten schützender und fördernder Ereignisse. Einzelne Ereignisse können dabei durchaus auch mehrdeutigen Charakter haben. Ihre Einordnung hängt davon ab, wie sie vom Individuum bewertet werden, und diese Bewertung hängt wiederum von dem jeweiligen sozialen Umfeld ab. So wird beispielsweise in der einen Familie ein Jugendlicher gefeiert, der die mittlere Reife erworben hat, in einer anderen gilt das Kind als Versager, weil es das Abitur nicht geschafft hat.

Folgende Faktoren haben sich als relevant für eine gesunde psychische Entwicklung erwiesen. Als zentraler protektiver Faktor – auch für Kinder, die in schwierigen Situationen groß werden – stellte sich ein *positives Selbstbild* heraus. Dies entspricht den Erkenntnissen der Selbstpsychologie. Ein positives Selbstbild ermöglicht, negative Erlebnisse zu relativieren. Dazu brauchen Kinder Unterstützung von außen.

Kinder benötigen wenigstens eine erwachsene Bezugsperson, die sie auf warmherzige Art positiv bestätigt. Verinnerlicht, wird sie zu einem »inneren Beistand«, der das Selbstwertgefühl stärkt und einen positiven emotionalen Hintergrund bildet, der auch dann trägt, wenn es einmal schwierig wird. Der Kontakt zu dieser Person muss stabil sein, das Kind muss das Gefühl haben, dass sie immer zur Verfügung steht, wenn es Geborgenheit braucht. Dabei kann es sich auch um eine andere Person als die Mutter oder den Vater handeln, eine derartige Funktion üben zum Beispiel oft auch Großeltern aus.

In einer von Hilarion Petzold durchgeführten Patientenbefragung wurden als protektive Handlungen von Schutzpersonen genannt: »Trost spenden, praktische Hilfe geben, Mut machen, beruhigen, Wertschätzung, Akzeptanz, Verständnis geben, ernst und wichtig nehmen, Nähe, Wärme, Schutz und Geborgenheit vermitteln.«[71] Neben einer guten Pflege/Versorgung braucht ein Kind also die Liebe seiner Bezugsperson(en) und die Sicherheit einer festen Bindung.

Damit das Kind seine eigenen Fähigkeiten und Fertigkeiten entwickeln kann, braucht es Betätigungsfelder, Anregungen und Spielräume. Der zwischenmenschliche Kontakt ist hierbei von zentraler Bedeutung. Durch ihn kann das Kind soziale Kompetenzen entwickeln, die es dazu befähigen, in vielen verschiedenen Situationen zurechtzukommen. In den gemeinsamen Aktivitäten entwickeln sich die Kinder sowohl körperlich/motorisch als auch kognitiv.

Kinder brauchen dem Psychoanalytiker Donald W. Winnicott zufolge »hinlänglich gute Bezugspersonen« und eine »förderliche Umgebung«.[72] Die Vorstellung, für die Entwicklung des Kindes seien die Eltern oder – noch eingeschränkter – sei die Mutter allein verantwortlich, wird damit hinfällig, auch wenn die Hauptbezugspersonen ganz elementare Rollen einnehmen. Bedeutend ist die Einbettung in ein stabiles soziales Milieu, das dem Kind die Erfüllung seiner altersspezifischen Bedürfnisse ermöglicht. Dazu gehören neben einer Familie,[73] die zusammenhält, weitere Beziehungspersonen, Freunde und Kameraden, die unterschiedliche Funktionen ausfüllen, indem sie etwa unterschiedliche Erfahrungen ermöglichen. Bei alldem muss das Kind ein Zugehörigkeitsgefühl zu seiner Familie und seiner Umgebung entwickeln können und sich in ihr gut aufgehoben wissen.

Zusammenfassend stellt Petzold dar:

»In Erziehung und Therapie geht es darum,

- einem Kind (Menschen) zu vermitteln, dass es (er) wertvoll ist, dass man es (ihn) in seiner Einzigartigkeit erkennt und bestätigt;
- einem Kind die Welt zu zeigen und zu erklären;
- einem Kind einen verlässlichen emotionalen Boden und Vertrauenshintergrund zu schaffen;
- einem Kind eine positive Zukunftsperspektive zu eröffnen;
- einem Kind zu zeigen, wie man Beziehungsnetze aufbaut und pflegt;
- es geht um ein Aushandeln von Grenzen;
- das Akzeptieren der eigenen Gefühle und die Freude an der eigenen Leiblichkeit;
- es geht um das Differenzieren von Emotionen im Austausch von Gefühlen.«[74]

Wie das genau aussehen kann, ist natürlich altersabhängig unterschiedlich. Die folgenden Kapitel geben hierzu nähere Auskunft.

Vor der Schule: Was Eltern und Erzieher tun können

Die Vielzahl von äußeren Risiken sollte nicht zur Mutlosigkeit verleiten. Gerade in den ersten Jahren sind es vor allem die Eltern, die ihr Kind prägen. Wenn hier eine Grundlage für psychische Stabilität gelegt wird, kann das Kind später wesentlich besser mit widrigen Umständen zurechtkommen. Ebenso haben Erzieherinnen und Erzieher großen Einfluss auf die weitere Entwicklung des Kindes. Dazu müssen sie sich allerdings mit der Frage auseinandersetzen, wie sie zur Stärkung der ihnen anvertrauten Kinder beitragen können und bereit sein, ihre eigenen Gefühle und Verhaltensweisen kritisch zu hinterfragen.

Es geht hier vor allem darum, die Aufmerksamkeit für kindliche Entwicklungsbedürfnisse zu stärken und einige Anregungen zu geben, wie es altersgemäß gefördert werden kann. Dabei soll aber keineswegs der Eindruck entstehen, Erziehung müsse perfekt sein. Aus zu vielem »Muss« und »Soll« können Schuldgefühle und eine fatale Zwangsatmosphäre entstehen, in der sich die Eltern unfrei fühlen und in der auch die Kinder nicht unbeschwert groß werden.

Das Kleinkindalter

Wenn Eltern ihr Kind sorgfältig beobachten und sich nicht von eigenen Gefühlen und Erinnerungen überwältigen lassen, können sie herausfinden, was ihm wirklich gut tut. Vor allem braucht das Kind elterliche Liebe und Fürsorge. Diese soll es umgeben »wie ein angenehmes, gleichmäßiges, warmes Bad«[75] schreibt die ungarische Kinderärztin Emmi Pikler, Gründerin des als modellhaft geltenden Budapester Kinderheims Loczy. Ihrer Auffassung zufolge eignen sich besonders Pflegesituationen dazu, Babys intensive Zuwendung zukommen zu lassen und ihnen dadurch Sicherheit und Geborgenheit zu vermitteln. Bereits im Säuglingsalter aber brauchen Kinder vor allem Momente der Ruhe und Ungestörtheit, in denen sie eigenständig Erfahrungen machen können.

Grenzen setzen und Respekt vor anderen entwickeln

Die Frage, wie gelernt wird, sich in eine Gemeinschaft einzufügen und andere zu respektieren, ist für unser Thema wesentlich. Grenzen spielen bereits im Kleinkindalter eine große Rolle, wenn auch der Umgang mit ihnen erst in späteren Altersstufen eingeübt wird. Emmi Pikler gibt hierfür wichtige Hinweise.[76] Auf der Basis ihrer Empfehlungen soll dargestellt werden, wie Eltern ihre Kinder dabei unterstützen können, Respekt vor den Grenzen anderer zu entwickeln und Verbote zu akzeptieren.

Eigene Erfahrungen spielen auch hier eine große Rolle. Wenn ein Kind die negativen Folgen eines verbotenen Tuns erlebt, wird es verstehen, warum es sich nicht so verhalten sollte, und derartige Handlungen in Zukunft eher vermeiden. Warum man etwa ein Buch pfleglich behandeln sollte, kann ein Kind lernen, wenn man ihm die Möglichkeit gibt, mit Büchern, die nicht mehr gebraucht werden, nach eigenem Gutdünken zu experimentieren. Die ersten werden dabei zerrissen, aber das Kind lernt auch, dass sie damit zerstört sind. Wenn das Kind anschließend ein Buch bekommt, das es schätzt, wird es umsichtig damit umgehen. Diese Erfahrung kann es mit »kleinkindgerechten« Plastikbilderbüchern nicht machen.

Grundsätzlich benötigt das Kind vielfältige Möglichkeiten, sich zu betätigen und seine Umgebung zu erforschen. Die Eltern sollten es dabei gut bewachen, aber möglichst wenig einschränken. Es sollte so wenig Verbote wie möglich geben. Trotzdem gibt es Situationen, wo Verbote sein müssen, etwa um das Kind zu schützen. Eltern sollten sich also genau überlegen, was sie verbieten wollen.

Verbote müssen von Anfang an gelten. Wenn dem kleinen Kind etwas erlaubt wird, das es später nicht mehr darf, kann es das nicht verstehen. Verbote müssen also konsequent durchgesetzt werden. Wenn aufgrund eines kindlichen Wutanfalls nachgegeben wird, lernt das Kind nur, dass es sich nicht an Regeln halten muss. Eltern sollten auch der Versuchung widerstehen, Verbote durch Ablenkung zu vermeiden, zum Beispiel das Kind mit Süßigkeiten von einer gefährlichen Situation wegzulocken. Nur so lernen Kinder, dass es Verbote gibt.

Ihren Ärger sollten die Kinder jedoch ausdrücken dürfen. So zeigen die Eltern, dass sie die kindlichen Gefühle akzeptieren, auch wenn sie in der Angelegenheit fest bleiben. Der Zeitpunkt eines kindlichen Tobsuchtanfalls ist grundsätzlich nicht geeignet für Erläuterungen und Erziehungsmaßnahmen; die Kinder sind in einem emotionalen Ausnahmezustand, in dem sie nicht auf der Vernunftebene aufnahmefähig sind. Reagieren Kinder häufig gereizt und wütend, sollten die Eltern nach den Gründen suchen und dafür Lösungen finden.

Das Kind soll in der familiären Gemeinschaft seinen festen Platz haben, darf aber nicht ihr ständiger Mittelpunkt sein. Dadurch lernt es, dass ihm die Erwachsenen nicht allein gehören. Die Kinder können ihre Eltern allerdings eher mit anderen teilen, wenn sie ausreichend Momente inniger Zweisamkeit mit ihnen haben. Kinder, die zappeln und an ihrer Mutter zerren, sie unterbrechen, wenn sie mit anderen Menschen redet, haben wir alle oft erlebt. Pikler warnt davor, dies zuzulassen. Sie schlägt vor, in einer solchen Situation das Kind auf den Schoß zu nehmen, um ihm körperlich Sicherheit zu gewähren, ihm beruhigende Worte zu sagen, dann aber die Beschäftigung oder das Gespräch wieder aufzunehmen. Wenn das Kind das nicht akzeptieren kann, bekommt es seinen eigenen Platz, an dem es sich mit seinen Spielsachen beschäftigen kann.

Das Kind muss lernen, dass andere Menschen eigene Bedürfnisse haben, die zu respektieren sind. Dies ist nicht immer ganz einfach. Lernt ein Kind jedoch von Anfang an, andere zu respektieren, werden spätere sehr viel schwierigere Auseinandersetzungen vermieden. Eltern können ihrem Kind jedoch nur Grenzen setzen, wenn sie selbst über innere Stabilität verfügen und angesichts kindlicher Proteste nicht einknicken. Eltern sollten sich darüber im Klaren sein, dass es gravierende Folgen für das spätere Leben ihres Kindes haben wird, wenn es ganz entscheidende Lernprozesse nicht machen kann.

Erziehungsgrundsätze im Kinderheim Loczy

Emmi Pikler hatte als Leiterin des Budapester Kinderheims Loczy die Möglichkeit, ihre Vorstellungen praktisch umzusetzen. Einen guten Eindruck vermittelt der Dokumentarfilm ›Wo kleine Menschen groß werden‹.[77] Einige sehr ungewöhnliche Bilder sind zu sehen: Kinder beschäftigen sich anhaltend selbst, bewegen sich auf verschiedenste Weise und spielen, ohne unruhig zu werden oder nach einer Bezugsperson zu verlangen. Es herrscht eine ruhige, gelassene und doch auch konzentrierte Atmosphäre. Bei ihren Aktivitäten werden die Kinder nicht von der Pflegerin unterbrochen, die ihnen ein Stück Autonomie zubilligt.

Im Gegensatz dazu sind die Pflegesituationen in ungewohntem Maß von Zuwendung und Nähe gekennzeichnet. Liebevoll werden die Kinder berührt und gehalten, die Handbewegungen sind sanft und voller Wärme. Die Pflegerin achtet genau auf das Kind und kommentiert jede Bewegung mit ruhigen Worten. Dafür nimmt sie sich sehr viel Zeit. Ihr Ziel ist es, mit ihren Händen und ihrer Stimme eine »psychische Haut« um das Kind zu weben, die ihm genügend Geborgenheit gibt, damit es anschließend zufrieden den eigenen Beschäftigungen nachgehen kann.

Autonomie und Abhängigkeit sind für die heutige Leiterin des Kinderheims, Anna Tardos, keine Gegensätze. Sie vertraut auf eine selbstständige Entwicklung des Kindes, die es aber nur vollziehen kann, wenn es ausreichend Wärme, Schutz und Geborgenheit erfährt. Den Respekt der Pflegerinnen vor der kindlichen Autonomie beschreibt sie so: »Sie nehmen das Kind nicht auf, wann immer sie Lust dazu haben, sie tragen es nicht den ganzen Tag auf dem Arm herum, sie bieten ihm nicht Spielzeug an, wenn es ihnen gerade einfällt, sie setzen es nicht auf, stellen es nicht auf, führen es nicht an der Hand haltend herum, sie spornen es nicht zu irgendwelcher Bewegung an.« Denn: »Er (der Säugling, d. Verf.) kann nicht nur gestört werden, wenn er schläft, sondern auch dann, wenn er zum Beispiel im Bett wach auf dem Rücken liegt, strampelt und dabei sein Blick auf seine Hand fällt oder wenn er gerade mit einem Tüchlein oder mit dem Zipfel der Decke beschäftigt ist. Auch wenn der Erwachsene oft hingeht und auf seine Gegenwart aufmerksam macht, lenkt er schon dadurch die Aufmerksamkeit des Säuglings ab und unterbricht dadurch die Aktivität, mit der er gerade beschäftigt ist.«[78]

Die Kinder im Loczy fallen in hohem Maß durch ihre Sanftheit und das Fehlen jeder Brutalität auch im Umgang mit anderen Kindern auf. Die Kinder, die aus schwierigen Situationen kamen, konnten sich nach ihrer Zeit im Heim in sorgfältig ausgesuchte Pflegefamilien integrieren. Der Respekt vor ihrer Autonomie und die Wärme und Geborgenheit, die ihnen zuteil wurden, verhinderten typische Heimkarrieren mit allen negativen Folgen.[79]

In den Grundsätzen des Loczy können wir Leitsätze für pädagogisches Handeln überhaupt sehen. Die notwendigen Selbstobjekterfahrungen können die Kinder in hohem Maß machen: Die Pflege ist mit intensiver Spiegelung verbunden, und in ungestörter Eigenaktivität kann Selbstwirksamkeit erlebt werden. Wenn nun bereits in einer Lebensphase, die in hohem Maß von Abhängigkeit gekennzeichnet ist, Vertrauen in kindliches Handeln Erfolg zeigt, muss dies für spätere Altersstufen erst recht gelten.

Vom Kleinkind zum Kindergartenkind

Verständnisvolle Zuwendung und die Möglichkeit, eigene Erfahrungen zu machen, benötigt das Kind auch im weiteren Verlauf seiner Entwicklung. Mit wachsender Selbstständigkeit werden die Freiräume, die es braucht, größer. Sein Blick auf die Erwachsenen wird kritischer, und trotzig erprobt es seine Unabhängigkeit. Seine Betätigungsfelder dehnen sich aus, die Themen, mit denen es sich beschäftigt, werden komplexer, die Fragen, die es stellt, werden schwieriger, und es sucht nach zusätzlichen Anregungen.

Entfaltung braucht Beziehung

Geborgenheit durch elterliche Zuwendung brauchen Kinder auch, wenn sie älter werden. Die Möglichkeiten, diese zu zeigen, erweitern sich jedoch mit zunehmendem Alter. Neben die körperliche Umarmung tritt das Gespräch, in dem Beistand, Verständnis und Intimität erlebt werden kann. Wenn Eltern ihrem Kind aufmerksam zuhören, seine Freuden und seine Nöte mitfühlen können, erfährt es dadurch, dass seine Gefühle Bedeutung haben und dass es ein wertvoller Mensch ist. Wenn ein Kind sich der elterlichen Aufmerksamkeit sicher sein kann und ausreichend Bestätigung und Trost erfährt, gibt ihm das den nötigen Mut, Rückschläge und Schwierigkeiten auszuhalten.

Träumen im Nest

Ein ruhiger und sicherer Ort, an dem das Kind gelegentlich noch die Geborgenheit, die es aus seiner frühesten Zeit kennt, erfahren und Kraft tanken kann, ist von großer Bedeutung. Häufig ist dies das Bett, mit Kissen zu einem kleinen Nest ausgestaltet, vielleicht auch mit einem Stoffhimmel versehen. Selbst gebaute Höhlen aus Decken oder ein kleines Zelt im Kinderzimmer bieten Rückzug und Entspannung. Derartige Plätze eignen sich gut zum Vorlesen und Geschichtenerzählen, gemütlich im elterlichen Arm liegend.

Träumen in einer warmen, weichen Höhle, das knüpft an die Erfahrung von Geborgenheit im Mutterleib an. Wenn ein Ritual zu einer festen Zeit daraus wird, etwa vor dem Einschlafen, weiß das Kind, dass es dieses Erlebnis regelmäßig haben wird, es muss nicht ungeduldig darauf warten. Derartige Rituale können maßgeblich zu dem Gefühl beitragen, gut aufgehoben zu sein in der Welt. Allerdings muss sich das Kind darauf verlassen können, dass sie unbedingt eingehalten werden.

Die Welt erklärt bekommen

Kinder genießen es sehr, wenn sie ihren Eltern in Gesprächen zu zweit alle Fragen stellen können, die sie beschäftigen. Solche Gespräche sind mit einem hohen Maß an Zuwendung und Bestätigung verbunden, wenn sie in Ruhe und mit viel Zeit erfolgen. Ein Kind fühlt sich ernst genommen, wenn so intensiv auf es eingegangen wird. Und natürlich fühlt es sich groß und verständig, wenn ihm »die ganze Welt« erklärt wird.

Unermüdlicher Wissensdurst kann manchmal ganz schön nerven, sollte jedoch nach Kräften gestillt werden. Das Kind bekommt dann die Sicherheit, dass ihm das elterliche Wissen zur Verfügung steht, wenn es allein nicht weiterweiß. Das empfindet es auch deshalb als ungeheure Stärkung, weil ihm dieses Wissen (noch) fast unbegrenzt erscheint.

Wie unabhängig kann ich schon sein?

Wird ein Kind größer und selbstständiger, kann es immer länger ohne unmittelbare elterliche Anwesenheit auskommen und häufiger eigene Entscheidungen treffen. Das Maß seiner Unabhängigkeit testet es mit trotzigem Verhalten aus. Das ist für viele Eltern nicht einfach auszuhalten. Wenn ihnen in der eigenen Kindheit ihr Wille streitig gemacht wurde, empfinden sie das Trotzverhalten ihres Kindes oft als besondere Provokation. Unbewusst spielen dabei die in der eigenen Trotzphase erlebten Kränkungen eine Rolle.

In schwierigen Situationen sollten Erwachsene daran denken, dass das Kind notwendige Erfahrungen mit der eigenen Autonomie macht, und sein Verhalten nicht persönlich nehmen. Mit diesem Bewusstsein fällt es leichter, nicht selbst in Gefühlen von Wut und Ohnmacht zu versinken. Wenn aber derartige Gefühle hochkommen, empfiehlt es sich, dass sie innehalten und sich fragen, warum sie das Verhalten ihres Kindes so trifft. Erwachsene, die hier die Übersicht behalten, sind eher in der Lage, Trost zu spenden, wenn das vom Kampf erschöpfte Kind dessen bedarf.

Hat das Kind von Anfang an gelernt, Grenzen zu respektieren, entschärft das auch die Trotzphase. Der Respekt vor anderen und ihrem »Nein« ist dann bereits vorhanden; jetzt geht es gewissermaßen nur noch darum, weitere Details zu verhandeln. Doch so wie Eltern vom Kind verlangen, ihr Nein zu respektieren, sollte es auch Situationen geben, in denen sie ein kindliches Nein kommentarlos hinnehmen. Das Kind mit viel Überredung beeinflussen zu wollen bedeutet, ihm beizubringen, dass die Grenzen anderer Menschen nicht akzeptiert werden müssen, sondern mit List und Tücke umgangen werden können.

Klarheit

Ein kohärentes Selbst zu haben heißt, mit sich selbst in Einklang zu sein. Eine entwickelte, stabile psychische Struktur drückt sich nach außen in einer Übereinstimmung zwischen Gedanken und Handlungen aus, die klar und konsequent vollzogen werden. Dies schließt Lernfähigkeit ein: Irrtümer können zugegeben werden, da Fehler nicht als bedrohlich erlebt werden. Ein Mensch mit einer konsolidierten Psyche kann sich offen, echt und gradlinig zeigen.

Herrscht Stimmigkeit auch in der Eltern-Kind-Beziehung, kann das Kind selbst klare Strukturen entwickeln. Erlebt ein Kind seine Eltern dagegen als unberechenbar, kann dies schwerwiegende Folgen für seine psychische Entwicklung haben. Doppelbödige Botschaften können ein Kind im wahrsten Sinne des Wortes »verrückt« machen.

Klarheit ist gerade dann wichtig, wenn es um Grenzen geht. Das Kind muss wissen, was von ihm erwartet wird und worauf es sich verlassen kann. Konsequenzen anzudrohen und sie dann nicht zu ziehen, ist so ziemlich das Verkehrteste, was Eltern machen können. Wenn das Kind im Unklaren darüber bleibt, wo die Grenzen nun wirklich sind, wird es seine Trotz-Versuchsreihe fortsetzen, möglicherweise mit verstärkter Energie. Das ist aber auch für das Kind nicht befriedigend. Kinder mögen strenge Erwachsene, die sich vorhersagbar verhalten, lieber als nette Menschen, auf die sie sich nicht verlassen können.

Eine klare Strukturierung im Alltag gewährt ebenfalls Sicherheit. Feste Zeiten und verlässliche Rituale tragen dazu bei. Diese sollten jedoch einer inneren Festigkeit der Eltern und nicht einer Zwanghaftigkeit entspringen.

Eine solche innere Klarheit müssen Eltern manchmal selbst erst erwerben. Der erste Schritt dazu besteht darin, die Notwendigkeit dazu zu sehen und das eigene Verhalten aufmerksam zu beobachten. In Situationen, in denen es Eltern schwer fällt, sich zu entscheiden – was bei trotzigen Kinderforderungen häufig der Fall ist –, können sie sich eine kurze Auszeit gönnen und erst überlegen, bevor sie reagieren. »Ich muss erstmal einen Moment darüber nachdenken« – das kann ein Kind gut verstehen. Seine Impulse zu kontrollieren, erst zu überlegen, was man wie tun will, bevor man handelt, ist ja etwas, was es selbst übt.

Den Großen zugucken

Je größer Kinder werden, desto forscher und auch kritischer betrachten sie die Großen. Kinder erkunden nicht nur ihre materielle Umgebung, sondern auch die Menschen und ihr Verhalten. Sie beobachten ihre Eltern, Verwandte, Nachbarn, oft ohne dass diese überhaupt etwas davon mitbekommen. Bewegungen, Redewendungen, Verhaltensweisen gucken sie sich dabei regelrecht ab. So lernen sie verschiedene Arten kennen, sich auszudrücken, Zuwendung zu geben, Grenzen zu setzen und Konflikte zu lösen. Die Erwachsenen dürfen gern ihre Eigenheiten und Macken haben, auf die Kinder besonders neugierig achten, wenn sie größer werden. Sie erfahren so, dass jeder Mensch einzigartig ist und liebenswert mit all seinen Ecken und Kanten.

Andere Kinder

Erfahrungen mit anderen Kindern spielen nicht nur im Bereich des sozialen Lernens, sondern auch bei der Erforschung der Welt eine große Rolle. Beim selbstständigen Entdecken und Experimentieren sind Kinder nicht gern allein. Stehen hier aber nur überlegene Erwachsene als Spielgefährten zur Verfügung, fehlt dem Kind die wichtige Erfahrung, ein schwieriges Problem ohne einen Großen gelöst zu haben.

Viele Eltern unternehmen große Anstrengungen, um regelmäßige Spielkreise für ihre Kinder zu organisieren, die sich wenigstens ein- bis zweimal in der Woche treffen. Wesentliche Erfahrungen mit anderen Kindern sind oft nur noch in institutionellem Rahmen möglich. Darum wird der Besuch einer Kindertagesstätte immer wichtiger.

Entfaltung braucht Raum und Material

Umweltaneignung und Erkenntnisprozesse vollziehen sich beim kleinen Kind immer durch sinnlich-körperliche Erfahrung. Das Kind läuft durch einen Raum, um ihn zu erkunden. Es nimmt einen Gegenstand in die Hand, wirft ihn weg, hämmert mit ihm, fügt ihn mit anderen Dingen zusammen und erfährt so etwas über seine Eigenschaften und seine Verwendbarkeit. Erfahrungen, die das Kind macht, macht es mit seinen Sinnen. Es ist darauf angewiesen, dass die Erwachsenen für die notwendigen Voraussetzungen sorgen.

Bewegungslandschaften

Ob in einer Kindertageseinrichtung oder zu Hause: Das Kind sollte sich in den Räumen, in denen es regelmäßig spielt, nach

Herzenslust bewegen können, ohne eine Vielzahl von Verboten. Gefährliche oder für Kinderhände ungeeignete Gegenstände müssen eben an einen Platz gestellt werden, wo sie für das Kind weder eine Gefährdung noch ein Tabu darstellen. Die Räume sollten so groß sein, dass das Kind sich ungestört entfalten kann. Die benötigte Größe variiert je nach Alter und Entwicklungsstand. Wer einem Kind beim Spielen zusieht, kann sich einen Eindruck davon verschaffen, ob es ständig an räumliche Grenzen stößt oder nicht.

Mit Blick auf Kindertageseinrichtungen empfiehlt Kiphard, den Boden mit weichem, hautfreundlichem Material auszulegen und mit Bodenwellen, Steigungen oder Stufen zu versehen.[80] Einzelne Bereiche können andersartige Berührungsqualitäten haben, für die dann etwa Samt, Schaumstoff, Sandpapier, Kork usw. verwendet werden. Möglichkeiten zum Hängen und Klettern bieten Netze, Schaukeln und Hängematten, am besten miteinander verbunden zu einem »Hängegarten«. Kleinmaterialien wie Kissen, Seile, Bretter, Kisten, Leitern ermöglichen dem Kind, sich eigene Bewegungslandschaften mit neuen Herausforderungen selbst zu gestalten – etwa von einem immer höheren Kissenstapel zu springen.

In beengten Wohnverhältnissen sind derartige Bewegungslandschaften natürlich nicht in dieser Form zu realisieren. Trotzdem lassen sich einige der Ideen auch auf weniger optimale Bedingungen übertragen. Unterschiedliche Tastqualitäten an Wand oder Boden lassen sich leicht herstellen, etwa indem man verschiedene Materialien auf einen Flickenteppich näht. Hochbetten können in engen Altbauwohnungen zusätzlichen Platz schaffen, und sie lassen sich gut mit Seilen, Strickleitern und Hängematten versehen. Schaukeln kann man in Türrahmen hängen. Platzmangel lässt sich nur begrenzt kompensieren, aber wenn wir beginnen, unsere Räume vom Standpunkt der kindlichen Bewegungsbedürfnisse aus zu betrachten und ein wenig zu verändern, haben wir schon viel getan.

Die Kinder sollten bei ihren Bewegungsspielen nicht durch

elterliche Warnungen verunsichert werden. Kinder sind von Natur aus vorsichtig, probieren meist erst einmal aus, ob eine von ihnen gebaute Konstruktion auch Sicherheit bietet. Kleinere Blessuren sind unumgänglich; das Kind lernt, wenn es hinfällt. Verletzungsgefahren minimieren können Eltern jedoch durch eine sorgfältige Materialauswahl. Diese sollte zudem regelmäßig variiert und auch dem Alter entsprechend erweitert werden, um neue Erfahrungen zu ermöglichen.

Rollenspiele und Geschichten

Eine besondere Bedeutung für die kindliche Entwicklung hat das Rollenspiel. Hier kann das Kind Erlebtes durch eigenes Handeln erschließen, kann es Zusammenhänge verstehen und in immer neuen Varianten unterschiedliche Möglichkeiten durchspielen. So erweitert es seine Vorstellungskraft und seine Handlungspotenziale. Zum Beispiel: Ein kleines Kind läuft durch den Raum und zieht ein Seil hinter sich her: Es geht »mit seinem Hund spazieren«. Später baut es kleine Szenen ein, schimpft etwa mit dem imaginären Hund, der stehen bleibt und an allem riecht usw. Wenn das Kind seine Vorstellung dann weiterentwickelt, werden mehrere Figuren einbezogen und richtige kleine Geschichten inszeniert. Neben einfachen Requisiten leisten Schminkzeug und eine Kiste mit den abgelegten Kleidern der Großen gute Dienste. Ein Spiegel in Körpergröße gehört unbedingt dazu – Kinder können ihr Selbstbild erweitern, indem sie sich in allen ihren Inszenierungen betrachten.

Mit zunehmendem Alter erfindet das Kind immer kompliziertere Geschichten, die es dann auch mit Puppen, Stofftieren und anderem Spielzeug durchspielt. Seine Fantasie braucht Nahrung. Diese bieten Gedichte, Märchen und Erzählungen der Großen, wobei Freundschaft, Konflikte und Gefühle wichtige Themen sind. Geschichten enthalten Modelle für den Umgang mit sich selbst und anderen – damit setzen sich die Kinder dann auseinander, oft auch in anschließenden Rollenspielen.

Kinder lieben Bilderbücher – darum empfiehlt es sich, sie besonders sorgfältig auszusuchen. Hier können Eltern Einfluss zum Beispiel darauf nehmen, ob das ästhetische Empfinden ihrer Kinder vorwiegend aus der Beschäftigung mit Kunst oder mit Schund gebildet wird. Wenn dem Kind allerdings nach Schund (aus Sicht der Erwachsenen) gelüstet, helfen abfällige Bemerkungen oder Verbote nicht – sie machen die Sache nur noch spannender. Aber ein Gegengewicht können Eltern hier schon setzen.

Sich kreativ ausdrücken lernen

Kreative Betätigungen verschiedenster Art dienen der Erweiterung kindlicher Ausdrucksmöglichkeiten. Qualitativ hochwertiges Material trägt wesentlich zur Geschmacksbildung bei. So kann die sinnliche Erfahrung beim Malen verstärkt werden durch Wachsmalstifte oder -blöcke, die so groß sind, dass sie gut in der noch ungeübten Hand liegen, und die so herrlich nach Bienenwachs duften. Gutes Material ist teuer, aber was als wertvoll erkannt wird, wird auch eher gepflegt. Besonders beliebt bei Kindern und ebenso gefürchtet bei Erwachsenen sind Betätigungen, die mit »Sauerei« verbunden sind. Wasserfarben oder Fingerfarben, den eigenen Körper bemalen – all dies verspricht besondere sinnliche Erlebnisse. Vielleicht findet sich dafür sogar ein spezieller Platz, der leicht gereinigt werden kann.

Musik kommt heute meistens nur noch aus dem Lautsprecher. Wozu selber singen und spielen, wenn es von der CD doch so viel perfekter kommt? Dabei tragen Singen und Musizieren nicht nur zur Steigerung der Intelligenz, sondern auch zur Förderung des Sozialverhaltens und einem positiveren Selbstbild maßgeblich bei, wie Studien belegen.[81] Das ist nicht erstaunlich: Miteinander singen und spielen erfordert, aufeinander zu hören, einen gemeinsamen Rhythmus zu entwickeln, sich abzustimmen. Ein gemeinsames Produkt entsteht, das stolz macht und viel Freude bereitet.

Mit der Konzentration auf das Hören treten die visuellen

Reize, mit denen wir so stark überflutet werden, für einen Moment in den Hintergrund. Kontakt wird auf andere Art, die häufig als tiefer und intensiver empfunden wird, hergestellt. Diese Erlebnisse sind von besonderer Qualtität. Allerdings sollte auch hier das freie Experimentieren im Vordergrund stehen. Ziel des spielerischen Umgangs mit Stimme und Instrument bei kleinen Kindern ist schließlich nicht Höchstleistung, sondern die Entdeckung neuer Möglichkeiten, die eigenen Gefühle auszudrücken und sich mitzuteilen.

Von der Natur der Dinge

Vergleichen und Unterscheiden, Auseinandernehmen und Zusammenfügen, Basteln und Konstruieren – wer genau hinschaut, sieht, dass Kinder mit Inbrunst kleine naturwissenschaftliche Forschungsreihen ansetzen. Hierzu dienen ihnen nicht nur Spielzeuge und Spiele verschiedenster Art, sondern auch Dinge, die sie von draußen mitbringen und deren Wert Erwachsene oft gar nicht richtig schätzen. Das Experimentieren mit Naturmaterialien oder alltäglichen Gegenständen, meist von den Großen weggeworfen, trägt zur Erweiterung der kindlichen Vorstellung von der Welt bei. Die Untersuchung von Dingen schließt ein, sie auseinander zu nehmen – was meist mit ihrer Zerstörung verbunden ist. Aus erwachsener Sicht erscheint dies destruktiv, tatsächlich ist jedoch kindlicher Forschergeist am Werk.

Erfahrungen draußen

Die Natur bietet vielfältige Möglichkeit für sinnliche Erfahrungen. Ein Boden mit unterschiedlicher Berührungsqualität muss hier nicht erst hergestellt werden. Wiese, Sand, Waldwege, Kieselsteine, kleine Bäche: alles fühlt sich anders an. Für Bewegung und Spiele aller Art ist hier jede Menge Raum, und die Requisiten – Stöcke und Steine etwa – liegen einfach so herum, ein reiches Angebot für Fantasie und Kreativität. Auch in Ballungsgebieten lassen sich geeignete Gelände, Parks, Kiesgruben, Waldstücke etc. finden, die regelmäßig aufgesucht werden können – wenn möglich, auch mit Spielgefährten. Manche Spielplätze sind demgegenüber leider recht eintönig angelegt; hier war erwachsene Fantasielosigkeit am Werk. Oft werden sie dann auch entsprechend wenig genutzt.

Das Kind interessiert sich mit zunehmendem Alter für immer ausgedehntere Bereiche seiner Umgebung. Diese sollte es nicht nur abgeschirmt im Kinder-Sportwagen oder im Auto kennen lernen. Wo das Gefährdungspotenzial groß ist, ist allerdings besondere elterliche Aufmerksamkeit nötig. Damit das Kind auch hier Erfahrungen machen kann, die ihm zu mehr Eigenständigkeit verhelfen, braucht es viel Zeit. Pikler beschreibt, dass ein Weg von fünf Minuten mit kleinen Kindern zwei Stunden dauern kann, und sie empfiehlt, ihnen diese Zeit zur Erkundung zu geben.[82] Wird das Kind dagegen an der Hand durch die Stadt gezerrt, trägt dies nicht zu seiner Selbstständigkeit bei.

Vom Umgang mit dem Fernseher

Vielen Eltern ist gar nicht bewusst, dass kleine Kinder mit dem, was sie im Fernsehen sehen, noch gar nichts anfangen können. Das Kleinkind erlebt Fernsehen zunächst als einen schnellen Wechsel bunter Lichtblitze. Später wird das Bild erkannt, aber ein Verständnis dafür, dass es sich um ein per Funk oder Kabel übertragenes Abbild handelt, fehlt noch. So suchen Kinder, die das Medium noch nicht kennen, manchmal die Figuren hinter dem Gerät, wenn sie aus dem Bild verschwinden. Ängstigende oder unverständliche Szenen wirken für ein kleines Kind noch bedrohlicher, wenn sie anscheinend im elterlichen Wohnzimmer stattfinden.

Wird das Gerät als Medium erkannt, dann wird noch längst nicht verstanden, worum es eigentlich geht. Die Aufmerksamkeit gilt vorerst nicht einer Handlung oder Aussage, sie fokussiert sich auf die spektakulärsten Ausschnitte. Ich erinnere mich an einen Hausbesuch bei einer kinderreichen Familie mit beengten Wohnverhältnissen. Während ich in einer Ecke des Wohnzimmers mit den Eltern und dem Kind saß, das in meine Kindergruppe ging, spielten die anderen Kinder auf dem Fußboden mit Autos. Neben ihnen lief der Fernseher, in dem die älteren Geschwister eine Serie anschauten. Die Kleinen unterbrachen ihr Spiel und schauten auf, als es krachte, weil zwei Autos zusammenstießen, als im Film ein Auto einen Abhang hinunterstürzte und explodierte, als ein Krankenwagen mit Blaulicht kam und einen stark blutenden Menschen abtransportierte und als eine Schießerei stattfand, bei der es mehrere Tote gab. Das Fernseherlebnis der jüngeren Kinder bestand also in einer sinnlosen Aneinanderreihung schrecklicher Szenen.

Nun können wir Kinder nicht dauerhaft vom Fernsehen fernhalten. Spätestens wenn sie in eine Kindertagesstätte gehen, werden sie durch die Erzählungen anderer Kinder neugierig. Erforderlich ist vielmehr, dass Kinder die Kompetenz erwerben, mit dem Medium umzugehen, dass sie lernen, es in eigenem Interesse zu nutzen, ohne ihm zu verfallen. Wenn das Kind bestimmte Serien oder Filme sehen will, sollten die Eltern sie gemeinsam mit ihrem Kind anschauen und anschließend mit ihm über das Gesehene reden. Eltern müssen wissen, was ihre Kinder sehen und wie es auf sie wirkt. Nur so können sie auch bemerken, wo Ängste aufkeimen, Unruhe entsteht und Verarbeitung nötig ist, etwa durch inszeniertes Nachspielen. Ein Fernsehgerät gehört keinesfalls zum unkontrollierten Gebrauch ins Kinderzimmer.

Attraktive Alternativen zum Medienkonsum sind mehr als wünschenswert. Auf Kinder, die so selbstständig geworden sind, dass sie einige Stunden am Tag auch ohne ihre Eltern in einer anderen Umgebung zubringen können, warten in Kindertageseinrichtungen viele neue Erlebnisse.

Kindertagesstätten

Kindertagesstätten bieten Möglichkeiten zum Spielen in Kindergruppen, die es außerhalb dieser Institutionen kaum noch gibt. Kindertageseinrichtungen arbeiten sehr unterschiedlich. Dies liegt vor allem daran, dass ganz verschiedene Träger zuständig sind. Dieser Vielfalt sind Erfahrungen mit unterschiedlichen Konzeptionen zu verdanken. In den meisten Kindertagesstätten in Deutschland ist der Situationsansatz Grundlage der Konzeption.[83] Da sein Ausgangspunkt die jeweiligen Schlüsselthemen der Kinder sind, bietet er die Möglichkeit, auf individuelle Probleme einzugehen.

Der Situationsansatz

Lernen soll sich an den Lebenssituationen der Kinder orientieren. Was in der Einrichtung gemacht wird, soll also davon abhängen, was die Kinder in ihrem Alltag erleben und was sie zu seiner Bewältigung und für ihre weitere Entwicklung brauchen. Ziele des Situationsansatzes sind dementsprechend die Entwicklung von Sachkompetenz, Autonomie und Solidarität.

Unter Einbeziehung von Kindern, Eltern und Experten (zum Beispiel Ärzten und Sozialarbeitern) aus der Region werden Situationen gesucht, die die Kinder beschäftigen und in denen sie sich bewegen und handeln. In einer Situationsanalyse werden unter Einbeziehung aller Beteiligten die spezifischen Gefühlslagen der Kinder, ihr Kenntnisstand, ihre Kompetenzen sowie Qualifikationsziele bestimmt.

Nun folgt – soweit möglich, gemeinsam mit den Kindern – die Planung von Projekten, die ihre Themen aufgreifen und ihnen neue Erfahrungen durch eigenes spielerisches Handeln ermöglichen. Die Planung ist nicht starr; aktuelle Fragen, Themen und Probleme können jederzeit berücksichtigt werden. So wird nicht nur bei der Planung, sondern auch bei der Umsetzung ständig auf die Kinder und ihre Reaktionen geachtet.

Indem sie so stark einbezogen werden, erleben sie sich als handelnde Subjekte, die Bedeutung haben und eine wichtige Rolle in der Welt spielen.

Hier drei Beispiele für mögliche Themen:

- In einer Kindergruppe, in der Cliquen vorherrschen und einzelne Kinder immer außen vor bleiben, kann »Freundschaft, Ablehnung und Außenseiter« ein zentrales Thema sein. Mitgefühl für die emotionale Situation der jeweils anderen könnte hier zu einer Reduktion der Spannungen führen.
- Ein Kind, das Diabetes hat, darf nicht alles essen. Dies wird anlässlich der Planung eines Kindergeburtstags und der dort angebotenen Leckereien zum Thema für die Kinder. Sie interessieren sich dafür, wie und warum Menschen anders sind und welche unterschiedlichen Bedürfnisse sie deshalb haben. Verschiedene Beispiele werden zusammengetragen, Bilderbücher, Geschichten und Rollenspiel vertiefen die Thematik.
- Wenn Kinder nur noch mit Fernsehaugen in die Gruppe kommen und ständig von »Dragonball« und »Digimon« reden, kann man die Faszination dieser Gestalten und den Fernsehkonsum überhaupt behandeln. Ziel ist ein Zuwachs an Kompetenz im Umgang mit Medien.

Die Kinder sollen in Projekten zu derartigen Themen lernen, ihre Lebenssituationen zu beeinflussen und zu bewältigen und erfahren, dass dies durch solidarisches Handeln eher möglich ist. Gemeinschaftlichkeit und Selbstständigkeit sind hier die Lernziele.

Der Situationsansatz fragt danach, was die Kinder wirklich beschäftigt. Die Aufarbeitung von Erfahrungen und Problemen durch einen Zuwachs an Erkenntnis sowie die Erschließung neuer Handlungsmöglichkeiten gehören zum Konzept. Die Schwerpunkte Handlungsorientierung und soziales Lernen machen den Situationsansatz besonders geeignet für Kinder, die zu Auffälligkeiten tendieren.

Die Gruppen sind in der Regel altersgemischt, die Kleinen lernen von den Großen, was deren Verantwortungsgefühl enorm beflügelt. Die pädagogische Mitwirkung der Eltern und der Dialog zwischen Lehrenden und Lernenden machen die demokratische Ausrichtung des Ansatzes deutlich. Lernprozesse verlaufen nicht einseitig, die Pädagoginnen und Pädagogen machen ebenfalls neue Erfahrungen, lernen gemeinsam mit den Kindern. Die Kindertagesstätte soll kein ungeliebter Arbeitsplatz sein, an dem man Geld verdient, er soll allen Beteiligten als Lebensraum dienen. Eine Vernetzung mit dem Gemeinwesen gehört ebenfalls zum Konzept.[84]

Probleme bei der Realisierung

Was zur Entwicklung eines stabilen Selbstwertgefühls notwendig ist, berücksichtigt der Situationsansatz in hohem Maße. Und viele Einrichtungen unternehmen große Anstrengungen, um für mangelnde Entwicklungschancen in der kindlichen Umwelt Ausgleich zu schaffen. Das gelingt aber nur teilweise.

Die Gruppengröße ist entscheidend für die Frage, ob für die Durchführung von Angeboten im Rahmen von Projekten ausreichend Zeit bleibt. Sind zu viele Kinder anwesend, geht es schnell drunter und drüber. Die Fachkräfte sind dann vor allem damit beschäftigt, die Kinder zu beaufsichtigen: für die Einhaltung von Regeln zu sorgen, Konflikte zu schlichten, Kinder zu trösten, pflegerische Tätigkeiten auszuführen. Die inhaltliche Beschäftigung bleibt dabei schnell auf der Strecke.

Ein Beispiel dafür bietet die Bewegungserziehung. Zwar sind die meisten Einrichtungen mit Turnräumen ausgestattet, regelmäßige Bewegungsangebote fallen jedoch häufig aus: Wenn Personalmangel herrscht, jemand krank oder auf einer Fortbildung ist, muss auf personalintensivere Angebote eben verzichtet werden. Dabei wäre eine Förderung der motorischen Entwicklung bei vielen Kindern dringend nötig.

Gleichfalls ist es in großen Gruppen auch nur begrenzt möglich, auf individuelle Probleme einzelner Kinder einzugehen. Die Gruppengrößen sind jedoch in den letzten Jahren gestiegen; das liegt an der finanziellen Not der meisten Träger. Eine Obergrenze von 25 Kindern bei zwei Fachkräften ist deutlich zu hoch, um noch sinnvoll pädagogisch arbeiten zu können. Dass kann jeder, der mal einen Kindergeburtstag »gemanagt« hat, leicht nachvollziehen.

Der Situationsansatz sieht nicht nur eine intensive Elternarbeit vor. Er erfordert auch vielfältige Kontakte und Abstimmungen mit anderen Einrichtungen im Stadtteil. Das ist sinnvoll, weil die Kindertagesstätte ihre Kinder nicht allein und auch nicht für sich selbst erzieht. Die Eltern müssen mit den Erzieherinnen und Erziehern an einem Strang ziehen, wenn die Arbeit Früchte tragen soll. Fachleute wie Kinderärzte können wichtige Hinweise auf regionale Problemlagen geben. Der Übergang in die Grundschule darf kein Kulturschock werden. Eine intensive Zusammenarbeit aller Beteiligten ermöglicht so wertvolle Synergieeffekte. All dies erfordert jedoch Zeit – Arbeitszeit. Ebenso ist die – ebenfalls gemeinsam vorzunehmende – curriculare Planung zeitaufwändig. Arbeitszeit für Vorbereitung und Koordination können die Träger jedoch auch nur im Rahmen ihrer finanziellen Möglichkeiten zur Verfügung stellen, und die werden immer schlechter.

Auch die Ausbildung der Erzieherinnen und Erzieher wird den Ansprüchen des Situationsansatzes nicht gerecht. Gerade die, die mit den Kleinsten arbeiten, müssen hierzulande mit dem geringsten Maß an Ausbildung auskommen. Und gerade in dieser Altersstufe werden elementare Grundlagen gelegt. Früher übersah man die Bildungsfähigkeit kleiner Kinder, daher ging es nur um ihre Betreuung. Hier die Situation den aktuellen Erkenntnissen anzupassen, hieße Erzieherinnen und Erzieher auf dem Niveau von Sozialpädagogen oder Lehrkräften auszubilden. Dies wiederum würde mehr Geld kosten und auch zu einer höheren Bezahlung führen. Darum ändert sich hier nichts.

Träger von Kindertagesstätten sind vor allem die Städte und

Gemeinden. Deren finanzielle Lage ist prekär. Ebenso desolat ist die Lage der Kirchen und der Wohlfahrtsverbände, die ebenfalls viele Einrichtungen unterhalten. So lange der Reichtum unseres Landes nicht genutzt wird, um die ohnehin unbefriedigenden Lebenssituationen unserer Kinder zu verbessern, wird sich daran nichts ändern.

Die Arbeitssituation von Erzieherinnen und Erziehern ist in vieler Hinsicht unbefriedigend. Er ist mit großen Belastungen, miserabler Bezahlung und einem geringen Status verbunden. Der verantwortungsvollen Tätigkeit, die Fachkräfte in Kindertagesstätten zu leisten haben, wird das nicht gerecht.

Kindertageseinrichtungen, in denen Pädagoginnen und Pädagogen trotz aller widrigen Bedingungen mit viel Idealismus arbeiten und dabei beeindruckende Leistungen vollbringen, verdienen große Anerkennung. Eine Einrichtung, die mit ihrer Konzeption in besonderem Maß auf die psychische Stärkung von Kindern abzielt, soll hier stellvertretend für viele andere vorgestellt werden.

Eine Kindertageseinrichtung für Kleine und Große

Die Kindertageseinrichtung »Hohe Straße« liegt in einem Neubaugebiet am äußersten Rand Frankfurts. Ausgedehnte Felder und Wiesen sind nicht mehr als zwei Straßen entfernt; von Großstadt ist nicht viel zu spüren. In der Umgebung wohnen einerseits Menschen, die sich einen Neubau am Stadtrand leisten können. Andererseits gibt es Straßenzüge mit sozialem Wohnungsbau; die Menschen, die dort leben, haben nur wenig Geld. Soziale und kulturelle Vielfalt ist gegeben.
Eine zentrale Intention der Kindertageseinrichtung »Hohe Straße« ist die Erfahrung von Kommunikation als Ausdruck von Beziehung. Sich vermitteln, miteinander teilen und eine Gemeinschaft bilden, die Vielfältigkeit und Verschiedenheit akzeptiert und eine Bereicherung für den Einzelnen darstellt, stellt alle Beteiligten vor immer neue Herausforderungen. Lernprozesse machen alle, nicht nur die Kinder, sondern auch

die Eltern und Erziehenden. Die Pädagoginnen und Pädagogen experimentieren gemeinsam mit den Kindern, bewältigen Aufgaben und lernen Neues. Etwas nicht zu wissen oder zu können bedeutet mit dieser Haltung keine Schande, sondern ist Ansporn, weckt Neugier und die Lust auf neue Entdeckungen.

Offenheit ist ein wichtiger Bestandteil der Konzeption, die auf dem Situationsansatz basiert. So öffnet sich die Einrichtung auch nach außen. Zu anderen Einrichtungen bestehen vielfältige Kontakte. Für Initiativen und Angebote aus dem Stadtteil ist die Kindertagesstätte offen. Eine Mutter-Kind-Gruppe trifft sich regelmäßig dort. Abends gibt es Angebote – zum Beispiel im sportlichen Bereich – für Eltern. Eine Kinderbuchautorin, die im Stadtteil lebt, hält regelmäßig Lesungen. An den verschiedenen Angeboten, die die Jugendmusikschule in der Kindertagesstätte macht, nehmen nicht nur die Kinder der Einrichtung, sondern auch Kinder »von draußen« teil.

Die Eltern haben ihren festen Platz in der Kindertagesstätte. Eine Plauderecke ist für sie eingerichtet, die beim Bringen und Abholen der Kinder gern genutzt wird. Hier sind auch spontane informelle Gespräche mit den Pädagoginnen und Pädagogen möglich; zusätzlich liegen interessante Fachliteratur und Informationsmaterial aus. In der Cafeteria bleiben Eltern, die neue, noch ängstliche Kinder bringen, zum Frühstück; den Kindern wird Zeit gelassen, einen stimmigen und angstfreien Übergang von der Familie in die Einrichtung zu erleben. Gibt es hier Probleme, wird nicht mit Druck gearbeitet, sondern versucht, Hintergründe zu verstehen, bewusst zu machen und von dieser Position aus Lösungen zu finden, die den individuellen Erfahrungen des Kindes gerecht werden.

Die Kinder sollen einerseits stabile Beziehungen aufbauen können, andrerseits aber in ihren Möglichkeiten, Erfahrungen zu sammeln, möglichst wenig eingeschränkt sein. Dies wird mit einem »Offenen Konzept« realisiert.

Etwa zehn Kinder sind einer Bezugsperson zugeordnet. Diese empfängt die Kinder, wenn sie von den Eltern in die

Einrichtung gebracht werden, frühstückt mit ihnen gemeinsam in der Cafeteria, bespricht mit ihnen, an welchen Projekten sie weiterarbeiten wollen – und ist natürlich auch Ansprechpartner für die Eltern. Die Bezugsperson soll die Kinder »verantwortlich begleiten«. Was darunter zu verstehen ist, beschreibt Werner Lange, der Leiter der Einrichtung, so: »›Verantwortlich begleiten‹ heißt beobachten und sich einlassen können, Interessen und Bedürfnisse der Kinder wahrzunehmen und mit diesem Wissen Entwicklung selbstbestimmt zuzulassen und Impulse zu geben, wenn es notwendig ist. Gemeinsam neugierig ›die Welt entdecken‹, Werte in angemessener Art und Weise vermitteln, mit wohlwollender Fürsorge und gegenseitiger Achtung aufeinander zugehen, so wollen wir dieses Begleiten verstanden wissen.«[85]

Nach dem Frühstück verfolgen die Kinder ihre Vorhaben in Räumen, die für bestimmte Aktivitäten eingerichtet sind. Herkömmliche Gruppenräume gibt es nicht, mit einer Ausnahme:

– *Die ganz Kleinen (ein bis zwei Jahre) haben einen Raum nur für sich,* sie brauchen noch besonderen Schutz. Dieser Raum ist etwa so eingerichtet, wie sich Kiphard eine Bewegungslandschaft vorstellt. Podeste mit Mulden und Hügeln und schiefe Ebenen, mit Teppichboden überzogen, lassen sich zu immer neuen Lauf- oder Rollfeldern zusammenschieben. Große, flache Holzkisten zum Hineinsteigen sind mit verschiedenen Materialien (Holzwolle, Watte, Kieselsteine) gefüllt und ermöglichen unterschiedliche Tasterfahrungen. Mit bunten Schaumstofftrapezen und Decken lassen sich Höhlen und Burgen zum Schmusen oder Toben bauen, aber auch Sitzkreise zum Erzählen. Unzerbrechliche Spiegel helfen, den eigenen Körper zu entdecken.
  Besonders beliebt ist ein Kasten, auf dem oben ein großer Spiegel angebracht ist, in den man sich stellen und ansehen kann. Und in einem körpergroßen, dreieckigen Spiegelzelt kann man sich nicht nur von allen Seiten be-

trachten, sondern auch mit der Unendlichkeit reflexiver Spiegelungen experimentieren. Auch Ruhe kann erfahren werden: Wer Schutz braucht, kann sich unter einem Moskitonetz eine gemütliche Höhle einrichten.

Größere Kinder dürfen in diesen Raum nur, wenn die Kleinen ihnen das erlauben, und auch dann nur in geringer Zahl. Zwei Fachkräfte sind immer anwesend, und in einem Nebenraum kann auch gewickelt werden.

Die anderen Räume stehen allen zur Verfügung. Sie werden von den Kindern im Alter von drei bis zehn Jahren gemeinsam genutzt, die meisten sind im Kindergartenalter. Jeder Raum wird von einer Fachkraft betreut, die sich auf einem bestimmten Gebiet besonders gut auskennt.

- Den *Bewegungsraum* betreut eine Erzieherin, die eine psychomotorische Zusatzausbildung hat. Die Geräte in diesem Raum wurden von Schülerinnen der Budapester Kinderärztin Emmi Pikler entwickelt. Balken, Stangen, Leitern, Gerüste, Seile, Hängematten und Netze lassen sich zu immer neuen Experimentierfeldern zusammenbauen. Die Holzelemente sind zwar stabil, aber doch dünn genug, um Schaukel- und Kippelerfahrungen zu ermöglichen. Wenn man über wippende Stangen balanciert, die auf ein stabiles Gerüst aufgelegt sind, muss man sich einfach konzentrieren; wer es ungestüm und unachtsam versucht, schafft es nicht.

  Rutsch-, Kippel-, Rollbretter, karussellartige Kreisel usw. ermöglichen ebenso vielfältige Erfahrungen mit Dreh- und Kippbewegungen wie Pedalos und Balancierbretter. Große Weichmatten, Schaumstoffbausteine, Spielpolster und Tücher laden zum Bauen und zu sinnlicher Körpererfahrung ein.
- Im *Theaterraum* ermöglichen hölzerne Blöcke und Rundteile auf Rädern immer neue Bühnen oder Laufstege zusammenzusetzen. Mit Teppichboden bezogene Trapeze können zu einem Sitzkreis zusammengestellt werden, in dem das Spiel gemeinsam geplant oder ein Halbkreis für

Zuschauer gebaut werden kann. Eine kleine Musikanlage mit Mikrofonen erlaubt Karaoke-Darbietungen, die zur Zeit bei den Kindern hoch im Kurs sind. In einem Nebenraum befinden sich Requisiten, eine Verkleidungskiste und Schminkutensilien; und natürlich gibt es Spiegel in Körpergröße.

– Für den *Kunstraum* ist eine Kunstpädagogin zuständig, die hier wichtige Akzente setzen konnte. Hier wird nicht nur der Umgang mit verschiedensten Materialien (neben Farben etwa auch Sand und Kleister) erprobt und das ästhetische Empfinden gebildet. In einem Nebenraum wird im Stehen großflächig gemalt, wobei es darum geht, in Ruhe und ohne Wertung die eigenen Gefühle auszudrücken. Eine kleine Ausstellung von Kunstgegenständen regt die Kinder an, sich mit professionellen Werken auseinander zu setzen. Vor allem aber werden die Werke der Kinder aufgehängt, und zwar grundsätzlich nicht nur die Endprodukte, sondern auch das, was als Vorstufe entstanden ist, um den Entstehungsprozess sichtbar werden zu lassen. So wird nicht nur das Fertige, sondern auch die Mühe auf dem Weg dorthin gewürdigt.

– Natürlich gibt es auch eine *Werkstatt* mit verschiedensten Werkzeugen und Materialien. Besonderer Stolz der Einrichtung ist ein kleiner Brennofen. In der Werkstatt werden auch Dinge für den Gebrauch im Alltag der Einrichtung angefertigt, etwa die Namensschilder, die die Plätze der Kinder kennzeichnen. Die Werkstatt verfügt auch über eine kleine Elektroabteilung. Hier landen ausgemusterte Elektrogeräte der Eltern, die dann unter Anleitung auseinander genommen werden. Die Kinder sortieren die Einzelteile und probieren dann aus, was man damit alles machen kann. So wird ein Motor mit Batterien wieder zum Laufen gebracht, mit Gummis und Klammern mit einem Propeller verbunden – und fertig ist die Windmaschine. Dann wird eine Glühbirne dazwischen geschaltet, die je nach Geschwindigkeit des Motors unterschiedlich hell leuchtet. Natürlich bauen die Kinder hier keine neuen Telefone oder Radiogeräte aus den alten, aber sie lernen bei ihren Experimenten sehr viel darüber, wie es in den Geräten innen aussieht und was da wie funktioniert. Verständnis für Zusammenhänge entsteht ebenso wie Geschicklichkeit und Sorgfalt im Umgang mit Einzelteilen.

- *Ein Raum dient dem Erleben von Ruhe und Konzentration.* Er lässt sich mit schweren Vorhängen gut verdunkeln, eine Salzsteinlampe sorgt für gedämpfte Beleuchtung. Eine Fühlwand, an der Muscheln, Holzstücke, unterschiedliche Knöpfe, Watte, Stoff- und Pappstücke aufgeklebt sind, bietet vielfältige Tasterfahrungen. Matten, Decken, Schaumstoffblöcke sind zu einer großen Kuschelebene zusammengeschoben, die von einem Sternenhimmeltuch überdacht ist. Igelbälle sind vorhanden, mit denen sich Kinder massieren können. Hier werden Geschichten erzählt, Bücher vorgelesen, oder es wird einfach nur ausgeruht.
- *Vorwiegend für die Bedürfnisse der Hortkinder ist ein weiterer Raum eingerichtet.* Kleinere dürfen hier ebenfalls spielen, allerdings muss ruhiges und konzentriertes Arbeiten möglich sein. Die Schulkinder machen ihre Hausaufgaben, wenn sie aus der Schule kommen, und jedes von ihnen hat in diesem Raum ein eigenes Fach. Eine kleine Bibliothek und eine mit Sofa ausgestattete Leseecke, Malsachen und Brettspiele finden sich hier. Im Nebenraum stehen drei miteinander vernetzte Computer nebeneinander. Die Kinder sollen den Umgang mit Rechnern lernen, allerdings mit einer radikalen Beschränkung auf eine Stunde pro Woche, um süchtiges Verhalten gar nicht erst zu ermöglichen. Zudem soll die Betätigung am Computer kein einsames Erlebnis sein. Mit Bedacht sind die drei Monitore so gestellt, dass an der U-förmigen Schreibtischkonstruktion drei Kinder nebeneinander vor den Rechnern sitzen und auch die Bildschirme der anderen

einsehen können. So ist dafür gesorgt, dass selbst am Computer Kommunikation mit leibhaftigen Menschen stattfindet.

- Das *Außengelände* ist nicht übermäßig groß, bietet aber trotzdem viele Betätigungsmöglichkeiten. Besonders attraktiv ist ein Wasser- und Sandspielplatz mit kleinen Wasserbecken, Kanälen und Wasserrädern. Dort kann man nicht nur viele Experimente durchführen, sondern auch nach Herzenslust matschen.

In der Art, wie die Kindertagesstätte eingerichtet ist, wird deutlich, wie die kindliche Entwicklung gefördert wird. »Erfahrungen ermöglichen – nicht verordnen« heißt ein Motto der Konzeption. Diese bezieht sich auf neuere Forschungsergebnisse, die die selbsttätige Auseinandersetzung von Kindern mit ihrer Umgebung betonen. Lange schreibt, es erscheine ihm nicht sinnvoll, »Inhalte vorzugeben, die das Kind auf seinem Entwicklungsstand nicht adäquat verarbeiten kann. Allerdings ist es notwendig, den Erfahrungsraum so zu gestalten, dass er reich an Ausdrucksmöglichkeiten ist ... Eine Atmosphäre des Ausprobierens und des Forschens, die die ganze Kita prägt, bietet die Möglichkeit, wichtige Erfahrungen zum richtigen Zeitpunkt zu machen.«[86] Dabei sind alle zentralen Bereiche menschlicher Entwicklung in der räumlichen Gestaltung der Einrichtung bedacht.

Die professionelle pädagogische Tätigkeit in der Einrichtung zeichnet sich weniger dadurch aus, dass Fachkräfte den Kindern etwas vermitteln, sondern dass sie mit ihnen in Beziehung treten, sie beobachten und begleiten. Natürlich geben sie Impulse, regen an, machen Vorschläge, wo ihnen das nötig erscheint; vor allem aber stellen sie Möglichkeiten zur Verfügung.

Sinnvoller, als dem Kind einen Gegenstand zur Erforschung mit einer diesbezüglichen Anleitung in die Hand zu drücken, ist es, diesen Gegenstand einfach in eine Ecke zu legen und zu warten, bis das Kind sich von selbst mit ihm beschäftigt und ausprobiert, was es alles über ihn in Erfahrung bringen kann.

Dadurch lernt das Kind nicht nur mehr, es erfährt sich viel intensiver als Subjekt und erlebt Selbstwirksamkeit. »Die Kinder erfahren sich dabei einmal als Erlebende, die neugierig forschen und Zusammenhänge verstehen lernen, und zum anderen auch als Gestaltende, die Bedingungen beeinflussen und ändern können«, schreibt Lange.[87] Damit machen sie genau die Erfahrung, an der es schwierig gewordenen Kindern mangelt: in der Geborgenheit einer sicheren und verständnisvollen Umgebung in zunehmendem Maße Kompetenzen zu entwickeln, mitzugestalten und mitzuwirken.

Kinder, deren Verhalten als schwierig angesehen wird, gibt es auch hier. Problematisch war es etwa mit einem Jungen, der sich nicht an Regeln hielt und ständig andere Kinder provozierte, indem er zum Beispiel ihre Bauten zerstörte und schnell aggressiv wurde. In einem ersten Schritt versuchten Erzieherinnen und Erzieher, die anderen Kinder zu schützen, aber auch das Verhalten des Jungen zu verstehen. Die Fachkräfte beobachteten, welche Situationen das schwierige Verhalten des Kindes auslöste. Dabei stellte sich heraus, dass der Junge ein starkes Bedürfnis hatte, von anderen wahrgenommen und anerkannt zu werden. Er konnte es nicht aushalten, wenn andere sich miteinander beschäftigten und er außen vor blieb – dann störte er ihr Spiel. In Elterngesprächen wurde deutlich, dass das Kind zu Hause unterversorgt war und als »Schlüsselkind« zu viele Situationen der Einsamkeit und des Ausgeschlossenseins erlebt hatte.

Die Fachkräfte achteten auf derartige Situationen während seines Aufenthaltes in der Einrichtung und versuchten, weitere Eskalationen zu verhindern. Dies gelang durch rechtzeitige Ansprache, Einbezug des Kindes in gemeinsame Aktivitäten, Hilfestellungen bei seinen noch recht ungelenken Versuchen der Kontaktaufnahme, aber auch durch Zuwendung der Erzieherinnen und Erzieher und durch Aufwertung seiner Person, indem man ihm Verantwortung für bestimmte Dinge übertrug. So konnte er in der Einrichtung die Erfahrung machen, geschätzt zu werden und Bedeutung für die anderen zu haben. Seine Aggressivität nahm spürbar ab, und er begann – wenn auch mit Rückschlägen – ein Gefühl von Respekt für andere Menschen zu entwickeln. Die Eltern begannen, ihren Umgang mit ihrem Kind aus einer neuen Perspektive zu sehen, und berieten gemeinsam mit den Erzieherinnen und Erziehern, wie sie auch zu Hause eine Situation schaffen konnten, in der ihr Kind mehr Zuwendung erlebt.

Freilich ist es in derartigen Fällen nicht einfach, Veränderungen herbeizuführen. Neben fachlicher Kompetenz ist ein hoher Zeitaufwand notwendig, um sich dem Kind gezielt zu widmen und die nötigen Gespräche – etwa mit den Eltern – zu führen. Die Fachkräfte der Einrichtung haben den Vorteil, dass sie unter Supervision arbeiten und sich über ihre Problemfälle mit einer Psychotherapeutin beraten können. Ebenso erlaubt die Zahl der Kinder noch Zeit für Einzelne. So macht auch dieses Beispiel deutlich, wie notwendig gute Arbeitsbedingungen sind, wenn die pädagogische Arbeit gelingen soll.

Schulzeit: Vom Ernst des Lebens

In der Schule ist vieles anders als in Kindertagesstätten. Lernen verändert sich: aus explorierendem Spiel wird vorgeschriebene Leistung. Ob die ordnungsgemäß erbracht wurde, wird regelmäßig abgeprüft, und wer es nicht schafft, wird am Ende selektiert. Kinder werden unter einen Druck gestellt, den sie vorher so nicht kannten. Der »Ernst des Lebens« hat für sie begonnen. Das hat natürlich große Bedeutung für ihr Selbstwertgefühl und ihre psychische Organisation.

Mit der Einschulung wird vieles anders

Auf die Schule freuen sich die meisten Kinder. In die erste Klasse zu kommen heißt für sie, dass sie schon »groß« sind. Ihre bisherige Entwicklung wird damit gewürdigt, was durch entsprechende Rituale (Schultüte, feierliche Einschulung) noch unterstrichen wird. Viele Grundschulen bemühen sich um einen reibungslosen Übergang. Hospitationen von Lehrkräften in Kindertagesstätten und Kennenlerntage in der Schule erleichtern die Einstellung auf die neue Situation. Die meisten Grundschulen statten die Klassenzimmer mit Spielecken aus und beziehen spielerische Elemente in den Unterricht ein. Klassenarbeiten und Noten werden erst zu einem späteren Zeitpunkt eingeführt.

Trotzdem sind die Vorgaben klar, der Freiraum bleibt nicht lange bestehen. Leistungen werden gefordert, verglichen, Konkurrenz spielt eine wachsende Rolle. Auch mehr oder weniger subtiles elterliches Antreiben, etwa durch häusliches Kontrollieren und Üben, verstärkt den Druck. Dieser kann sich, wie die Psychologin Ingrid Kluge und der Pädagoge Georg Pfeifer schreiben, in dem kindlichen Gedanken »du musst in der Schule gut sein, sonst bist du nichts wert«[88] niederschlagen. Konkurrenz hat Auswirkungen auf die Gruppensituation. Ein solidarisches Miteinander stößt an institutionell vorgesehene Grenzen. Spätestens bei den Klassenarbeiten darf nichts mehr geteilt werden. Die Gruppe fällt auseinander, es gibt die »Guten«, die im »Mittelfeld« und die »Schlechten«. Der Kontakt der Kinder ist belastet, Spannungen sind vorprogrammiert.

Von ihren Lehrkräften erfahren die Kinder nicht nur Unterstützung; sie werden von ihnen auch beurteilt und im schlimmsten Fall ausgesondert. Der Aufbau einer vertrauensvollen und offenen Schüler-Lehrer-Beziehung wird erschwert, wenn die Schülerhaltung von ängstlichem Bemühen um die Gunst der Lehrkraft oder von trotziger Ablehnung gekennzeichnet ist. Zudem wird ein enger Kontakt durch die Klassengröße eher zur Ausnahme. In der Schule ist ein Erwachsener für mehr Kinder zuständig als zwei Erwachsene in Kindertagesstätten.

Um in dieser Situation bestehen zu können, müssen die Kinder über ein bestimmtes Maß an Selbstständigkeit und innerer Stabilität verfügen. Stattdessen kommen jedoch viele Kinder bereits mit Entwicklungsrückständen in die Schule. Bei den Einschulungsuntersuchungen werden häufig psychische und physische Probleme festgestellt. Dazu zählen vor allem Entwicklungsverzögerungen im Bereich der Sprache, Wahrnehmung und Motorik sowie Erziehungs- und Ernährungsberatungsbedarf. So registrierte beispielsweise das Gesundheitsamt der Stadt Frankfurt/Main in den Jahren 2001 und 2002 bei 40 Prozent der Schulanfänger eine Notwendigkeit für sozialmedizinische und pädagogische Hilfestellungen.[89] Ohne diese kann es schwierig werden.

Maßstäbe zur Bewertung der Schule

Kinder mit einem mangelhaften Selbstwertgefühl brauchen spezifische Bedingungen, um mit der schulischen Situation zurechtzukommen. Die Erkenntnisse der Selbstpsychologie zeigen auf, welche Elemente hier von besonderer Bedeutung sind.

Ein zentraler Begriff bei Wolf ist der des *Ambientes*.[90] Damit ist nicht nur die räumliche Umgebung gemeint, sondern die Atmosphäre insgesamt, die dem Klienten/dem Schüler begegnet. Dies schließt auch die Haltung des Therapeuten/der Lehrkraft ein. Wolf fordert ein Ambiente, das Angenommensein, Verständnis und Akzeptanz vermittelt; eine freundlich-entspannte Atmosphäre, die nicht lustfeindlich ist. Dies ist notwendig, weil Menschen mit einem fragilen Selbst in hohem Maße dazu tendieren, in allem, was ihnen begegnet, Hinweise auf ihren Selbstwert zu sehen. Welche Räumlichkeiten für sie zur Verfügung stehen, wie ein Raum eingerichtet ist und wie der Mensch, der sie dort empfängt, gerade gelaunt ist: all dies hat für sie eine sehr persönliche Bedeutung.

Damit die Herstellung von *Beziehung* auch unter diesen schwierigen Bedingungen gelingen kann, müssen Empathie und Wohlwollen spürbar werden. Einfühlungsvermögen heißt allerdings nicht, auf sämtliche Schülerwünsche einzugehen. Um mich in einen anderen Menschen einfühlen zu können, muss ich sehr aufmerksam in Kontakt mit ihm sein. Dabei bemerke ich etwa, wenn er versucht, mich zu manipulieren. Ich kann nachvollziehen, welche Ängste ihn dazu veranlassen, etwas zu vermeiden oder bestimmten Situationen auszuweichen, welche Tricks er benutzt und welche Sehnsüchte dahinter verborgen sind. In diesem Zusammenhang führt meine aufmerksame Wahrnehmung dazu, dass ich standhalte und ein klar abgegrenztes Gegenüber bleibe, das sich nicht kontrollieren lässt, sondern aufzeigt, wo Weiterentwicklung notwendig ist.

Persönlichkeitsbildung kann nur stattfinden, wenn eigene Erfahrungen gemacht werden; Selbsttätigkeit und Handlungslernen müssen im Vordergrund stehen. Der Stolz der Schülerinnen und Schüler auf ihr Tun wird gesteigert, wenn möglichst viel davon auf eigenem Handeln basiert. Das Erleben von *Selbstwirksamkeit* ist für Reifungsprozesse unabdingbar.

Wir müssen Schule also unter den Aspekten betrachten, inwieweit sie ein förderliches Ambiente bieten kann, ob in ihr empathische Beziehungen hergestellt werden und ob das Erlebnis von Selbstwirksamkeit im Vordergrund steht. Ist dies nicht der Fall, müssen wir damit rechnen, dass sich Schwierigkeiten verfestigen. Dabei sollten wir im Auge behalten, dass nicht nur »schwierige« Kinder gelungene Selbstobjekterfahrungen für ihre psychische Entwicklung benötigen. Alle Kinder und Jugendlichen sind darauf angewiesen.

Aus Schülersicht: Was zu Demotivation führt

Lernen ist bekanntlich mehr als die Anhäufung von Wissen. Es bedeutet vor allem sich weiterzuentwickeln, nicht nur in körperlichem Sinn größer und stärker zu werden, sondern auch kompetenter mit der Welt umgehen zu können. In diesem Sinne muss die Schule zur Reifung und Stärkung der kindlichen Persönlichkeit wesentlich beitragen. Das funktioniert jedoch oft nicht. Gerade Kinder mit geringem Selbstwertgefühl steigen aus Lernprozessen aus, wenn sie sich im schulischen Rahmen wertlos fühlen. Das sieht – je nach Persönlichkeit – unterschiedlich aus: Die einen machen nur noch lautstark Unsinn, andere verweigern sich schweigend, und wieder andere fangen an zu schwänzen.

Berufsschulen bilden nicht nur beruflich aus, sondern nehmen immer mehr Schülerinnen und Schüler auf, die an anderen Schulen keine oder nur sehr niedrige Abschlüsse haben erwerben können, keine Lehrstelle oder keinen Arbeitsplatz bekommen haben und nun eine zweite Chance ergreifen möchten. Viele bringen negative Vorerfahrungen mit, haben Klassen mehrfach wiederholt, Schulen gewechselt oder sind gar nicht mehr zur Schule gegangen. Ich bat Schülerinnen und Schüler einer Klasse[91] aufzuschreiben, wann sie aufgehört haben zu lernen. Einige typische Antworten möchte ich hier wiedergeben.

Viele Schülerinnen beziehungsweise Schüler machen ihren emotionalen Ausstieg aus der Schule am Verhalten einer Lehrkraft zu ihnen fest:

- »In der Grundschule wechselte die Klassenlehrerin häufig. Eine hat mich richtig gedemütigt. Sie hat zu mir gesagt: ›Was hast du für ein komisches T-Shirt an?‹ Sie hat die Kinder auf ihre Plätze geschubst. Als meine Mutter sich darüber beschwerte, hat die Lehrerin mich fertig gemacht. Ich bekam Pausenhofverbot und durfte nicht rausgehen zum Spielen.«
- »Ein Lehrer in der Grundschule konnte mich irgendwie nicht leiden. Er hat mich immer angeschrien. Ich durfte auch nicht fragen, wenn ich etwas nicht verstanden hatte. Als ich am Ende eine ›5‹ bekam, hatte ich gar keine Lust mehr auf die Schule und bin auch nicht mehr in seinen Unterricht gegangen.«
- »Besonders schrecklich fand ich es, wenn ich an die Tafel musste und nicht wusste, wie ich die Aufgabe lösen sollte. Ich hatte Panik, weil mein Lehrer mal zu mir gesagt hatte: ›Wenn du die Aufgabe nicht kannst, bist du hier falsch.‹«
- »Ich hatte alles getan, um in Mathe eine ›2‹ zu kriegen. Bei der Notenbesprechung vor dem Zeugnis sagte mir meine Lehrerin die ›2‹ auch zu. Am Tag darauf hatte ich mein Geodreieck vergessen, und im Zeugnis stand dann doch ›3‹. Danach hatte ich schon eine Wut, wenn ich nur in die Schule kam, und passte nicht mehr auf.«

Was sich genau abgespielt hat, wissen wir nicht, dazu müsste man zumindest auch die andere Seite hören. Festzustellen ist jedoch, dass in jedem dieser Fälle das subjektive Gefühl, gekränkt worden zu sein, einen Bruch zur Folge hatte. Die Empfindlichkeit ist deutlich, besonders auf Zensuren wird äußerst sensibel reagiert. Eine Schülerin schloss ihre Schilderung mit folgender Stellungnahme ab: »Wenn sich Schüler von Lehrkräften runtergemacht und gekränkt fühlen, lernen sie nicht besser. So erreichen Lehrer nur das Gegenteil: Die Schüler machen nicht mehr mit und verschlechtern sich.« Das Ambiente im Wolfschen Sinne wird negativ erlebt, die Lehrkraft als feindselig eingestuft.

Kränkende Erlebnisse mit nur einer oder zwei Lehrkräften reichen oft aus, um die Beziehung eines Kindes zur Schule zu unterminieren. Eine anhaltende Demotivierung konnte in den dargestellten Fällen auch durch die positiv erlebte Arbeit anderer Lehrkräfte nicht verhindert werden. Das Gefühl von Demütigung blieb im Vordergrund, obwohl sich andere Lehrkräfte nach Kräften bemühten. Eine Aufarbeitung von Kränkungserfahrungen, möglichst unter konstruktiver Beteiligung der verursachenden Person, erfolgte in keinem Fall und ist in der Regel auch gar nicht vorgesehen. Wenn aber die negativ erlebte Haltung einer einzelnen Lehrkraft die Bemühungen vieler anderer erfolglos werden lässt, dann fehlen offensichtlich Sicherungssysteme, die Fehler Einzelner auffangen.

Negative Erlebnisse mit Mitschülerinnen und -schülern können ebenfalls demotivieren:

- »Als die Klassen in meiner Schule gebildet wurden, wurde ich von Leuten, mit denen ich mich gut verstand, getrennt. Die mussten in eine Parallelklasse. Meine Klasse gefiel mir gar nicht, es gab nur Cliquen, die gegeneinander waren, es wurde nie eine richtige Klasse draus.«
- »Was mir die Schule vermieste, waren die Beleidigungen von anderen Schülern im Klassenraum und auf dem Schulhof. Ich konnte es gar nicht leiden, wenn ich von anderen blöd angeschaut wurde.«
- »In der 7. Klasse gab es einen Mitschüler, der meinte, er müsse mich immer fertig machen. Er hat mich ständig beleidigt und ziemlich krass ›gedisst‹. Da hatte ich keine Lust mehr, in die Schule zu gehen.«

Beleidigungen führen zum Rückzug. Wenn die Beziehungen der Schüler untereinander nicht stimmen, wird auch nicht viel gelernt. Diese Erfahrung machen Lehrkräfte täglich: Klassen, die sich gut verstehen, lernen wesentlich besser. Nur werden die immer seltener. Es ist dringend notwendig, Überlegungen anzustellen, wie man hier gegensteuern kann.

Einige Schüler wurden vom Unterricht abgestoßen:

- »In Englisch wurden immer schwere Vokabeltests geschrieben. Außerdem wurden immer mehrere Themen gleichzeitig behandelt. Man konnte da alles ganz schnell verwechseln. Und dann hat man keine Lust mehr zu lernen.«
- »Ich fand langweilig, dass wir in Deutsch immer nur Bücher gelesen haben und jedes Buch auch noch monatelang durchkauen mussten.«
- »In Mathe wurde ein neues Thema nie so eingeführt, dass ich es verstanden habe. Auf Nachfragen von mir hat der Lehrer gar nicht reagiert. Ich habe eine Weile versucht, doch noch mitzukommen, aber irgendwann hab ich es aufgegeben und während des Unterrichts etwas anderes gemacht.«

Auch wenn man davon ausgeht, dass in dem einen oder anderen Fall die Schuld an der eigenen Lustlosigkeit und Bequemlichkeit delegiert wird, ist ein wahrer Kern nicht zu übersehen. Die Beispiele machen deutlich, wie Lehrkräfte den Kontakt zu ihren Schülerinnen und Schülern verlieren können. Auf Situationen von Überforderung und Langeweile, über die nicht gesprochen wurde, reagierten die Kinder mit Rückzug. Selbstwirksamkeit wurde im unterrichtlichen Rahmen nicht mehr erlebt. Der Gerechtigkeit halber muss an dieser Stelle allerdings gesagt werden, dass die meisten Lehrerinnen und Lehrer sich sehr stark bemühen, einen methodisch vielfältigen Unterricht anzubieten und einen guten Kontakt zu ihren Klassen herzustellen.

Kränkungen durch Lehrkräfte, schlechte Noten, inhaltliche beziehungsweise methodisch bedingte Überforderung, die Anmache der Mitschülerinnen oder Mitschüler: All dies trägt aus selbstpsychologischer Sicht tendenziell zur Schwächung des Selbstwertgefühls bei. Wenn als Folge die Schule nicht mehr zum Lernen und Reifen genutzt wird, ist das fatal.

Aber auch Unterforderung kann zum Problem werden. Dies wird bei einem weiteren Fall deutlich. Er handelt von einem

Jungen, der erst in der Schule zum schwierigen Kind beziehungsweise Jugendlichen wurde, weil er besonders begabt war.

Hochbegabt: Zu klug für die Schule?

Jürgen, fünfzehn, kommt wütend aus der Schule und schmeißt die Tasche auf den Boden. »Der Krause hat überhaupt keine Ahnung von Physik. Heute hat er uns schon wieder was total Falsches erzählt. Und an der Tafel hat er sich auch noch verrechnet.« Die Mutter lässt sich von Jürgen erklären, um was es geht, aber genau versteht sie es nicht; ihre eigene Schulzeit ist schon zu lange her. Jürgen lässt nicht locker. Er holt Bücher aus seinem Zimmer, die das Problem erläutern. Nach einer Weile kann die Mutter nachvollziehen, was Jürgen meint. Er zeigt ihr ein Arbeitsblatt, das Herr Krause für die Klasse gemacht hat. Und offensichtlich hat Jürgen Recht: Herrn Krause ist ein Fehler unterlaufen.

Jürgen, mit fünf Jahren vorzeitig eingeschult, besucht die 10. Klasse eines Gymnasiums, und Krause heißt sein Mathe- und Physiklehrer. Herr Krause hat Jürgens Mutter schon wiederholt zum Gespräch bestellt, weil ihm Jürgens Verhalten nicht gefällt. Manchmal passt Jürgen im Unterricht auf, aber dann ist er sehr kritisch. Wenn er eine andere Auffassung hat, sagt er das sehr deutlich. Auch wenn er meint, dass ein Lehrer sich irrt. Er begründet seine Meinung dann so akribisch, dass alle anderen nur stöhnen. Die Klasse versteht oft gar nicht, wovon Jürgen eigentlich redet, und Herrn Krause gefällt Jürgens Tonfall überhaupt nicht.

Das hat schon häufig zu richtigen Krächen geführt, mit disziplinarischen Folgen für den Jungen. Nach solchen Auseinandersetzungen macht Jürgen in der Regel eine Zeit lang nicht mehr mit. Er schaltet ab, guckt aus dem Fenster, schreibt oder liest etwas. In einer solchen Situation nahm ihm Herr Krause einmal eine Kurzgeschichte ab, die er gerade schrieb, und wollte sie der Klasse vorlesen. Jürgen war das Gejohle der anderen sehr peinlich; er lief nach vorn und riss Herrn Krause die Geschichte aus der Hand. Dabei kam es zu einem Handgemenge zwischen beiden, und Jürgen musste vor die Klassenkonferenz.

Herr Krause findet Jürgen sehr schwierig, und doch liegt dieser Fall ganz anders als die bisher beschriebenen. Jürgen ist hochbegabt, das heißt sein Intelligenzquotient liegt über 130. Dies ist nur bei 2 Prozent der Bevölkerung der Fall. Dass Jürgen klüger ist als die meisten anderen, hat für ihn keineswegs nur Vorteile. Er muss oft damit zurechtkommen, dass ihn andere nicht richtig verstehen, nicht auf das, was er sagt, eingehen können und seine Gedanken langweilig finden.

Mit zwei Jahren kam er in eine Krabbelgruppe, die sich zwei Mal wöchentlich traf. Er freute sich sehr auf das erste Treffen, kam aber enttäuscht zurück: »Mutti, die anderen Kinder können ja gar nicht richtig reden!« In seinem letzten Jahr im Kindergarten betrachtete er mit seiner Erzieherin Fragen wie: »Du, Frau Meier, ist 9 mal 3 eigentlich 27?« – »Schon, aber wie kommst du denn da drauf?« – »10 mal 3 ist 30. Dann muss 9 mal 3 doch 3 weniger sein, also 27.« Wie er darauf gekommen war? Er hatte Hortkindern bei Gesprächen über ihre Schulaufgaben zugehört. Die anderen Kinder in seiner Gruppe konnten da noch nicht mithalten. Und doch war Jürgen ein Kind wie alle anderen auch. Er suchte Kontakt, machte gern Späße, verkleidete und versteckte sich und tobte mit den anderen im Turnraum. Und daher war er beliebt, auch wenn er manchmal Dinge sagte, die niemand so recht verstand.

Als er eingeschult wurde, hatte sich Jürgen, wissensdurstig, wie er war, sehr darauf gefreut, viel von seinen Lehrerinnen und Lehrern zu lernen. Aber da wurde er im Laufe der Jahre immer mehr enttäuscht. Er ärgerte sich immer, wenn er Arbeitsblätter mit Rechtschreibfehlern bekam. »Die Schulze kann noch nicht mal die neue Rechtschreibung richtig, warum ist die eigentlich Lehrerin geworden?« Kinder haben gerne Lehrkräfte, die vermeintlich alles wissen oder sich in ihrem Fach ausgezeichnet auskennen. Es ist schön, jemanden zu haben, den man alles fragen und auf dessen Antworten man vertrauen kann, besonders wenn man ein aufgewecktes Kind ist, das viel wissen will. Jürgens kindliches Vertrauen in seine Lehrerinnen und Lehrer wurde früh enttäuscht.

In der Schule fing er bald an, sich zu langweilen. Als die Längenmaße durchgenommen wurden und Meter in Zentimeter umzurechnen waren, setzte er sich zu Hause an seinen Computer, rechnete aus, wie viele Nanometer ein Lichtjahr hat, und von da an interessierte ihn das Thema nicht mehr. Die Klasse musste sich zwar noch einige Wochen länger mit dem Thema beschäftigen, Jürgen aber machte nicht mehr mit und störte stattdessen den Unterricht.

Er bekam mehr und mehr Ärger, wenn er nicht mehr aufpasste, weil es für ihn nichts mehr aufzupassen gab. Er sah nicht ein, warum er lange Stunden zu Hause damit verbringen sollte, langweilige Rechenaufgaben, bei denen die Lösung doch eh klar war, ins Heft zu schreiben. Seine Noten wurden immer schlechter, was zu Ermahnungen von allen Seiten führte.

Jürgen rettet sich regelmäßig kurz vor Schuljahresende mit glänzenden Klassenarbeiten vor der Nichtversetzung. So quält er sich durch die Schulzeit, dabei ist er doch eigentlich nur besonders intelligent.

Hochbegabte Kinder haben meist ein sensibles Gefühl für Gerechtigkeit. Jürgen beherrscht den Stoff. Warum soll er da Hausaufgaben machen? Warum sinnlos Zeit absitzen? Und dann noch gute Miene zum bösen Spiel machen? Das kann er nicht einsehen. Er rebelliert. Er hat sich in das Schulrecht eingearbeitet und macht nun seinerseits den Lehrkräften Schwierigkeiten. Können sie als Beleg für ihre Notengebung die vorgeschriebenen Notizen vorlegen? Müsste die Arbeit mit diesem Notenspiegel nicht wiederholt werden? Jürgen kennt sich bestens aus und berät auch Mitschülerinnen und Mitschüler gerne. Es gibt zwar Lehrkräfte, die Verständnis für seine Unzufriedenheit haben, die ihn unterstützen und bei Konflikten vermitteln, mit den meisten ist sein Verhältnis jedoch angespannt. Schule bedeutet für ihn vor allem Zwang, und er ist froh, wenn seine Zeit dort zu Ende ist.

Was in Schulen schief läuft

Mit ihrer Schulzeit verbinden viele Menschen Gefühle von Kränkung, Demütigung und Zwang. Dass derartige Gefühlslagen demotivieren, versteht sich von selbst. Nun sind Kränkungen im zwischenmenschlichen Kontakt nicht zu vermeiden, überdies fühlen sich Menschen, die von sich selbst nicht überzeugt sind, besonders schnell verletzt. Trotzdem arbeiten andere Einrichtungen der Kinder- und Jugendarbeit, ohne dass sich Brüche und negative Haltungen in demselben Ausmaß entwickeln.

Die Struktur der Schule trägt dazu bei, dass Kinder und Jugendliche negative Gefühle entwickeln, die nicht hinreichend aufgearbeitet werden und die dazu führen, dass sie aufhören zu lernen. Was läuft in unseren Schulen grundsätzlich schief? Wie ist das schulische Ambiente gestaltet, welche Beziehungsgeflechte entfalten sich typischerweise und welche Chancen, Selbstwirksamkeit zu erleben, bietet die Schule?

Wie es in unseren Schulen aussieht

Ambiente in psychodynamischem Sinn bedeutet mehr als die äußerliche Umgebung. Aber auch diese spielt eine wichtige Rolle für uns alle – umso mehr jedoch für Menschen, die besonders empfindlich reagieren. Die Sonderpädagogin Mary MacCracken schreibt über die Kinder, die sie unterrichtet: »Ihr Ichbewusstsein ist so gering, ihr Wesen so fragil, dass sie, sobald sich ihre Umgebung ändert, Angst haben, sie könnten auseinander fallen.«[92] Welche bedeutende Rolle für ihre Kinder das Ambiente spielt, macht sie mit dem Satz deutlich: »Unsere Kinder waren gegenüber der Atmosphäre, die sie umgab, noch empfindlicher als die meisten anderen.«[93] Entsprechend bemüht sie sich um helle, schöne Räume und richtet sie liebevoll her. Ihren unsicheren Kindern macht es Mut, wenn sie sich in ihrem Raum willkommen fühlen.

Leider ist an vielen Schulen die Lage anders. Billigbauten, die nur mangelhaft instand gehalten werden, sind vielerorts die Realität. In die Schule, in der ich unterrichte, regnet es seit vielen Jahren herein. Trotz intensiver Bemühungen der Schulleitung passierte bisher nichts Entscheidendes; einmal wurde das Dach provisorisch geschweißt, was jedoch nur wenige Monate half. Besonders empörend finde ich ein großes Loch in der Mitte der Decke unseres »Bewegungsraums« – eigentlich ein Flur, der mangels Turnhalle entsprechend umgewidmet wurde. Nun steht in der Mitte dieses Raums ein Eimer, der den Regen auffängt und manchmal auch überläuft oder umgestoßen wird. Der Boden ist glatt; wenn im Bewegungsunterricht einmal gerannt wird, können gefährliche Situationen entstehen. Dem für den baulichen Zustand verantwortlichen Träger ist der Sachverhalt bestens bekannt. Das ist kein Einzelfall.

Ähnliche Situationen bestehen an vielen Schulen. Dass Toiletten derart baufällig und unappetitlich sind, dass viele Schülerinnen und Schüler sie gar nicht mehr benutzen und lieber bis zum Schulschluss aushalten, haben mir Eltern wiederholt berichtet. Oft wird überhaupt nur renoviert, wenn Elternvereine Geld sammeln und dann mit ihren Kindern die nötigsten Arbeiten übernehmen. In Gebieten, in denen vorwiegend arme Familien leben, geschieht dies nicht regelmäßig.

Darüber hinaus mangelt es vielen Schulen an Räumen. Dann werden die Klassen zu »Wanderklassen«. Sie haben nicht die Möglichkeit, sich in einem Raum einzurichten, vielleicht auch eigenes Lernmaterial zu lagern, weil die Gefahr, dass etwas abhanden kommt, groß ist. Die Klassen können sich nicht mit »ihrem« Raum identifizieren, Kontinuität können sie nicht erleben.

Hässliche Schulen, die am Zerfallen sind, signalisieren den

Kindern, wie unwichtig sie der Gesellschaft sind und welch niedriger Stellenwert ihrer Bildung zukommt. Gerade wer vom eigenen Wert nicht überzeugt ist, wird hier zusätzlich verunsichert – dies natürlich nicht bewusst. Schulen einfach verrotten zu lassen bedeutet eine Verrohung des Umgangs der Gesellschaft mit ihren Kindern. Dass diese wiederum renovierungsbedürftige Gebäude nicht pflegen, sondern lieblos mit Müll und Schmierereien versehen, ist nicht verwunderlich. Unsere Kinder gehen mit ihren Schulgebäuden prinzipiell nicht wesentlich anders um als die verantwortlichen Bürgermeister. Zur Lernmotivation trägt der bauliche Zustand vieler Schulen jedenfalls nicht bei.

Beziehungen

Aus Schüler- und Elternsicht wird häufig »schlechten« Lehrerinnen oder Lehrern die Schuld für abgebrochene Schulkarrieren gegeben. Individuelle Verantwortung soll hier auch nicht geleugnet werden. Ganz offensichtlich wird aber im allgemeinen Bewusstsein nicht nur die Schülerschaft unterteilt in »Gute« und »Schlechte«, sondern auch die Lehrerschaft. Wer sich an seine eigene Schulzeit erinnert, kann bei den meisten Lehrkräften fast automatisch hinzufügen, zu welcher von beiden Gruppen sie gehörten. Eine so ausgeprägte Differenzierung ist bei anderen Berufen nicht in demselben Maß üblich.

Was nun genau »gut« oder »schlecht« bedeutet, ist subjektiv verschieden. Das macht die Bewertung so heimtückisch. Wenn die Kategorien nicht definiert sind, ist auch nicht klar, was man tun muss, um besser zu werden. Die einen möchten es strenger, die anderen lockerer – man kann es nicht allen recht machen. Und doch bekommt man die Folgen zu spüren: Wenn viele Schülerinnen und Schüler abschalten oder im Unterricht Unfug machen, ist das nicht immer einfach abzustellen und auch nicht leicht auszuhalten.

Machtkämpfe

Vor einer Klasse zu stehen bedeutet, von bis zu dreißig Augenpaaren angestarrt zu werden, die jede Regung kritisch verfolgen. Das kleinste Blinzeln wird registriert. Wenn dann noch viele dabei sind, die es darauf anlegen, Grenzen auszutesten, wird es sehr schwierig. Die kritische Haltung vieler Schülerinnen und Schüler hat vor allem damit zu tun, dass eine wesentliche Aufgabe der Lehrkraft darin besteht, sie zu kontrollieren und zu bewerten. Gerade wer sich unsicher ist, wie gut er ist, fühlt sich davon bedroht.

Die Bedrohung ist nicht nur fantasiert. Tatsächlich bleiben Schülerinnen und Schüler sitzen, werden selektiert in Haupt-, Realschule und Gymnasium und haben ohne gute Abschlüsse im späteren beruflichen Leben wenig Chancen. Mit der Lehrtätigkeit ist Macht verbunden. Das weckt Widerstand: Welche Befriedigung bringt es doch mit sich, Mächtigen ein Schnippchen zu schlagen! Welche Erleichterung, wenn es gelingt, dem Beurteilenden selbst Fehler nachzuweisen!

Kinder spüren schnell, wo Erwachsene ihre Schwachstellen und Empfindlichkeiten haben. Und natürlich benutzen sie diese, um sich gegen Druck zu wehren. Gerade wer sich machtlos fühlt, wendet alle Kraft und alle Tricks an, um doch noch etwas zu erreichen. Aus derartigen Gefühlslagen heraus können Klassen grausam handeln. Ich habe miterlebt, wie Lehrer mit den Tränen kämpften, als sie aus einer Klasse kamen. Scheitern in Klassen kann mit starken Gefühlen von Scham, Unzulänglichkeit und Wut verbunden sein und das Selbstwertgefühl der Lehrkräfte massiv angreifen.

So scheint es zwischen Klassen und Lehrkräften manchmal darum zu gehen, wer wessen Selbstwertgefühl effektiver demontieren kann. Klassen können deutlich spüren lassen, dass die Lehrkraft ein »Arsch« ist und einen »Scheiß-Unterricht« macht. Wenn die Lehrkraft dies mit entsprechenden Noten vergilt, sich zu bösartigen Kommentaren versteigt und bei Eltern und der Schulleitung petzt, geht die Eskalation weiter.

Derartige Kämpfe sind keine Ausnahmen. Allerdings finden

sie mit sehr unterschiedlicher Intensität und oft auch nur unterschwellig statt. An manche Lehrkräfte trauen sich die Schülerinnen und Schüler gar nicht heran, weil sie ihnen zu mächtig erscheinen, und lassen ihre Wut dann an deren Kolleginnen oder Kollegen aus.

Gelernt wird in solchen Situationen gar nichts; die Zeit ist nur vergeudet. Schlimmer noch: Alle Beteiligten tragen Verletzungen davon, die ihre Einstellungen zur Schule massiv prägen. Schulisches Lernen verbindet sich dann mit der Erfahrung von Machtlosigkeit beziehungsweise Entwertung und wird emotional negativ besetzt. In der ersten Klasse haben alle noch Lust, in den letzten Hauptschulklassen geht in der Regel gar nichts mehr. Besonders in den Schulformen der Ausselektierten wird der Motivationsabfall in höheren Klassen durch solche Erlebnisse massiv verstärkt.

Natürlich gibt es viele Lehrerinnen und Lehrer, die auch in verletzenden Situationen gelassen reagieren. Professionelles pädagogisches Handeln muss Warnsignale wahrnehmen und rechtzeitig Wege zur Lösung von Konflikten beschreiten. Allerdings sind gerade Schülerinnen und Schüler mit einer verfestigten negativen Haltung zur Schule sehr schwer davon zu überzeugen, dass sie ihr Kriegsbeil begraben können. Aber auch Lehrkräfte müssen davor bewahrt werden, durch schlechte Erfahrungen zu verhärten. Leider bekommen sie in der Realität nur wenig Unterstützung und sind mit ihren Problemen in hohem Maß allein gelassen.

Lehrer sind Einzelkämpfer

Auch wenn an großen Schulen über hundert Lehrkräfte unterrichten, wesentliche Teile ihrer Tätigkeit macht jede Lehrkraft mit sich selbst aus. Die Aufteilung in einzelne Fächer, die wenig aufeinander bezogen sind, legt dies nahe. Und vor der Klasse ist jeder sowieso allein. Zwar gibt es eine Vielzahl von Sitzungen: Klassen-, Jahrgangsstufen-, Fach-, Fachbereichs-, Zeugnis-, Prüfungs-, Schulform- oder Zweig-, Gesamt- und Schulkonferenzen, Steuergruppen und viele andere mehr. Durch die Vielzahl der Konferenzarten müssen die terminlichen Abstände aber so groß sein, dass sie für einen regelmäßigen pädagogischen Austausch, etwa über die derzeitigen Unterrichtsinhalte und die Situation in den Klassen, nur bedingt taugen. Sicher stehen derartige Themen mit auf den Tagesordnungen, aber um wirklich gemeinsam planen, sich gegenseitig unterstützen und koordiniert vorgehen zu können, ist viel Zeit erforderlich. Die ist aber nur selten vorhanden, weil viel zu viele Themen behandelt werden müssen, vor allem organisatorischer Art. Derartige Aufgaben müssen Konferenzen vermehrt zusätzlich erledigen, um Schulleitungen zu entlasten.

Lehrkräfte bleiben daher Einzelkämpfer, was ihre pädagogische Arbeit betrifft. Die Zeit, die sie miteinander verbringen, geht zum großen Teil für bürokratische Tätigkeiten drauf. Den meisten gefällt das überhaupt nicht. Der Wunsch nach Teamarbeit ist vielfach vorhanden. Die Realisierung stößt jedoch an Grenzen.

Keine Zeit für Koordination

Für Unterstützung wären eigentlich Vorgesetzte beziehungsweise vorgesetzte Dienststellen zuständig. Außerdem ist Koordination nicht nur in Bezug auf Unterrichtsinhalte und -methoden notwendig. Überhaupt muss eine übergreifende Konzeption sicherstellen, dass gemeinsame Vorstellungen der Arbeit zu Grunde liegen. Die Tätigkeit der Schule muss darüber hinaus mit Schüler- und Elternschaft sowie vorgesetzten Dienststellen abgestimmt werden, ferner mit anderen Schulen, Einrichtungen und Trägern, die im sozialen und im Bildungsbereich tätig sind, den Kommunen etc. Neue Erlasse und Verordnungen müssen umgesetzt und in vorhandene Konzepte eingebunden werden. Dazu sind häufig auch Schulungen notwendig.

Vor allem ist Schule aber auch mit einem hohen Organisationsaufwand verbunden. Dies betrifft nicht nur die Verwaltung des Personals einschließlich Einstellungen und Einsatzplanung, sondern auch die der Schülerschaft bis hin zur Führung von Schülerakten und Zeugniserstellung. Auch die Verwaltung und Instandhaltung der Räumlichkeiten und der Materialien erfordert einen hohen Aufwand und damit viel Zeit.

In den letzten Jahrzehnten wurde in allen Bundesländern in den Kultushaushalten zunehmend gespart. Da man versuchte, Unterrichtsausfälle zu minimieren, um Elternproteste zu vermeiden, wurden besonders Stundendeputate für Leitungs- und Koordinationsfunktionen und Stellen in der Kultusbürokratie eingespart, mit der Folge, dass manche Dinge nur noch sehr oberflächlich erledigt werden und Lehrkräfte zusätzliche Aufgaben übernehmen müssen.

Ein Beispiel kann das Problem verdeutlichen: An einer Schule, an der etwa 90 Lehrkräfte etwa 1300 Schülerinnen und Schüler unterrichten, gibt es einen Schulleiter, der für seine Verwaltungstätigkeit nicht ganz freigestellt ist, sondern gleichzeitig noch unterrichten muss. Sein Stellvertreter ist zur Hälfte freigestellt. Einzelne Abteilungen werden von Lehrkräften verwaltet, die dafür 2,5 Unterrichtsstunden pro Woche angerechnet bekommen, ihr tatsächlicher Mehraufwand liegt bei etwa 15 Wochenstunden. Wenige Extraaufgaben werden noch mit Freistellungen, die zwischen 0,5 und 1,5 Wochenstunden betragen, bedacht; der zeitliche Aufwand ist in jedem Fall ein Vielfaches.

Und nun ein Vergleich: Eine Kindertagesstätte, die 100 Kinder und 10 Fachkräfte hat, wird von einer Leiterin beziehungsweise einem Leiter verwaltet und koordiniert, die oder der vollständig freigestellt ist. Eine Stellvertreterin beziehungsweise ein Stellvertreter steht überdies mit zusätzlichen Stunden zur Verfügung. Die Erzieherinnen und Erzieher müssen sich mit organisatorischen Arbeiten nicht mehr belasten. Darüber hinaus kann die freigestellte Leitungskraft alle Kinder und Eltern kennen lernen, in allen Gruppen hospitieren, mit den einzelnen Fachkräften inhaltlich diskutieren, neue pädagogische Ideen entwickeln, Energie in konzeptionelle

Arbeit stecken usw. All dies ist in unseren Schulen aus Zeitgründen nicht möglich.

Die Folgen liegen auf der Hand. Schulleitungen sind hoch belastet; sie müssen froh sein, wenn sie ihr bürokratisches Pensum schaffen. Wenn sie sich mit dem pädagogischen Vorgehen aller Lehrkräfte ausführlich beschäftigen und hier koordinatorisch tätig werden wollten – sich wirklich tief gehend mit konzeptionellen Fragen beschäftigen wollten wie Leitungskräfte in Kindertagesstätten – kämen sie schnell an ihre Grenzen.

Überforderte Lehrkräfte

Aus alldem wird bereits deutlich, dass Lehrkräfte zusehends in eine Situation der Überforderung geraten. Diese ist in den letzten Jahren durch Sparmaßnahmen ständig verschärft worden. Um das Ausmaß des Dilemmas zu verdeutlichen, soll erwähnt werden, dass Lehrkräfte in etwa doppelt so hohem Maß aufgrund schwerer Erkrankung aus dem Dienst ausscheiden wie Beamte in anderen Bereichen. Dies, obwohl die Dienstfähigkeit nach sehr strengen Richtlinien vom Amtsarzt überprüft wird. So mussten 2001 bundesweit 54 Prozent aller Lehrkräfte, die aus dem Dienst ausschieden, aus Krankheitsgründen vorzeitig entlassen werden, Beamte insgesamt aber nur zu 37 Prozent. In Hessen waren Ende des Schuljahres 2000/2001 gar 76,2 Prozent der Lehrkräfte, die aus dem Dienst ausschieden, schwer krank, 2,2 Prozent verstarben vor Erreichen des Pensionsalters.[94] Die Reaktionen des Arbeitgebers seither bestanden jedoch darin, Lehrer noch zusätzlich zu belasten.

Dieselbe Rücksichtslosigkeit und derselbe Mangel an Aufmerksamkeit und Wertschätzung, der Kindern in unserer Gesellschaft in vielerlei Hinsicht entgegengebracht wird, ist auch gegenüber Bildungsinstitutionen und denen, die in ihnen arbeiten, zu verzeichnen.

Es ist wenig erstaunlich, dass in dieser Situation auch die Beziehungen der Schülerinnen und Schüler selten gelingen. Dass immer häufiger verfeindete Cliquen einander auf zerstörerische Art mobben und mit Vorliebe auf Außenseiter losgehen, wurde bereits dargestellt. Indem der Leistungsdruck verschärft wird, wird der Kampf »jeder gegen jeden« weiter angefacht. Beim Wettrennen um nicht ausreichende Praktikumsplätze oder Lehrstellen müssen die Jugendlichen »Reise nach Jerusalem«[95] spielen.

Dass sich Kinder und Jugendliche dadurch zunehmend auch gegeneinander verschließen und ihre Haltungen feindseliger werden, versteht sich von selbst. Kinder, die in ihrem Leben bereits durch viele schwierige Erlebnisse geprägt sind, reagieren noch massiver. Destruktive Tendenzen werden verstärkt, weil gerade bereits traumatisierte Kinder versuchen, die Situation insgesamt auseinander zu nehmen, um einer fantasierten eigenen Zerstörung zuvorzukommen.

Die Lage wird noch unübersichtlicher und schwerer handhabbar durch ein ständiges Ansteigen der Klassenobergrenzen, das aus Spargründen zunehmend erfolgt. Ein Aufarbeiten schwieriger Situationen, etwa durch Angebote im Bereich »Soziales Lernen«, ist zwar mancherorts vorgesehen, aber es werden nur in sehr wenigen Fällen überhaupt Stunden zur Verfügung gestellt, und die Lehrkräfte sind auch nur in Einzelfällen hinreichend dafür ausgebildet. Dies wird in der Öffentlichkeit oft so nicht deutlich, weil über einzelne Projekte in großem Stil berichtet wird. Wie wenig aber – bezogen auf die Gesamtzahl der Schülerinnen und Schüler – dahintersteckt, wird nicht sichtbar.

Noch dazu werden derartige Projekte in letzter Zeit von immer platter werdenden Vorhaben, etwa dem »Benimm-Unterricht«, abgelöst. Wer die Hoffnung aufgegeben hat, dass soziale Haltungen sich auf einer tiefen Ebene entwickeln können, versucht es mit oberflächlichem Antrainieren. Das nützt allerhöchstens bis zur nächsten Straßenecke. Wo kein Lehrerauge mehr wacht, wird »die Sau« umso krasser herausgelassen, wenn das eingeübte Verhalten nicht verinnerlicht und damit als etwas Eigenes angenommen wurde.

Von Seiten der Schulpolitikerinnen und -politiker werden zudem immer mehr fachspezifische Inhalte vorgeschrieben, die abzuarbeiten sind. Dabei bleibt kaum noch Zeit, um sich mit der Klassensituation und mit der emotionalen Lage Einzelner auseinander zu setzen. Ein Umschwung ist derzeit nicht in Sicht.

Unterricht: Zu wenig Raum für Selbstwirksamkeit

Es ist nur begrenzt möglich, bei den Bedürfnissen der Schülerinnen und Schüler anzusetzen und ihnen Raum für eigene Aktivitäten zu gewähren, wenn ein vorgeschriebenes Pensum abgearbeitet werden muss. Wenn starre Lehrpläne auf Inhalte festlegen und ihre Erfüllung anschließend noch durch zentrale Prüfungen abgefragt wird, dann bestehen keinerlei Spielräume. Leider herrscht in der Bildungspolitik die Tendenz vor, die Freiheit, die notwendig wäre, um Kinder individuell zu erreichen, immer mehr zu beschränken. Kinder lernen aber nicht mehr, sondern oberflächlicher, wenn die Themen sie nicht berühren, sondern wenn sie sich die Inhalte nur aneignen, weil sie sich einem Zwang beugen.

Eine derartige schulische Wissensaneignung kann auch nicht zur Reifung beitragen. Das ist wahrhaftig unbefriedigend. Wenn nur für eine Arbeit gepaukt wird, wird das als Zwang erlebt und nicht als Bereicherung. Weder kann man anschließend mehr, noch versteht man mehr von der Welt, sondern man hat lediglich eine weitere staatlich vorgeschriebene Hürde genommen.

Schulisches Lernen kann sich zwar nicht nur auf die aktuellen Interessen von Kindern und Jugendlichen beschränken, schließlich soll eine Horizonterweiterung durch die Auseinandersetzung mit bisher Unbekanntem stattfinden. Ausgangspunkt müssen ihre Bedürfnisse aber schon sein, und eine

Relevanz für ihr Leben und ihre Weltsicht muss der Lernstoff auch haben, wenn es gelingen soll, Klassen zu motivieren. Doch in der Realität findet ein Kampf um die Aneignung von Inhalten statt, die mit den kindlichen Bedürfnissen nur wenig zu tun haben. Bedürfnisse sind natürlich nicht nur geistige; auf kindliche Bewegungsbedürfnisse sind Schulen noch weniger eingestellt. Viel Disziplinierung wird nötig, wenn wir Kinder zum ausdauernden Stillsitzen veranlassen wollen.

Schülerinnen und Schüler erleben im Unterricht nicht häufig genug, dass sie mit ihren Bedürfnissen, mit ihren persönlichen Fragen und Themen ernst genommen werden und damit selbst aktiv werden können. Und wenn eine derartige Situation einmal da ist, wird sie kurz darauf wieder abgebrochen. Der ehemalige Leiter des Kasseler Schulbiologiezentrums Rainald Irmscher macht das so deutlich: »Stellen Sie sich vor, Sie lesen in Ihrer Freizeit interessiert in einem Buch. Nach einer dreiviertel Stunde kommt jemand daher und sagt zu Ihnen: ›Leg das Buch weg, du musst jetzt in meinem lesen!‹ In der Schule passiert das fünf Mal am Tag.«[96] Schulisches Lernen ist so organisiert, dass es schwierig wird, kindliches Interesse zu wecken und zu halten. Ein festgelegter Fächerkanon wird abgearbeitet, der zur eigenen Realität keinen Bezug haben muss; entfremdeter kann Lernen kaum sein.

Die Aufspaltung von Unterricht in einzelne Fächer, die im 45-Minuten-Rhythmus wechseln und auf Lehrplänen basieren, die jede Individualität verleugnen, muss dringend überdacht werden. Ansätze dazu bestehen bereits, sind aber nur zu realisieren, wenn nicht starre kultusministerielle Vorgaben pädagogische Initiativen im Keim ersticken. In diese Richtung steuert die Bildungspolitik vieler Länder leider.

Ansätze zur Veränderung

Dass Mängel unseres Schulsystems abgestellt werden müssen, wenn Kinder auch in ihrer psychischen Entwicklung gefördert werden sollen, ist deutlich geworden. Hier nun einige ausgewählte Aspekte, die bei Veränderungen berücksichtigt werden sollten. Dabei ist es zum Teil notwendig, Vorüberlegungen grundsätzlicher Natur anzustellen.

Eine Schule, in der man sich willkommen fühlt

Anregende, schöne Bauten in einer Umgebung, die zum Verweilen und Spielen einlädt, wären eine gute Voraussetzung zur Stärkung des Lerneifers. Oft habe ich mich gefragt, was sich verändern würde, wenn ich eine schwierige Klasse in einer Schule, die von Friedensreich Hundertwasser gebaut worden wäre, unterrichten könnte. Dort wäre die Atmosphäre sicher ganz anders, Neugier, Fantasie und Freude könnten sich ausbreiten. Ihre schönen Räume würden die Klassen hegen und pflegen, anstatt sie – wie gang und gäbe – lieblos mit Abfall zu verunstalten.

Leider scheitern derartige Wünsche in der Regel an den finanziellen Mitteln der Schulträger. Einiges könnte aber auch ohne viel Geld anders aussehen. Kinder und Eltern beginnen bereits, Räume kreativ zu gestalten, etwa in Projektwochen. Voraussetzung ist natürlich, dass die Klassen überhaupt über eigene Räume verfügen, die sie dann auch für sich herrichten können, und dass sie sie nicht mit einer Vielzahl anderer Klassen teilen müssen, die ihre Arbeit – vielleicht aus Neid – sogar wieder zunichte machen und alles verwüsten würden.

Auch Schulhöfe könnten ganz anders aussehen. Ein Gelände mit Spielplatz, Gebüschen, Wiese, Bäumen und Hügeln würde sehr viel mehr zum Entdecken und Erforschen einladen als ein durchgehend gepflasterter Hof, der vielleicht pflegeleichter ist, aber kaum als kindgerecht angesehen werden kann. Ein naturnahes Gelände muss nicht unbedingt größer sein. Voraussetzung ist jedoch, dass die Schule übersichtlich bleibt und nicht tausend oder mehr Kinder den Hof täglich benutzen.

Überhaupt spielt bei der Frage, wo man sich wohlfühlt, die Anzahl der Mitmenschen eine in unserer Zeit häufig unterschätzte Rolle. Heimatgefühle können sich nur ausbreiten, wo nicht Anonymität vorherrscht. Mehr als dreihundert Kinder sollte deshalb keine Schule aufnehmen müssen.

Auch das Verhältnis zu den Lehrkräften darf nicht anonym bleiben. Dazu wäre erforderlich, dass Lehrkräfte mit möglichst vielen Stunden in einer Klasse unterrichten und häufige Wechsel tunlichst vermieden werden. Die Aufgabe der Klassenlehrerin oder des Klassenlehrers ist in diesem Zusammenhang nicht zu unterschätzen.

Der Kontakt zur Schule sollte von Anfang an möglichst persönlich gestaltet werden. In der Regel gehören zu den ersten Erfahrungen in einer neuen Schule bürokratische Akte, das Verkünden von Regeln, das Austeilen von Erklärungen, die unterschrieben werden müssen, zum Teil sogar Tests. Persönliche Begrüßungen, die Mut machen, sind eher selten. Positive Ansätze gibt es in Grundschulen, die die Kinder an »Kennenlerntagen« neugierig auf die Schule machen und ihnen zeigen, was hier alles Schönes getan wird.

Derartige Ansätze auszuweiten wäre äußerst wünschenswert. So könnten die Schülerinnen und Schüler an Stelle einer anonymen Anmeldung im Sekretariat auch in weiterführenden Schulen zu einem freundlichen Gespräch eingeladen werden, bei dem man die Klassenlehrerin oder den Klassenlehrer kennen lernt. Individuelle Vorstellungen und Motivationen könnten besprochen und mit den Möglichkeiten der Schule abgeglichen werden. Einzelgespräche würden auch denen, die sich in großen Gruppen zu Beginn unsicher fühlen, die Angst nehmen. Wenn es gelingt, das Eis frühzeitig zum Schmelzen zu bringen, kann der Unterricht sehr viel erfolgreicher starten.

Wege aus dem Beziehungsdickicht

Die Realität sieht jedoch meist anders aus. Konkurrenz und der Kampf um Aufmerksamkeit und Leistung verderben die Beziehungen. Bei Machtkämpfen – zudem noch mit ganzen

Gruppen – passiert es leicht, dass ein Wort das andere gibt, negative Emotionen die Oberhand gewinnen und aggressive Situationen eskalieren. Eine schnelle Abfolge gegenseitiger Verletzungen ist dabei typisch und kann das Verhältnis zueinander dauerhaft zerrütten, umso mehr, wenn keine Zeit ist, Konflikte in Ruhe aufzuarbeiten und Gespräche mit Einzelnen zu führen. Der Psychoanalyse verdanken wir die Entdeckung, dass Übertragungsphänomene in solchen Situationen eine fatale Dynamik entfalten. Kinder, die aufgrund einer problematischen Vergangenheit psychisch nur wenig stabil sind, sind hiervon besonders betroffen.

Vom Umgang mit Übertragung und Gegenübertragung

Viele verhaltensauffällige Kinder haben – oft seit früher Kindheit – Funktionen für die Eltern übernehmen müssen, die eigentlich Erwachsenen zukommen. In den Fallbeispielen musste Uwe Entscheidungen treffen und emotional die Partnerrolle mit übernehmen, Desiree die Perfektion ihrer Familie repräsentieren, Nicole das bezaubernde Mädchen spielen. Dies lässt sich in weitestem Sinn als Missbrauch verstehen; die Kinder werden von Erwachsenen in eine Rolle gedrängt, die nicht die ihre ist. Sie können nicht einfach Kind sein, sondern müssen die elterliche Psyche stützen.

Alexander Lowen stellt dar, dass sich Menschen mit narzisstischer Problematik davor fürchten, die Herrschaft abzugeben, weil sie in ihrer Kindheit auf verschiedene Art missbraucht wurden.[97] Vertrauen zu haben, sich fallen zu lassen, sich hinzugeben, das erscheint ihnen aufgrund ihrer frühen Erfahrungen viel zu gefährlich. In allen Situationen, in denen es um Macht und Kontrolle geht, werden alte Gefühle wach, ohne dass das bewusst wird. Kinder mit derartigen Erfahrungen werden in schulischen Machtkämpfen auf eine Art reagieren, die vollkommen unangemessen zu sein scheint und nur vor ihrem persönlichen Hintergrund verständlich wird.

Die Psychoanalyse spricht hier von »Übertragung«. Elementare Gefühle, die aus nicht verarbeiteten frühkindlichen

Erfahrungen stammen, werden reaktiviert, wenn Situationen auftreten, die unbewusst an die entsprechenden frühen Erlebnisse erinnern.

Unser Gehirn kann jede Wahrnehmung nur einordnen und verstehen, weil es sie – blitzschnell und ohne dass wir das bemerken – mit Erinnerungen abgleicht. Die Frage, worauf sich meine Aufmerksamkeit besonders konzentriert, was ich schön finde und was nicht, welche Gefühle ausgelöst werden und welche Assoziationen eine Rolle spielen, hängt von der Kette meiner Vorerfahrungen ab. Wir haben wohl alle schon einmal erlebt, dass wir einen Menschen treffen, der in uns auf Anhieb ein starkes Gefühl von Zu- oder Abneigung auslöst, ohne dass wir ihn überhaupt kennen. Je elementarer dieses Gefühl ist, desto weiter zurückliegend und in der Regel auch unbewältigter und weniger bewusst ist das Erlebnis beziehungsweise die Kette von Erlebnissen, durch die es geweckt wurde.

Sobald es in der Schule um Kontrolle, Zwang und Herrschaft durch die Lehrkraft – wenn auch in subtiler Form – geht, werden Übertragungsgefühle in hohem Maß aktiviert. Das kann zu ihrer Verleugnung (»Was geht uns Lehrers Geschwätz an?«) oder zu erbitterten Kämpfen führen. Richtiggehende Dramen etwa um eine »2-« oder »3+« in einer Klassenarbeit in einem Fach, in dem aufgrund anderer Leistungen die Zeugnisnote ohnehin schon klar ist, können als Reaktion auf die aktuelle Kränkung sowie als gleichzeitige Aktivierung alter Verletzungen verständlich werden.

Wenn Lehrkräfte wiederum so mit Gefühlen bombardiert werden und dermaßen unter Druck geraten, werden bei ihnen ebenfalls alte Emotionen geweckt. Schließlich haben die meisten als Kinder selbst einmal erfahren müssen, angeschrien, beherrscht, manipuliert und gezwungen zu werden. Die Psychoanalyse spricht von »Gegenübertragung«, wenn Übertragungen der Klienten entsprechende Gefühle auch bei ihren Analytikern auslösen. Dies könnte eine Ursache dafür sein, dass Herr Krause auf Jürgen anders reagiert als die Lehrkräfte, die für das hochbegabte Kind Verständnis entwickeln. Falls

Herr Krause als Kind selbst bestraft wurde, wenn er Erwachsene kritisierte und zeigte, dass er mehr wusste als sie, kann Jürgens Verhalten bei ihm besonderen Unmut auslösen. Andere dagegen, die als Kinder klug sein durften, können Jürgens kritisches Verhalten sehr viel gelassener ertragen.

Wenn in einer Situation Übertragungs- und Gegenübertragungsgefühle vorherrschen, kann sich eine unheilvolle Dynamik entwickeln. Gefühle von Hilflosigkeit, Angst und Wut brechen sich Bahn – auf beiden Seiten. Kleinliche Halsstarrigkeit oder nicht nachvollziehbare Strenge, die Lehrer in Machtkämpfen manchmal an den Tag legen, können so erklärt werden. Alte Gefühle vergiften das aktuelle Handeln und stehen einer Verständigung im Weg. Der reale Mensch, mit dem der Konflikt besteht, wird nicht mehr wahrgenommen; was ihn bewegt, um was es aktuell tatsächlich geht, wird nicht registriert. Alte Konflikte haben sich in den Vordergrund gedrängt.

Lehrkräfte können dazu beitragen, dass Übertragungsgefühle von Schülerinnen und Schülern in nur geringem Ausmaß aktiviert werden, wiewohl sich dies nie ganz vermeiden lässt. Sie sollten sich das Spezifische der aktuellen Situation deutlich machen, Geduld zeigen, und vor allem auf überschießende Reaktionen zwar mit deutlichen Grenzen, aber nicht mit persönlicher Gekränktheit reagieren. Wer weiß, dass die überschäumenden Emotionen nicht wirklich ihm zugedacht sind, muss sich nicht jeden Schuh anziehen. Durch ein entsprechendes Verhalten lässt sich signalisieren: »Das bin nicht ich, den du da gerade mit Wut überhäufst.« Es geht darum, die reale Situation offen anzusprechen und dabei auf dem Boden der Gegenwart zu bleiben. Manipulation und Ablenkung sind dagegen keine geeigneten Mittel, um Eskalationen zu vermeiden.

Übertragungsgefühle treten in zwischenmenschlichen Beziehungen überhaupt auf. Wenn es sehr erbittert wird, sind sie meist beteiligt. Mit dem Thema »Übertragung« sollten sich also nicht nur Lehrkräfte auseinander setzen, sondern alle, die mit Menschen zu tun haben.

Professionalität: Sich selbst kennen

Wer sich sehr genau mit seiner eigenen Vergangenheit auseinandergesetzt hat, kann vermeiden, dass sein Verhalten von blindwütigen Übertragungsgefühlen gesteuert wird. Er kann sie dann weitgehend identifizieren und in den Rahmen stellen, in den sie gehören; Reflexion und Selbstkontrolle werden möglich. Darüber hinaus können ungelöste frühkindliche Konflikte mit verschiedenen Methoden nachträglich aufgearbeitet werden. Die zugrunde liegenden Erlebnisse werden dadurch zwar nicht ungeschehen gemacht, die mit ihnen verbundenen Gefühle können sich jedoch qualitativ verändern und ihr Einfluss kann zurückgehen. Selbsterfahrung muss daher als wichtiger Bestandteil in jede pädagogische Ausbildung integriert werden. Das ist derzeit nicht der Fall.

Elemente finden sich in manchen sozialpädagogischen Studiengängen, zaghafte Ansätze auch in der Ausbildung von Erzieherinnen und Erziehern. In der Lehrerausbildung spielt Selbsterfahrung jedoch nur im Einzelfall eine Rolle. Hier wäre anzusetzen, nicht nur in der Ausbildung, sondern auch – um die Versäumnisse der Vergangenheit nachzuholen – in breit angelegten Weiterbildungsmaßnahmen.

Supervision

Auch wer sich mit seiner Persönlichkeit intensiv auseinander gesetzt hat, gerät immer wieder in Situationen, in denen negative alte Gefühle dominieren. Dass diese in regelmäßigen supervisorischen Sitzungen aufgedeckt und angemessene Lösungen angeregt werden, ist unverzichtbarer Bestandteil professionellen Handelns in allen pädagogischen und psychologischen Berufen. Dies hat trotz Finanznot die überwiegende Anzahl der Träger sozialer Einrichtungen längst erkannt. Sowohl für Sozialpädagoginnen und Sozialpädagogen als auch für Erzieherinnen und Erzieher gehört Teamsupervision immer häufiger fest zum beruflichen Alltag.

Nicht so im schulischen Bereich. In der Regel können Lehrkräfte an Supervisionssitzungen nur in ihrer Freizeit und auf eigene Kosten teilnehmen, mit der Folge, dass es kaum jemand tut. Die politisch Verantwortlichen müssen Supervision endlich zum festen Bestandteil der Tätigkeit von Lehrerinnen und Lehrern werden lassen – auch wenn das mit Kosten verbunden ist.

Teamarbeit

Eine enge Zusammenarbeit mit Kolleginnen und Kollegen dient nicht nur dazu, sich gegenseitig zu stärken, sondern verhindert ebenfalls, sich in persönlichkeitsbedingten Sackgassen zu verirren. Ein intensiver Austausch verhindert natürlich auch, dass Lehrkräfte Klassen durch gegensätzliche pädagogische Vorgehensweisen irritieren oder dass sie gegeneinander ausgespielt werden.

Vier Augen sehen mehr als zwei: Entlastend wäre es, wenn zwei Lehrkräfte in einer Klasse unterrichteten. Warum sollte in Schulen nicht Standard werden, was in anderen pädagogischen Einrichtungen längst üblich ist, nämlich die Betreuung einer Gruppe durch zwei Fachkräfte? Differenzierung wird erleichtert und Einzelbetreuung möglich, ohne dass der Rest der Klasse »ausflippt«. Die individuelle Betreuung, derer gerade Kinder mit Verhaltensauffälligkeiten bedürfen, ist so viel leichter zu realisieren. Bei der gemeinsamen Vor- und Nachbereitung kommen zudem viel mehr Ideen zusammen und einseitige Sichtweisen werden relativiert.

In Kindertagesstätten ist es üblich, dass die Fachkräfte sich regelmäßig an einem Tag in der Woche in einer mehrstündigen Teamsitzung intensiv austauschen. Auch für Lehrkräfte wären derartige Sitzungen eine große Hilfe. Diese müssten natürlich als Bestandteil der Arbeitszeit anerkannt werden.

Überhaupt kann es unterstützende Funktion haben, wenn pädagogische Themen auf Konferenzen im Vordergrund stehen. Dies allerdings nur, wenn die Gespräche in interaktionsfähigen Gruppen stattfinden, in denen sich alle intensiv einbringen können. Dafür ist eine Teilnehmerzahl von nicht mehr als acht bis zehn Personen optimal.

Soziales Lernen und Beratung für Schüler

Damit auch Schülerinnen und Schüler einen guten Umgang miteinander entwickeln, müssen Klassen und Schulen überschaubar bleiben. Es sollte vielfältige Möglichkeiten geben, miteinander in Kontakt zu kommen und gemeinsam zu handeln. Frontalunterricht fördert Teamfähigkeit ganz bestimmt nicht. Selbstbestimmtes Lernen durch Eigentätigkeit in kleinen Gruppen kann hier sehr viel eher zum Erfolg verhelfen. Dafür müssen Grenzen gesprengt werden; Fächer, Klassen, Zeitrhythmen können in der bisherigen starren Form nicht aufrecht erhalten werden.

Auch Pausen sind von großer Bedeutung, wenn es um Kontakt geht. In diesem Sinn ist es keineswegs Hedonismus, wenn Schulen in viel höherem Maße mit Cafés, lauschigen Ecken und Angeboten zur Rekreation ausgestattet werden. Sehr viel mehr Zeit für Kontakte zu den Lehrkräften ist ebenfalls erforderlich. Die Tätigkeit von Klassenlehrerinnen und Klassenlehrern mit zusätzlichen Zeitkontingenten aufzuwerten, die regelmäßige intensive Einzelgespräche ermöglichen, halte ich für unbedingt notwendig.

Die Arbeit der Lehrkräfte muss sich dabei weiterentwickeln vom bloßen Unterrichten zum persönlichen Begleiten und Beraten auch in schwierigen Situationen. Hier können Sozialarbeiterinnen und -arbeiter unterstützen, die ihren Arbeitsplatz an der Schule haben, dort auf unkomplizierte Art kontaktiert werden können und auch im Unterricht regelmäßig mitarbeiten, um einen intensiveren Kontakt zu den Klassen zu pflegen und ihre Situationen genauer kennen zu lernen. Wenn Lehrkräfte allerdings derartige Tätigkeiten ausschließlich delegieren, ist ein Stück Beziehung gefährdet. Denn erst wenn ein Kind merkt, dass ein Erwachsener wirklich bereit ist, es mit seinen persönlichen Sorgen anzunehmen, und ihm ganz individuelle Unterstützung anbietet, erreicht der Kontakt eine Tiefe, die mit persönlichem Wachstum verbundene Lernprozesse ermöglicht. Eine gute Schüler-Lehrer-Beziehung ist der beste Garant für erfolgreiche Reifung.

Die Herstellung guter zwischenmenschlicher Beziehungen erfordert viel Zeit. Arbeitszeitkontingente sind erforderlich für regelmäßige Einzelgespräche und – wenn die Eltern einverstanden sind – für Hausbesuche. Es muss anerkannter Bestandteil ihrer Arbeit sein, dass Lehrkräfte Eltern anrufen oder sogar in der Wohnung vorbeischauen, wenn ein Kind offensichtlich schwänzt, dass sie Hilfestellung anbieten, wenn Kinder Probleme haben, die ihnen ein konzentriertes Lernen unmöglich machen, dass sie sie beraten oder einzeln fördern usw.

Unterrichtsangebote zum Thema »Soziales Lernen« sollten ebenfalls Standard werden, und natürlich braucht es auch die entsprechend ausgebildeten Lehrkräfte dafür. Darüber hinaus sind eine intensive Zusammenarbeit mit externen Beratungsstellen und sozialpädagogische Unterstützungsangebote sinnvoll. Externe Beratungsstellen müssen jedoch ihr Geld zunehmend selbst erwirtschaften, und das bedeutet seit wenigen Jahren, dass sie Angebote für Schulklassen meist nur noch gegen Bezahlung durchführen. Dafür haben die Schulen aber in der Regel keine Mittel. Diese sollten in erforderlichem Maße zur Verfügung gestellt werden.

Der Beziehungsaspekt in der Pädagogik

Pädagogisches Handeln erfordert nicht nur hohe Professionalität, sondern vor allem auch die Fähigkeit, andere zu verstehen und förderlich mit ihnen umzugehen. Wir müssen beginnen, den Beziehungsaspekt in der Pädagogik stärker zu gewichten. Dies wird eher gelingen, wenn wir Beziehungen und emotionalen Erfahrungen überhaupt einen größeren Stellenwert in unser Gesellschaft einräumen und Erfolge nicht nur an messbaren Qualitäten festmachen.

Lernen ohne Abwertung und Aussonderung

Der Glaube, besonders viel könne in homogenen Gruppen gelernt werden, weil eben alle auf dem gleichen Stand sind, hält sich hartnäckig in Deutschland. Und darum muss eifrig zensiert und selektiert werden. Darauf setzt auch die Schulpolitik der meisten Bundesländer. Was auf den ersten Blick logisch nachvollziehbar erscheint, erweist sich jedoch als Trugschluss.

Gemeinsam lernt sich's besser

Kindertagesstätten haben es uns vorgemacht: Sie haben längst altersübergreifende Gruppen gebildet. Skandinavische Schulen, die wesentlich bessere Bildungsergebnisse erzielen, setzen ebenfalls auf gemeinsames Lernen von Kindern, die unterschiedliche Begabungen aufweisen. Warum sind sie damit so erfolgreich?

Das Geheimnis besteht darin, dass Kinder nicht nur von ihrer Lehrkraft lernen, sondern noch viel mehr voneinander beim gemeinsamen Tun. In Kindertagesstätten lernen nicht nur die Kleinen von den Großen, sondern die Großen auch dadurch, dass sie nun selber vermitteln. Das funktioniert auch in Schulen. Was der eine nicht kann, trägt die andere bei – so können Probleme gemeinsam selbsttätig gelöst werden. Kinder gucken nicht nur von Erwachsenen ab, wie man etwas macht, sondern auch von ihren Mitschülerinnen und Mitschülern. Das setzt freilich Eigenaktivität voraus; im Frontalunterricht nützen unterschiedliche Fähigkeiten und Altersstufen gar nichts.

Weiterhin stärkt das selbstständige Problemlösen der Kinder ihr Selbstvertrauen. Lernen durch gemeinsames Handeln fördert soziale Kompetenzen, ermutigt – und macht überdies viel mehr Spaß.

In Schweden sagt man: »Kinder sind für andere Kinder der erste Pädagoge. Der Lehrer ist der zweite Pädagoge. Der Raum mit dem Interieur ist der dritte Pädagoge.«[98] Auf den ersten Pädagogen in diesem Sinne verzichtet die deutsche Bildungspolitik, aber auch mit dem dritten gibt es in Deutschland Probleme. Wenn nun in Schweden der »zweite Pädagoge« alles allein machen müsste, wie bei uns, wäre es um die Bildung dort sicher wesentlich schlechter bestellt.

Zensuren

Auch mit Noten geht man in Skandinavien anders um. In Schweden und Dänemark dürfen Zensuren erst ab dem 8. Schuljahr erteilt werden, in Finnland ab dem 7. Schuljahr. Warum diese Zurückhaltung? Noten sind keine differenzierten Beurteilungen, die einen aktuellen Stand beschreiben, sondern rein numerische Einstufungen auf einer Werteskala. Gerade bei Kindern, die kein stabiles Selbstwertgefühl haben, können sie wie Dynamit wirken. Die Botschaft wird dann leicht verstanden als Bewertung der eigenen Person: »Ich *bin* gut« (oder eben nicht so gut) statt »*meine Leistungen* waren im vergangenen Halbjahr gut«. Diesem Missverständnis unterliegen übrigens auch Eltern, für die eine Welt zusammenbricht, wenn ihr Kind schlechte Noten nach Hause bringt – hier besonders Eltern, deren eigenes Selbstwertgefühl von der vermeintlichen Großartigkeit ihres Kindes abhängig ist.

Fundiert über ihre Lernerfolge Bescheid zu wissen tut gerade Kindern gut, die zwischen Vorstellungen von ihrer Großartigkeit und Minderwertigkeit schwanken, die also unsicher sind, was sie von sich selbst halten sollen. Bei der Beschreibung ihrer Lernprozesse muss eine Abwertung ihrer Person unbedingt vermieden werden. Wohlwollende differenzierte Beurteilung, die beschreibt, wo ich wirklich stehe, tut gut. Sie sagt mir, dass ich wirklich gesehen werde. Wenn die Beurteilung nichts mit Verurteilung zu tun hat, besteht auch kein Anlass, Ängste zu entwickeln oder Fehler zu verbergen. Wenn Kinder so behandelt werden, können sie eigene Unvollkommenheiten eher akzeptieren.

An die Stelle von Ziffernnoten treten in den erwähnten skandinavischen Ländern differenzierte Beschreibungen der Lernerfolge. Daran wirken in hohem Maß auch die Schülerinnen und Schüler selbst mit. Sie legen beispielsweise in Finnland von Anfang an Mappen an, in denen sie ihre Arbeiten sammeln, und im halbjährlichen Rückblick besprechen sie mit ihrer Lehrkraft, was sich wie verändert hat – und natürlich auch, wo noch Lernbedarf besteht. Sie entwickeln ein realistisches Bild von ihren Fähigkeiten und Kenntnissen und beginnen darüber hinaus, selbst Verantwortung für ihren Lernprozess zu übernehmen.

In diesem Zusammenhang ist zu erwähnen, dass skandinavische Schulen Nichtversetzung vermeiden oder ganz ausschließen. Stattdessen gibt es etwa in finnischen Gymnasien die Möglichkeit, sie in kürzerer oder längerer Zeit zu durchlaufen – je nachdem, wie viel Energie man investieren will und wie viel man sich zutraut. »Das will ich mir doch noch mal angucken, da hab ich etwas noch nicht verstanden« – so kann Eigenverantwortung aussehen, ganz ohne Schuldgefühle und Abwertung.

Selbstbeurteilung

Ein Schritt dorthin ist die stärkere Einbeziehung von Schülerinnen und Schülern in ihre Leistungsbeurteilung. Das setzt allerdings ein hohes Maß an Ehrlichkeit voraus. Wer jedoch schlechte Noten als Schande empfindet, ist nur unzureichend bereit, sich kritischer Betrachtung zu stellen. Darum ist die Selbstbeurteilung nicht überall und nicht ohne Vorbereitung zur Notenfindung einsetzbar. Einen Weg, den ich in der Ausbildung von Erzieherinnen und Erziehern regelmäßig erfolgreich im Fach Bewegungserziehung anwende, möchte ich hier darstellen. Allerdings handelt es sich dabei um Erwachsene, die ein gewisses Maß an Reife bereits mitbringen.

Zunächst frage ich die Gruppe, ob sie einverstanden ist, sich auf einen gemeinsamen Prozess zur Selbstbeurteilung einzulassen. In stark rivalisierenden Gruppen etwa ist dieser Weg allerdings nicht möglich. Im Fall der Zustimmung rege ich zunächst über eine entspannte Fantasiereise die Studierenden an, sich das vergangene Schuljahr noch einmal zu vergegenwärtigen, nenne dabei wichtige Themen, die behandelt wurden, und lenke besondere Aufmerksamkeit auf Kriterien, die Grundlage der Selbsteinschätzung sein sollen. Anschließend belege ich die eine Wand des Raumes mit der Bedeutung »sehr viel« und die gegenüberliegende mit »sehr wenig«. Ich fordere die Studierenden auf, durch den Raum zu gehen und sich einen ihrer Selbsteinschätzung zu den einzelnen Kriterien entsprechenden Platz im Raum zu suchen. Dabei sollen sie durchaus auch verschiedene Plätze probieren, um dann an dem stehen zu bleiben, der ihrer Einschätzung am besten entspricht. Fragen zur Selbstbeurteilung sind zum Beispiel: Wie habe ich mich an Gesprächen beteiligt, wie intensiv habe ich mich auf Übungen eingelassen, war ich initiativ und habe den Gruppenprozess vorangetrieben, wie schätze ich meinen eigenen Lernprozess ein, wie zufrieden war ich mit meinen Leistungsnachweisen? Da einige sich immer strenger beurteilen als andere, frage ich anschließend: »Wie streng war ich mit mir bei dieser Selbsteinschätzung?«, und auch hierzu suchen sich die Studierenden ihre Position. Abschließend stellt sich jeder auf einen Platz im Raum, der dem Durchschnitt der bei den unterschiedlichen Fragen eingenommenen Positionen entspricht. Dabei wird bereits sichtbar, wer sich eher dem Mittelfeld, der Leistungsspitze usw. zuordnet.

Schließlich versammle ich die Klasse zu einem Stuhlkreis. Ich fordere die Studierenden auf, über die Erfahrungen, die sie bei dieser Übung gemacht haben, zu reden und einen Notenvorschlag für sich zu machen. Die Selbsteinschätzungen sind in der Regel sehr ehrlich und differenziert – das ist mit der vorangegangenen Übung angeregt –, so dass ich die Notenvorschläge in den meisten Fällen problemlos übernehmen kann.[99]

Andere Möglichkeiten, die eigenen Lernprozesse zu reflektieren, können darin bestehen, Aufzeichnungen anzufertigen, grafische Darstellungen einzubeziehen, sich zu einzelnen Kriterien auf Skalen einzuschätzen. Ausführliche Einzelgespräche sind zwar mit hohem Zeitaufwand verbunden, sollten aber unbedingt vorgezogen werden, wenn nur wenig Bereitschaft besteht, die eigenen Erfolge vor der ganzen Klasse zu thematisieren – und dies ist in allgemein bildenden Schulformen häufig der Fall.

Selbstbeurteilung regt Schülerinnen und Schüler dazu an, in Zukunft genauer auf sich selbst zu achten. Ihre Selbstwahrnehmung entwickelt sich, wenn die Beobachtung und Bewertung von Lernerfolgen nicht vorwiegend Sache der Lehrkraft ist.

Aktives Lernen

Wie bereits dargestellt wurde, ist die Eigentätigkeit von Schülerinnen und Schülern von eminenter Bedeutung. Über die Erfahrung von Selbstwirksamkeit hinaus ist eine aktive Aneignung grundsätzlich notwendig, wenn Lernen eine gewisse Tiefe erreichen soll, ganz speziell, wenn Reifung erfolgen soll. Warum sich das so verhält, begründen Überlegungen des Psychiaters Fritz Perls, Begründer der Gestalttherapie, sowie darauf aufbauende gestaltpädagogische Konzepte.

Gestaltpädagogik

Die Gestaltpsychologie geht davon aus, dass im Zentrum der Aufmerksamkeit eines Menschen notwendigerweise das liegt, was er zur Befriedigung seines derzeit vorherrschenden Bedürfnisses oder Interesses braucht. Alles andere bleibt im Hintergrund. Das bedeutet für die Pädagogik, dass eine Fokussierung von Aufmerksamkeit nur in Zusammenhang mit den Bedürfnissen und Interessen der Lernenden möglich ist. Alles andere führt zu einem Kampf, bei dem alle verlieren.

Nun ändert sich die Fokussierung ständig entsprechend wechselnder Bedürfnislagen. Ist ein Bedürfnis oder Interesse befriedigt, tritt die Aufmerksamkeit dafür in den Hintergrund und etwas Neues kann in den Vordergrund treten. In unserem Unterrichtsalltag müssen wir daher zunächst feststellen, wo unsere Schülerinnen und Schüler sich mit ihrer Aufmerksamkeit überhaupt befinden, und ihnen die Möglichkeit geben, das abzuschließen, was sie gerade beschäftigt. Als ich einmal zu Beginn einer Stunde in einer Klasse, in der ich eine angespannte Atmosphäre wahrnahm, fragte: »Wie geht's euch denn heute?«, bemerkte eine Schülerin erstaunt, das sei das erste Mal in ihrer Schulzeit, dass sich eine Lehrkraft für ihr Befinden interessierte.

In Kindertagesstätten und manchen Grundschulen sind »Morgenkreise« üblich, in denen alle Kinder der Reihe nach im Stuhlkreis erzählen, was sie gerade beschäftigt. Der Fachkraft gibt diese Kontaktaufnahme die Möglichkeit, momentane Stimmungen und Themen wahrzunehmen und sich darauf zu beziehen. Um an das, was die Schüler beschäftigt, anknüpfen zu können, ist natürlich ein gewisser Freiraum notwendig, was die Unterrichtsinhalte betrifft. Eine anschließend wesentlich intensivere Beschäftigung mit den Themen ist davon jedoch zu erwarten.

Lernen geschieht aus gestaltpädagogischer Sicht immer in der Begegnung mit Menschen oder Dingen. Im Kontakt mit ihnen nehme ich Neues auf. Zunächst geht es darum, diesen Kontakt überhaupt auszuhalten und ihn nicht zu vermeiden. Dies ist etwa der Fall, wenn ich mir nicht zutraue, ein Thema zu bewältigen, und mich dann gar nicht erst mit ihm beschäftige. Die Auseinandersetzung mit der eigenen Person und mit dem eigenen Lernverhalten ist explizit Thema. Dabei geht es nicht um Bewertung, sondern um die bewusste Erkenntnis der eigenen Verhaltensmuster. Zu wissen, was man tut, ist Voraussetzung für bewusstes, eigenverantwortliches Handeln. Ein gestaltpädagogisches Ziel ist in diesem Zusammenhang die Übernahme von Verantwortung für die eigene Person.[100]

Wenn der Kontakt gelingt, wenn Neues erfahren wird, bedeutet dies immer auch, dass man seine Grenzen erweitert hat. So wie kleine Kinder ihre Umgebung in immer weiteren Kreisen entdecken, so wachsen auch wir mit neuen Erfahrungen und Kompetenzen. Mit welcher Freude dies verbunden sein kann, können wir kleinen Kindern mit ihrem unermüdlichen Forscherdrang ansehen.

Lernen ist in diesem Sinne eine grundsätzlich positive Erfahrung, auch wenn sie manchmal mit Enttäuschung verbunden ist, etwa weil Illusionen zerstört werden. Wenn nun Kinder sagen: »Ich habe noch nie gern gelernt«, dann haben sie Erfahrungen mit einer Art der Wissensaneignung gemacht, die ihnen die Lust aufs Lernen grundsätzlich verdorben hat.

Die Kinder auf ihrem derzeitigen Stand abzuholen bedeutet dann, zunächst ihre bisherigen Lernerfahrungen zu thematisieren. Ein Beispiel dafür sind die bereits vorgestellten Aufzeichnungen der Klasse 10s.

Als die Schülerinnen und Schüler, die auf unterschiedliche Art und oft erst nach mehreren Anläufen gerade den Hauptschulabschluss erworben hatten, in meine Klasse kamen, waren sie stark von einer negativen Haltung geprägt. Durch die Beschäftigung mit den negativen Erfahrungen wurde es jedoch wieder möglich, auch gute Lernerfahrungen zu thematisieren und gemeinsam zu überlegen, wie wir zu einer Situation beitragen können, in der Lernen wieder eine positive Erfahrung sein kann. Aus einer Strukturierung und Gegenüberstellung guter und schlechter Erfahrungen haben wir dann Regeln für den Unterricht abgeleitet. Diese verlangen nicht nur ein bestimmtes Verhalten von der Klasse, sondern auch von den Lehrkräften.

So wird etwa ein respektvolles und nicht verletzendes Verhalten auch von den Lehrern erwartet. Hausarbeiten werden auf ein bestimmtes Maß beschränkt und dürfen am übernächsten Tag »nachgezeigt« werden, wenn sie mal vergessen wurden – aber erledigen muss man sie schon. Ein Thema darf erst dann abgeschlossen werden, wenn es alle verstanden haben, die mitgemacht haben. Der Umgang mit Konflikten, mit Noten und Klassenarbeiten wird ebenso geregelt wie ein toleranter Umgang miteinander. In einer gemeinsamen »Schüler-Lehrer-Konferenz«, an der die ganze Klasse und alle dort unterrichtenden Lehrkräfte teilnahmen, wurde das Regelwerk mit geringen Änderungen einvernehmlich gebilligt und vom Schulleiter genehmigt. Damit konnten sich die Schülerinnen und Schüler die Sicherheit verschaffen, dass sich ihre schlechten Schulerfahrungen nicht wiederholten. Dieser Einstieg erforderte über vier Wochen sechs Wochenstunden Unterricht, eine spielerische Kennenlernphase eingeschlossen – billiger ist so etwas nicht zu haben. Aber dafür konnte es danach auch richtig losgehen.

Von Bedeutung ist nicht nur die Frage, was gelernt wird, sondern vor allem, wie dies geschieht. Fritz Perls vergleicht die Art, wie Menschen lernen, wie sie geistige Nahrung zu sich nehmen, mit der körperlichen Nahrungsaufnahme.[101] Ein Lernen, das persönliches Wachstum beinhaltet, geschieht durch Assimilation: Wie bei der Nahrungsaufnahme muss der zugeführte Stoff zunächst geschmeckt, das heißt auch sinnlich wahrgenommen und dann möglichst gründlich durchgekaut, in kleinste Stückchen zerlegt werden. Die zerstückelte geistige Nahrung wird verflüssigt und geprüft. Anschließend wird sie teils ausgeschieden, teils mit eigenen Stoffen gemischt, um dann in dieser Form in die eigene Persönlichkeit integriert zu werden. Wenn diese Aneignung nicht sehr sorgfältig geschieht, bleiben unverdaute Brocken zurück, die wesensfremd sind und Störungen verursachen oder dem Vergessen anheim fallen – so etwa nur oberflächlich angeeigneter Stoff.[102]

Lernen ist ein sehr persönlicher Prozess. Wie der Stoff genau verdaut wird, was akzeptiert und was als nicht plausibel eingestuft wird, ist individuell sehr unterschiedlich. Wenn hier keine ausreichenden Freiräume gelassen werden, ist kein Lernen möglich, das eine dauerhafte Aneignung neuer Inhalte erlaubt. Ein derartiges Lernen ist auch ein Merkmal von Reifung; Freiräume sind also nötig, um Reifung zu ermöglichen. Lehrkräfte müssen ihren Klassen dazu mit einem hohen Maß an Offenheit für Fragen, Meinungen und inhaltliche Entwicklungen begegnen und immer wieder bereit sein, auch sich selbst in Frage zu stellen.

Lernen ist ein aktiver Prozess, der mit sinnlicher Erfahrung einhergeht. Wenn man Menschen, deren Schulzeit lange zurückliegt, fragt, an was sie sich noch erinnern, dann sind das vor allem Dinge, die mit eigenem Handeln zu tun hatten, etwa Klassenfahrten, Theateraufführungen, musikalische oder sportliche Darbietungen, an denen sie teilgenommen haben – und natürlich auch Streiche, denn auch die sind mit Eigentätigkeit verbunden. Gestaltpädagogischer Unterricht setzt vor allem auf kreatives Handeln und zeichnet sich durch ein hohes Maß an Erlebnisqualität[103] aus. Historische Szenen werden nachgestellt, Literatur nachgespielt, eigene Texte oder Lieder geschrieben, Bilder gezeichnet oder Werkstücke hergestellt, und nach Möglichkeit werden spielerische Elemente eingesetzt. Da gibt es sehr viel mehr Möglichkeiten, sich körperlich zu betätigen, den Stoff leiblich zu erfahren.

Für Kinder, die Schule nur schwer aushalten, weil es ihnen an Selbstvertrauen und an Reife mangelt, bieten sich hier besondere Chancen. Sie dürfen sich einbringen, werden auch körperlich gefordert und müssen nicht stundenlang still sitzen. Das kindliche Spielbedürfnis wird in höherem Maß befriedigt. Ihre Wünsche nach Anerkennung ihrer Individualität haben Platz; ihnen wird mit Offenheit begegnet. Auf Kontakt und Beziehung wird besonders geachtet; sie können hier die Erfahrungen machen, die ihnen fehlen. Vor allem aber können sie durch die Vielzahl eigener Aktivitäten sich selbst erleben und entdecken, was sie alles schon können. Gestaltpädagogik setzt auf Selbstwirksamkeit.

Projektarbeit

Lernen durch Selbsttätigkeit findet vor allem im Projektunterricht statt. Dabei entscheidet sich eine Gruppe für eine Aufgabe, die sie eigenständig löst. Die Aufgabe muss umfassend sein und Bedeutung für andere Menschen haben. Es wird also nicht nur geübt, hier entsteht wirklich etwas. Am Ende steht zum Beispiel ein fertiges Werkstück, eine Aufführung oder Ausstellung, und dieses Ergebnis wird einer größeren Gruppe präsentiert. Lehrkräfte haben unterstützende Funktion, nehmen der Gruppe aber nicht die Arbeit ab.

Da etwas hergestellt oder präsentiert wird, wird die Methode besonders in beruflichen Ausbildungsgängen genutzt. So bieten in der Berufsschule, an der ich unterrichte, Klassen aus dem Textilbereich eigene Kreationen in ihrem »Modeladen« an. Der Ernährungsbereich betreibt eine Cafeteria. Ein Schulgarten wird zur Zeit aufgebaut, der Kräuter und Gemüse liefert. Projekte in sozialpädagogischen Klassen bestehen beispielsweise darin, kindgemäße Hörspiele und Filme zu produzieren oder gemeinsam mit Kindern einer Kindertagesstätte Theaterstücke zu entwickeln, einzuüben und aufzuführen.

In vielen Schulen werden regelmäßig Projektwochen durchgeführt. Ein ganzes Gymnasium spielte dabei fünf Tage »Republik«: Zunächst wurden ein Parlament gewählt und eine Regierung. Es gab Medien, eine kleine Produktion kam in Gang, eigenes Geld wurde ausgegeben, mit dem man im Schulcafé bezahlen konnte, Steuern wurden eingezogen, und das Ganze überwachte die Polizei. Demonstrationen fanden statt, die Regierung wurde abgewählt, und die Schülerschaft war engagiert wie nie. Der Lerneffekt war wesentlich größer als der aus vielen Jahren mühseligen Politikunterrichts.

All diesen Vorhaben ist gemein, dass zu ihrer Realisierung ganz unterschiedliche Aufgaben gelöst werden müssen. Soll beispielsweise ein Theaterstück aufgeführt werden, muss eine Kalkulation der Kosten und Einnahmen erfolgen. Das Verhandlungsgeschick wird erprobt, wenn Unterstützer gesucht werden. Bühnentechniker müssen sich einarbeiten. Einladungen, Pressemitteilungen sind zu verfassen. Plakate müssen layoutet werden. Vielleicht soll eine Getränkebar betrieben werden. Eine Vielzahl unterschiedlicher Fähigkeiten und Kenntnisse wird gebraucht, und dabei ist das Theaterspiel selbst noch gar nicht berücksichtigt.

Im Projektunterricht reicht es nicht, in nur einem Fach gut zu sein, und ebenso wenig genügt es, das anzuwenden, was in den Stunden vorher eingepaukt wurde. Hier können Fragen auftreten, die zu Beginn überhaupt nicht abzusehen waren. Die Arbeit an einem Projekt ähnelt den Anforderungen, die in den meisten Berufen gestellt werden. Miteinander arbeiten und die Aktivitäten koordinieren, vorausschauend planen, Probleme lösen, für die man noch keinen Lösungsweg erlernt hat, all dies wird im Projektunterricht geübt.

Projektarbeit vollzieht sich in ganz anderen Strukturen als traditioneller Unterricht. Wesentliche Aufgaben werden kleinen Gruppen von etwa drei bis fünf Personen übertragen; sind sie größer, entsteht Leerlauf, weil nicht alle etwas zu tun haben. Damit die Gruppen ihre unterschiedlichen Arbeiten erledigen können, benötigen sie entsprechende Fachräume oder Werkstätten: etwa Bibliotheken und Computerräume mit Internetzugang, um Recherchen zu ermöglichen, Bewegungs-, Spiel- und Theaterräume, Laboratorien, ein Medienzentrum mit technischer Ausstattung, Büros mit Telefon usw. Für viele Aufgaben müssen Gruppen auch das Schulgelände verlassen, etwa um Informationen einzuholen, Befragungen durchzuführen, einkaufen zu gehen, Arbeitskontakte zu knüpfen etc. Natürlich kommen die Kleingruppen regelmäßig zusammen, um ihre Arbeitsschritte zu koordinieren. Ebenso kann es Kleingruppen geben, die Koordinationsaufgaben übernehmen und die Verbindung zwischen den einzelnen Gruppen sicherstellen.

Die Aufgaben der Lehrkräfte sind ganz andere als beim gewohnten Unterricht. Sie führen zu Beginn in die Thematik ein, anschließend beschränkt sich ihre Tätigkeit jedoch immer mehr darauf, die Arbeit der Gruppen und ihr Zusammenspiel zu beobachten, Hinweise zu geben, Fragen zu stellen und auf Zusammenhänge aufmerksam zu machen. Sie begleiten die Arbeit und regen zur Reflexion an. Einzelne können, solange die anderen allein zurechtkommen, individuell gefördert werden. Die Lehrkräfte haben grundsätzlich unterstützende Funktion, während die Schülerinnen und Schüler sich in selbstständigem Handeln erproben.

Derartige Aktivitäten können natürlich nicht in 45-Minuten-Rhythmen ablaufen. Zeiten müssen nach Bedarf vereinbart werden; wenn Außenkontakte erforderlich sind, geht das nicht immer nach Stundenplan; spontane Außengänge können notwendig werden. Projektarbeit erfordert ein hohes Maß an Flexibilität. Es ergeben sich immer wieder Notwendigkeiten, die vorher nicht gesehen wurden, und das soll ja auch so sein. Starre Festlegungen auf Inhalte und Terminplanungen sind hier nicht möglich.

Projektarbeit macht Lernerfolg auf andere Art sichtbar. Was

geschafft wurde, wird am Ende bei der Präsentation des Ergebnisses deutlich. Eine anschließende Reflexion des Projektverlaufs klärt ab, wo noch Lernbedarf besteht und was besonders gut geklappt hat. Die Reflexion wird erleichtert, wenn der Verlauf beständig dokumentiert wird. Dies kann dadurch geschehen, dass jede Schülerin und jeder Schüler ein Projekttagebuch anlegt und seine Vorhaben und Aktivitäten notiert. Häufig wird aber auch eine Kleingruppe beauftragt, die Arbeit mitzuverfolgen, meist nicht nur mit schriftlichen Aufzeichnungen, sondern auch mit Foto und Video.

Wenn Klassen sehr schulmüde sind, kann es passieren, dass sie ihre Freiräume erst einmal nutzen, um möglichst wenig zu tun. Und wenn das Verhältnis der Schülerinnen und Schüler zueinander stark von Konkurrenz geprägt ist, wird die Zusammenarbeit problematisch. Geduld ist notwendig. Projektarbeit bedarf einer offenen und motivierten Haltung. Diese muss oft auch gegen Widerstände erst wieder erarbeitet werden. Dabei sind die Ziele, die die Schülerinnen und Schüler anstreben, beziehungsweise die Produkte, die hergestellt werden sollen, und die vielfältigen Betätigungsmöglichkeiten gute Verbündete.

Projektarbeit macht nur einen ganz kleinen Teil unserer Unterrichtsrealität aus. Dabei eignet sie sich für alle Altersstufen. So setzen Kindertagesstätten ganz besonders auf Projekte. In einer Ausweitung der Projektarbeit bestehen große Chancen für ein motivierteres und praxisnäheres Lernen an unseren Schulen.

Perspektiven

Am Beispiel des Projektunterrichts wurde die große Bedeutung von Zielen für die Motivation deutlich. Lebensperspektiven und berufliche Ziele sind elementar als Antrieb, die Schule erfolgreich zu absolvieren. Wenn sich der Eindruck bei Jugendlichen verfestigt, sie hätten sowieso keine Chancen auf eine Lehrstelle beziehungsweise ein einigermaßen befriedigendes Arbeitsleben, dann stehen wir Lehrkräfte auf verlorenem Posten. Leider haben viele diesen Eindruck, unter ihnen auch begabte Jugendliche. Wer wenig Selbstvertrauen hat, wird auch dann zu Perspektivlosigkeit neigen, wenn der Anlass eher gering erscheint. Darum befallen Zukunftsängste längst nicht mehr nur Hauptschüler, sondern verbreiten sich auch an Realschulen und Gymnasien.

Perspektivlose Jugendliche können keine Ziele für ihre Schulausbildung entwickeln. Dies dürfen wir bei allem Bemühen um Motivation nicht vergessen. Schule allein kann nicht alles richten. Ohne einen Abbau der Arbeitslosigkeit – und besonders der Jugendarbeitslosigkeit – werden wir auch unter optimalen Lernbedingungen mit Motivationsproblemen zu kämpfen haben.

Vielfalt

Die genannten Punkte machen deutlich, was berücksichtigt werden sollte, damit Schulen erfolgreicher arbeiten können. Lösungen können sehr unterschiedlich aussehen. Gerade weil Menschen verschieden sind und unter unterschiedlichen Bedingungen leben, ist es kontraproduktiv, zu viel zu standardisieren.

Human sollen Schulen sein und sich an den Interessen derer, die in ihnen lernen und arbeiten, orientieren. Wie eine Schule im konkreten Fall aussehen muss, ist von der Situation vor Ort abhängig und muss von den unmittelbar Beteiligten immer wieder neu diskutiert und erprobt werden. Vielfalt – verbunden mit Offenheit und Austausch – kennzeichnet übrigens auch die erfolgreichen skandinavischen Schulen.

Politik: »So tun, als ob« reicht nicht

Die Menschen, die am Schulalltag teilhaben, können viel dazu beitragen, dass sich die Situation verbessert und eine Atmosphäre entsteht, die Entwicklung ermöglicht. Wie bereits an vielen Stellen deutlich wurde, spielen jedoch auch politische Entscheidungen eine große Rolle. Diese bestehen jedoch hauptsächlich darin, dass Schwierigkeiten – das bedeutet in diesem Fall besonders: Kosten – aus dem Weg gegangen wird.

Die Bildungsdebatte ist sehr komplex, und wenn wir uns hier beteiligen wollen, ist es unvermeidlich, im Detail zu sehen, was sich hinter schönen Worten verbirgt. Dies soll exemplarisch verdeutlicht werden.

- Unterricht muss sich an der jeweiligen Klientel orientieren. »One size fits all«, das geht an der unterschiedlichen Realität der Kinder vorbei. Da erscheint es positiv, wenn von Autonomie die Rede ist, die Schulen in Zukunft vermehrt gewährt werden soll. Tatsächlich sollen die Schulen verknappte Budgets erhalten, die sie selbst verwalten – damit dürfen sie dann Akzente setzen. Pädagogische Spielräume verschwinden jedoch zusehends. Lehrpläne werden starrer, die Inhalte bis ins Detail festgeschrieben und zum Teil auch noch durch zentrale Prüfungen abgefragt. »Schulautonomie« bedeutet daher vor allem, dass jede Schule sehen muss, wie sie mit unzureichenden Mitteln zunehmend standardisierte Aufgaben erfüllen kann.
- Besondere Hellhörigkeit ist vor allem dann angebracht, wenn die politische Propaganda auf Marketing-Begriffe zurückgreift. »Unterrichtsgarantie« und – noch schöner – »Unterrichtsgarantie plus« wurde in Hessen im Schuljahr 2001/2002 als Mittel gegen Bildungsdefizite propagiert. Was versprochen wurde: Unterrichtsausfälle sollten vermieden werden. »Bei uns an der Albert-Schweitzer-Schule in Offenbach ist die Versorgung so schlecht wie seit vielen Jahren nicht mehr«,[104] musste in demselben Schuljahr der Personalrat eines Gymnasiums berichten, und ähnliche Situationen führten auch an anderen Schulen zu Empörung. Tatsächlich wurden mehr Stunden für den Unterricht in »Hauptfächern« zur Verfügung gestellt. Bezahlt wurde dafür u. a. mit großen Klassen, Streichung

von Fördermaßnahmen für leistungsschwächere Schülerinnen und Schüler und der Einschränkung kreativer Angebote, die besonders motivieren. Referendarinnen und Referendare wurden in bedarfsdeckende Unterrichte gesteckt, anstatt in ihre sorgfältige Ausbildung zu investieren, und an Fortbildungsmaßnahmen wurde gekürzt.[105] Wenn in Jahren, in denen Schülerzahlen stiegen, überhaupt Neueinstellungen vorgenommen wurden, wurde dies stets von großartigen Presseerklärungen begleitet. Damit wurde dann verschleiert, dass tatsächlich weniger Lehrkräfte eine Stelle bekamen, als eigentlich nötig gewesen wäre und sich die Schüler-Lehrer-Relation in Wahrheit verschlechterte. Bei Licht betrachtet, eignen sich derartige Entwicklungen eigentlich nicht zum Jubeln.

– Die Situation an den Schulen ist also in Wirklichkeit oft ganz anders, als sie in kultusministeriellen Presseerklärungen dargestellt wird. Ein besonders extremes Beispiel ist die Vergabe von Fortbildungsetats an hessische Schulen im Schuljahr 2002/2003. Dass Lehrkräfte Weiterbildung brauchen, wurde besonders nach der Veröffentlichung der PISA-Ergebnisse breit diskutiert. Bei gleichzeitigem Abbau überregionaler Lehrerfortbildung konnte die hessische Kultusministerin erklären, dass sie nun den Schulen eigene Mittel zur Verfügung stelle. Die bittere Realität: Grundschulen (hier kann man mit etwa 30 Lehrkräften rechnen) bekamen 300 Euro pro Jahr für das gesamte Kollegium, berufliche Schulen mit etwa 100 Lehrkräften erhielten 1000 Euro. Damit könnte bei marktüblichen Preisen jede Lehrkraft etwa alle zehn Jahre eine Stunde Supervision nehmen oder einmal in vierzig Jahren an einer einwöchigen Weiterbildung teilnehmen. Unter dem Strich gab es also nicht mehr, sondern weniger Fortbildung.
– Auch wenn von Standards, Normen usw. die Rede ist, ist Vorsicht geboten. Was Schulen wirklich brauchen, wurde dargestellt. Die Auseinandersetzung darüber, wie ihnen

endlich die notwendige – auch materielle – Unterstützung zugeführt werden kann, wird allerdings vermieden; stattdessen werden Wunschlisten erstellt, was bei schulischer Arbeit herauskommen sollte. Diese sind meist vollkommen unrealistisch und berücksichtigen auch die individuelle Verschiedenheit der Kinder nicht.

Häufig wird mit schönen Worten kaschiert, dass nicht daran gedacht ist, mehr an Räumen, Mitteln, Arbeitszeit, Aus- und Fortbildung usw. zur Verfügung zu stellen. Und es wird auch nichts besser, wenn man versucht, menschliche Entwicklung und pädagogische Beziehungen mit ISO-Normen zu messen. Der Eindruck, als würde etwas passieren in unserem Bildungssystem, kann dadurch jedoch bei den Wählerinnen und Wählern, die die Situation der Schulen nicht von innen kennen, erfolgreich geweckt werden.

Bei obigen Beispielen kann man zwar nicht von Lügen sprechen, aber es wird ein Teil der Realität ausgeblendet, um eine Situation glorreicher erscheinen zu lassen, als sie wirklich ist. Medienwirksame Darstellungen tragen jedoch nicht dazu bei, die Lage unserer Kinder in irgendeiner Hinsicht zu verbessern. Es bleibt uns daher nicht erspart, alles, was die Bildungspolitik verspricht, immer wieder zu hinterfragen.

Wie Schüler lernen wollen

Der Einfluss von Schülerinnen und Schülern auf die Ausgestaltung unserer Schulen und des Unterrichts ist gering – selbst wenn über die SchülerInnenvertretung Mitsprachemöglichkeiten bestehen. Die meisten von ihnen werden gar nicht erst gefragt, wie sie sich ihre Schule wünschen. Dabei lohnt es sich, ihnen zuzuhören. Auch ohne pädagogische und psychologische Fachkenntnisse können sie angeben, was zur Verbesserung ihrer Lernerfolge beitragen kann.

Die Berufsfachschulklasse,[106] deren demotivierende Schulerfahrungen bereits skizziert wurden, reflektierte ebenfalls ihre positiven Lernerfahrungen. Dabei wurden einige Faktoren regelmäßig genannt.

- Das Interesse an den Unterrichtsinhalten muss geweckt werden. »Wenn man interessiert am Thema ist, dann will man auch etwas darüber erfahren.«
- Eigentätigkeit wird als motivierend beschrieben: »Spaß hatte meine ganze Klasse in Werken, als wir etwas zusammengebaut haben.« Dabei spielt auch die Möglichkeit, selbstständig Entscheidungen zu treffen, eine wichtige Rolle: »Jeder konnte die Aufgabe so lösen, wie er wollte. Alle Schüler haben mit sehr viel Interesse mitgemacht.«
- Schülerinnen und Schüler wollen »echte« Ergebnisse ihrer Arbeit sehen – und nicht nur eine Zensur im Zeugnis. »Mir hat ein Praktikum Spaß gemacht. Ich konnte etwas Richtiges tun und musste nicht immer nur üben (wie in der Schule).«
- Gemeinsames Lernen wird positiv erlebt: »Ich lerne lieber in Gruppen, das finde ich lustiger und interessanter.« Dafür sind gute Beziehungen eine wesentliche Voraussetzung. Sie tragen dazu bei, die Schule als einen Ort anzusehen, an dem man sich gern aufhält: »In meiner vorigen Schule hab ich mich wohl gefühlt. Ich bin gerne in die Schule gegangen, weil die ganze Klasse einfach total lieb war und weil ich total super mit meiner Klassenlehrerin zurecht kam. Wenn ich schlecht drauf war, bin ich eigentlich immer gerne in die Schule gegangen, weil sich meine Laune da immer gebessert hat.«
- Motivierende Lehrerpersönlichkeiten werden so beschrieben: »Ich denke, ein Klassenlehrer soll nicht immer ernst sein. Er soll Spaß verstehen.« – »Unsere Lehrerin hat uns alles wieder und wieder gezeigt, wenn wir sie fragten. Sie hat nie die Geduld verloren und geschrien.«

Eine andere Klasse stellte nach einer Diskussion, die durch die schlechten PISA-Ergebnisse angeregt wurde, ihre »Schule der Zukunft« vor. Die Ergebnisse sind bemerkenswert. Ausgewählte Details sollen hier dargestellt werden.[107]

- Auf eine positive Ausstrahlung des Gebäudes und des Interieurs wird großer Wert gelegt: »Schulen sollten bereits von außen einladend wirken. Schulhöfe sollten mehr Grünanlagen mit Tischen und Bänken haben, damit man sich in den Pausen hinsetzen kann. Es sollten genügend Klassenräume zur Verfügung stehen, so dass jede Klasse ihren eigenen Raum hat. Die Räume sollten eine warme Atmosphäre ausstrahlen (zum Beispiel farbige Wände, Pflanzen).« Der Traum ist eine in einem Park gelegene Schule; jede Klasse ist in einem eigenen kleinen Holzhäuschen untergebracht.
- Die Beziehung zu den Lehrkräften spielt eine große Rolle. Die Lehrer sollen ihre Schülerinnen und Schüler ernst nehmen: »Alle Lehrer sollen uns genau zuhören.« Ganz besonders wichtig ist eine gute Beziehung, wenn Hilfen benötigt werden: »Die Lehrer sollten mehr auf schwächere Schülerinnen und Schüler eingehen und ihnen helfen, wenn sie etwas nicht verstanden haben.«
- Dass die Klassenstärke die Beziehungen trübt, ist den Schülerinnen und Schülern sehr wohl bewusst. Daher fordern sie: »Es sollten kleinere Klassen gebildet werden, um ein intensiveres Lernen zu gewährleisten. In kleineren Klassen würden auch die schwächeren Schüler mehr zum Zuge kommen. Der Lehrer hätte auch einen genaueren Überblick und könnte besser auf Einzelne eingehen.«
- Lehrkräfte sollen nicht nur auf ihre Schülerinnen und Schüler achten, sie sollen sie auch als gleichwertig betrachten. »Lehrer und Schüler sollten sich gleich behandeln. In den meisten Schulen werden wir nicht zu Individuen erzogen, sondern zu ›Arschkriechern‹: Immer das machen, was andere wollen. Aus dem Gegeneinander, das durch Konkurrenz und Hierarchie entsteht, muss ein Miteinander werden.«
- Auch diese Klasse wünscht Mitsprache bei der Themenwahl: »Wir finden den Unterricht teilweise langweilig. Er

ist oft zu strikt an den Lehrplänen orientiert. Um mehr Interesse für den Stoff zu wecken, sollten die Klassen die Themen mit auswählen können.« Der Grund klingt plausibel: »Wir wollen Dinge lernen, die uns im Leben wirklich weiterbringen.«

– Eigenaktivität steht dabei im Vordergrund. Unterrichtsprojekte sowie naturwissenschaftliche Schülerversuche werden gewünscht. Was den Fremdsprachenerwerb betrifft, »sollte beim Lernen nicht immer nach einem Lehrbuch vorgegangen werden, sondern die Sprache sollte an Hand von kleinen Rollenspielen, einer Unterhaltung etwa, erlernt werden. Was nützt es uns, wenn wir Vokabeln gelernt haben, sie aber nicht im Gespräch anwenden beziehungsweise aussprechen können?« Inhalte müssen einen konkreten Praxisbezug haben. Zum Thema »Periodensystem der Elemente« heißt es: »Interessieren würde ich mich dafür eher, wenn ich wüsste, wie ich dieses Wissen anwenden kann. Darüber habe ich aber leider noch nichts gelernt.«

Das Ambiente, ein respektvoller und wertschätzender Kontakt, die Möglichkeit, sich einzubringen und selbsttätig Erfahrungen zu machen: Dass all dies zum Gelingen von Lernprozessen beiträgt, ist den Schülerinnen und Schülern aufgrund ihrer eigenen Schulerfahrungen sehr wohl bewusst. Wird bei der Gestaltung der Schule und der Planung des Unterrichts einfach über die Klassen hinweggegangen, bleibt dieser Erfahrungsschatz ungenutzt. Es gibt jedoch zunehmend Schulen, die diesen Fehler vermeiden. Eine von ihnen soll nun vorgestellt werden.

Eine Schule, die anders ist

Schulen, die auf die spezifischen Bedürfnisse und Interessen ihrer Schülerinnen und Schüler eingehen, gibt es nicht nur in Skandinavien. Auch bei uns existieren zahlreiche positive

Ansätze, die als modellhaft gelten können. Staatlichen Schulen stehen allerdings nur eingeschränkt Freiräume zur Verfügung, da sie an enge kultusministerielle Vorgaben gebunden sind. »Freie« Schulen, die von einem eigenen Träger unterhalten werden, haben mehr Möglichkeiten. Wie diese genutzt werden können, um ein entspanntes und für alle Seiten befriedigendes Lernen zu ermöglichen, soll am Beispiel der Freien Comenius-Schule Darmstadt dargestellt werden.

Bereits von außen wirkt diese am Stadtrand gelegene Schule ungewöhnlich. Liebevoll gestaltete Holzbauten, denen man die Eigenproduktion ansieht, verteilen sich auf einem Wald- und Wiesengrundstück, das mit Bauwagen, Hütten und einem Zelt ausgestattet ist. Ein künstlich angelegter Berg mit Tunnel zum Durchkriechen, ein Wasserspielplatz und ein Bolzplatz laden zu körperlicher Betätigung ein. Eine runde Bank, die mit bunten Mosaiksteinen gestaltet ist, bietet einer kleinen Gruppe Platz zum Verweilen – mit Blick auf den Garten.

Zwar ist das Gelände künstlich angelegt, eine gewisse Wildheit kann es trotzdem nicht verleugnen: Die Anlage, die ein Hauch von Abenteuerspielplatz umgibt, ist nicht akkurat abgezirkelt, man sieht ihr an, dass unterschiedliche Gruppen hier auf sehr verschiedene und spielerische Art aktiv sind. Das Ganze wirkt anregend und lebendig. Asphaltierte Flächen gibt es nicht, stattdessen vielfältige Möglichkeiten zum Spielen und Bewegen, die noch umfangreicher werden, wenn der angrenzende Wald mitgenutzt wird.

Wie dem Außengelände die Mitgestaltung durch Kinder anzusehen ist, so wird bei den Schulgebäuden die Mitwirkung der Eltern sichtbar. Die drei Häuser, für Schulgebäude alle recht klein, sind aus Holz erbaut und auch mit Materialien »aus zweiter Hand« ausgestattet. Das zentrale Gebäude, in dem auch die Verwaltung untergebracht ist, hat einen verglasten Innenhof mit einem kleinen Teich – die etwa hundert Jahre alten Metallfenster der Innenhofverglasung stammen aus einer stillgelegten Fabrik. Auffällig sind auch die vorwiegende Verwendung von Naturmaterialien und viele Pflanzen. Man sieht, dass hier eine Vielzahl von Händen mitgearbeitet hat; das Ergebnis wirkt sehr fantasievoll.

Wie das Außengelände strahlen auch die Gebäude einen besonderen Charme aus; Vielfalt und Detailreichtum laden zum Schauen und Verweilen ein. So drückt sich bereits in der äußeren Gestaltung aus, dass man hier keiner großen Institution gegenübersteht, die den Menschen nach ihren Vorstellungen formen will, sondern dass umgekehrt viele Menschen eine Einrichtung gemeinsam gestalten und weiter ausformen, wobei Individualität, Kreativität und Fantasie ausdrücklich erwünscht sind.

Eltern und Kinder sind nicht nur bei der Gestaltung der Schule beteiligt, sondern entscheiden mit. Ihre Abstimmung untereinander wird dadurch erleichtert, dass die Einrichtung mit nur 130 Schülerinnen und Schülern bemerkenswert klein ist. Man ist nicht Teil einer anonymen Masse, sondern kennt sich. Der Rahmen bleibt überschaubar, jede/r kann sich mit seinen individuellen Vorstellungen und Interessen einbringen.

Träger der Freien Comenius-Schule ist ein Verein, in dem Eltern und interessierte Personen Mitglied werden können. Dies kann so verstanden werden, dass die Schule den Beteiligten gehört. Die Mitarbeit der Eltern ist dabei keineswegs auf Mithilfe beim Bau beschränkt. Die Teilnahme an vierzehntägigen Elternabenden ist Pflicht. Neben den Mitwirkungsmöglichkeiten im Trägerverein und in verschiedenen Schulgremien arbeiten die Eltern regelmäßig in der Schule mit. Jede/r hat wöchentlich 1,5 Stunden »Dienst«. Es bestehen vielfältige Möglichkeiten, diesen zu erfüllen, etwa als Aufsicht in längeren Pausenzeiten, Begleitung bei Exkursionen oder bei nachmittäglichen Angeboten, bei denen Eltern sich vor allem künstlerisch und kulinarisch betätigen. Eine Lehrkraft ist bei allen Angeboten allerdings zusätzlich als Fachkraft anwesend.

Eine engagierte Elternschaft bildet die Grundlage für ein Milieu, in dem Bildung gedeihen kann. Neben den Kindern pädagogisch besonders interessierter Eltern, die sich eine andere Schule für ihr Kind wünschen, werden allerdings vermehrt auch Kinder angemeldet, die an staatlichen Schulen nicht zurechtgekommen sind. Daher sind die Motive der Eltern nicht einheitlich, und von einer »heilen Welt« kann keine Rede sein. Dies gilt auch für den Stadtteil, in dem die Schule liegt. Er weist eine in sozialer Hinsicht stark gemischte Bevölkerungsstruktur mit Jugendbanden und Vandalismus auf, wobei die Freie Comenius-Schule mit ihren Aktivitäten und Angeboten als stabilisierender Faktor angesehen wird.

Eine vordergründig unproblematisch erscheinende Einheitlichkeit ist allerdings gar nicht angestrebt. Dies spiegelt sich auch in der Zusammensetzung der Gruppen wider: Grundsätzlich sollen in jede Gruppe auch Jungen oder Mädchen mit sonderpädagogischem Förderungsbedarf aufgenommen werden, zum Beispiel Kinder mit Lernbehinderungen oder Down-Syndrom. Beim gemeinsamen Tun wird die Berücksichtigung von Unterschieden gelernt und die Erfahrung gemacht, dass Menschen, die bestimmte Fähigkeiten nicht oder in geringerem Maße aufweisen, vielfältige positive Beiträge zum gemeinsamen Leben und Lernen leisten. Die Kinder werden in besonderem Maße für die Wahrnehmung individueller Unterschiede sensibilisiert und zur Rücksichtnahme motiviert.

Überhaupt setzt die Freie Comenius-Schule auf heterogene Lerngruppen. Sie ist nicht nur eine »echte« Gesamtschule, in der bis zum 10. Schuljahr auf eine leistungsbezogene Gruppenteilung verzichtet wird, sondern es werden darüber hinaus (mit Ausnahme der Abgangsklassen) immer auch mehrere Jahrgänge gemeinsam unterrichtet.

Die den Klassen 1 bis 3 entsprechenden Jahrgänge sind zusammengefasst in der Unterstufe, die Mittelstufe nimmt die Jahrgänge 4 bis 6 auf und die Oberstufe die Jahrgänge 7 bis 9. Jede dieser Stufen ist in einem eigenen Gebäude untergebracht. Zu jedem Klassenraum gehört ein Nebenraum, um Kleingruppenarbeit und individuelle Förderung zu ermöglichen. Weiterhin finden sich in jedem Gebäude die Werkstätten und Funktionsräume, die in der jeweiligen Altersstufe besonders genutzt werden. So ist im Unterstufengebäude der

Bewegungsraum, eine Druckwerkstatt und ein Spiel- und Bauzimmer untergebracht, während sich im Oberstufengebäude eine Holz- und demnächst auch eine Metallwerkstatt sowie ein Computerraum befinden.

Der Unterricht vollzieht sich vorwiegend in Projektform. Schülerinnen und Schüler arbeiten häufig in Kleingruppen an gemeinsamen Aufgaben. Differenzierung ist dabei in hohem Maße möglich; die Kinder können nicht nur ihre spezifischen Fähigkeiten voll einsetzen, sondern sich voneinander »abgucken«, wie man etwas macht – sie lernen also voneinander. Diesen Effekt, den Schulen, in denen sich alle Kinder einer Klasse auf ähnlichem Niveau bewegen, einfach verschenken, nutzt die Freie Comenius-Schule in besonderem Maße.

Dazu ist allerdings eine intensive pädagogische Begleitung nötig. Häufig sind zwei Lehrkräfte gleichzeitig in einer Klasse (oder »Stammgruppe«) anwesend. Die Schülerzahl pro Klasse darf 24 nicht überschreiten und wird entsprechend der Anzahl der Förderkinder noch weiter reduziert. Damit bestehen ausreichend Möglichkeiten für die Beschäftigung mit Einzelnen oder verschiedenen Kleingruppen. Um Aktivitäten nicht durch einen engen Zeitrahmen zu bremsen, dauern die Unterrichtseinheiten 90 Minuten. Die Pausenzeiten zwischen den Stunden sind auffällig lang.

Die Schülerinnen und Schüler können dann im Spiel neu Erfahrenes verarbeiten oder einfach nur ausspannen, ihre Kontakte miteinander vertiefen, aber auch Gespräche mit Lehrkräften führen und sich Rat holen oder sich mitteilen. Nach dem ersten Unterrichtsblock hat die Unterstufe 45 Minuten Pause; nach dem zweiten sogar eine 105-minütige Mittagspause. Die langen Pausenzeiten erlauben Flexibilität. Wenn eine Beschäftigung nicht nach 90 Minuten abgebrochen werden kann, wird die Unterrichtseinheit einfach fortgeführt, bis ein Abschluss sinnvoll erscheint. In Mittel- und Oberstufe nehmen die Pausenzeiten zugunsten von Unterrichtszeit zunehmend ab.

Mit dieser Zeitstruktur wird der Unterricht entzerrt; die in vielen Schulen übliche Hektik (man denke etwa an 5-Minuten-Pausen zwischen zwei Stunden) gibt es hier nicht, Unfertiges kann noch erledigt werden, und wenn die neue Einheit beginnt, ist niemand in Gedanken noch beim letzten Thema. Aber auch für Absprachen und Fragen ist sehr viel Zeit. Das tut allen gut, auch den Lehrkräften.

An drei Tagen dauert die Schule bis 15.30 Uhr. An einem weiteren Nachmittag wird eine Nachmittagsbetreuung angeboten. So lange halten es alle aber nur deshalb aus, weil die Schule wirklich geschätzter Lebensraum ist. Die Atmosphäre stimmt, interessante Begegnungen finden statt, und natürlich wird man auch bei einem regelmäßigen Mittagstisch gut versorgt. Kinder und Lehrkräfte halten sich gern in der Schule auf, niemand will so schnell wie möglich wieder heim.

Relevante Unterrichtsinhalte werden trotzdem bearbeitet. Damit die Themen nicht beliebig und zu selektiv gewählt werden, machen die Lehrkräfte Vorgaben. Die Schülerinnen und Schüler suchen sich Schwerpunkte aus, Lehrkräfte bringen zusätzliche Fragestellungen ein, begleiten den Lernprozess und beraten. Der Anstoß für ein Projekt geht häufig von den Lehrern aus, aber auch die Kinder können Themen vorschlagen und eine Konzeption zur Behandlung entwickeln, die dann mit der Lehrkraft durchgesprochen und überarbeitet wird.

Ein unlängst durchgeführtes Projekt mit vielfältigen Differenzierungsmöglichkeiten beschäftigte sich mit der Erforschung des Heimatorts. Ein Lernziel für die »praktisch Bildbaren« bestand darin, sich selbstständig zu orientieren, Busse und Bahnen allein zu nutzen. Die Erforschung der Geschichte der Stadt diente der Entwicklung eines historischen Bewusstseins. Eine weitere Aufgabe bestand darin, am Beispiel der eigenen Stadt Notwendigkeiten und Maßnahmen im Bereich des Umweltschutzes zusammenzustellen.

Den Einstieg bereiten häufig die Lehrkräfte vor, bei diesem Beispiel mit kleinen Filmen und Fotos der Stadt aus der Vorkriegszeit. Die Schülerinnen und Schüler begaben sich im Anschluss in begleiteten Kleingruppen auf den Weg, um die Orte auf den historischen Fotos zu suchen und Veränderungen festzustellen. Anschließend machten sie aktuelle Fotos von der Stadt unter verschiedenen Aspekten – etwa zu den Themen Verkehr, Technik, Freizeit. Diese dienten als Grundlage für die Entwicklung von Fragestellungen, die dann von unterschiedlichen Gruppen weiterbearbeitet wurden.

Den Verlauf jedes Projekts, die eigenen Fragestellungen, Aktivitäten und Lernerfolge, dokumentiert jedes einzelne Kind in einer eigenen Mappe. Am Schluss werden die Ergebnisse in einer Präsentation vorgestellt, wobei das Publikum aus einzelnen anderen Klassen, den Eltern oder der ganzen Schulgemeinde bestehen kann. Dabei wird gelernt, gekonnt zu präsentieren und dabei auch unterschiedliche Medien einzusetzen. In diesem Zusammenhang ist nicht erstaunlich, dass sich die Freie Comenius-Schule durch besondere Aktivitäten im Bereich Film und Theater auszeichnet.

In den höheren Klassen werden vermehrt fachliche Grundlagenkenntnisse vermittelt. Neben Projektunterricht gibt es, besonders in der Oberstufe, auch Deutsch, Englisch und Mathematik, Biologie und Physik in »Reinform«. So ist sichergestellt, dass die Schülerinnen und Schüler in allen Bereichen mit staatlichen Schulen mithalten und ihre externen Abschlussprüfungen erfolgreich absolvieren können. Auch hier wird jedoch auf Handlungsorientierung geachtet, und wenn möglich, werden Fragestellungen aus der Projektarbeit aufgegriffen und vertieft.

Da die Lehrkräfte die Aktivitäten der Kleingruppen begleiten und die Ergebnisse der Arbeit dokumentiert werden, sind die Lehrerinnen und Lehrer nicht auf Klassenarbeiten angewiesen, um zu erfahren, wie viel (oder wie wenig) überhaupt verstanden wurde. Stattdessen reflektieren die Schülerinnen und Schüler ihren eigenen Lernprozess und lernen so, sich selbst realistisch einzuschätzen.

Die Lehrkräfte sind aber auch mit den Eltern ständig im Gespräch. So braucht es kein halbjährliches Ziffernzeugnis, damit die Erziehungsberechtigten mitbekommen, wie es in der Schule läuft. Am Schuljahresende erhalten die Eltern statt eines gewöhnlichen Zeugnisses einen schriftlichen Bericht über die Entwicklung des Kindes sowie eine Übersicht über die Themen und Inhalte des vergangenen Schuljahres. Ziffernzeugnisse gibt es erst ab Klasse 9. Auch auf Klassenarbeiten im herkömmlichen Sinne wird verzichtet. Tests in den einzelnen Fachkursen (zum Beispiel Sprachen und Mathematik) dienen der individuellen Rückmeldung über die erreichten Ziele, Stärken und Schwächen und werden nicht als Instrument gruppeninterner oder -übergreifender Leistungsvergleiche verwendet. Konkurrenzdruck und Kränkungen durch vergleichende Notengebung sollen den Schülerinnen und Schülern erspart werden.

Lehrkräfte sind in der Freien Comenius-Schule keine Einzelkämpfer. Die Lehrerinnen und Lehrer jeder Stufe bilden ein gemeinsames Team, das sich vierzehntägig zu Stufensitzungen sowie zwei Mal jährlich zu mehrtägigen Teamwochenenden trifft. Einmal im Monat findet eine Gesamtkonferenz statt, außerdem nehmen in demselben Rhythmus alle an einer Gruppensupervision teil. Diese Tätigkeiten sind nicht zusätzlich zur regulären Arbeitszeit abzuleisten, sondern werden angerechnet; die Unterrichtsverpflichtung ist deutlich geringer als an öffentlichen Schulen. Darüber hinaus wird die Erledigung besonderer pädagogischer Arbeiten mit angemessenen Entlastungen bedacht.

Für Verwaltungsarbeiten und Koordination stehen Zeitkontingente zur Verfügung, von denen öffentliche Schulen nur träumen können. Obwohl die Freie Comenius-Schule mit nur sechzehn Lehrkräften ungewöhnlich klein ist, hat sie dennoch einen überwiegend freigestellten Schulkoordinator (also einen Schulleiter mit einer 2/3-Stelle), darüber hinaus einen zum Teil freigestellten pädagogischen Leiter (1/6-Stelle), eine Geschäftsführerin mit halber Stelle, eine Sekretärin mit 2/3-Stelle und einen Hausmeister. Lehrkräfte müssen dadurch sehr viel weniger Verwaltungsarbeiten erledigen als an öffentlichen Schulen und haben mehr Zeit, sich auf ihre pädagogischen Aufgaben zu konzentrieren.

Gegenseitiger Respekt spielt eine wichtige Rolle. Die Schule selbst will auch von den Schülerinnen und Schülern ernst genommen werden. Eine klare Entscheidung für den Schulbesuch wird gefordert. Pünktlichkeit gehört dazu, und wenn sich jemand nicht daran halten will, hat dies Konsequenzen. Die sehen zunächst so aus, dass in Gesprächen nach den Ursachen und Motiven geforscht und nach individuellen Lösungen gesucht wird. Bei schwerwiegenden Regelverstößen oder anhaltenden Konflikten, die nicht mehr auf der Schüler-Lehrer-Ebene gelöst werden können, kann ein »runder Tisch«, bestehend aus Vertretern der Schulleitung, des Vorstands und Vertretern aller Beteiligten, eingeschaltet werden. Dieser kann weitergehende Maßnahmen beschließen.

In einem hartnäckigen Fall von Unpünktlichkeit etwa wurde einem Schüler die Auflage erteilt, sich an jedem Tag fünfzehn Minuten vor Unterrichtsbeginn bei seiner Lehrerin zu melden, um einen Schulverweis zu vermeiden. Dieses Pünktlichkeitstraining war erfolgreich, weil der Schüler am Lösungsprozess beteiligt wurde und die Verantwortung für diese Lösung mitübernahm. Bei anders gelagerten Problemen waren Sozialdienste und Dienste zur Reinigung und Pflege der Schule erfolgreiche Maßnahmen.

Sehr ernst werden Kränkungen genommen. Wiedergutmachung steht dabei im Vordergrund. In der Regel werden die Wiedergutmachungen mit den »Tätern« erarbeitet und nicht einfach verordnet. Mit dem Ausgleich müssen auch die »Opfer« zufrieden sein. Angestrebt wird eine Verbesserung der Beziehung zwischen den Konfliktparteien. So wurde einer Schülerin, die eine andere regelmäßig gehänselt und abgewertet hatte, auferlegt, dieser einen Nachmittag zu widmen und sie ins Kino einzuladen. Zwei Jungen, die auf eine von Mädchen selbst gebaute Hütte uriniert hatten, richteten als Wiedergutmachung für die Mädchen eine Party aus und besorgten auch die Verpflegung dafür auf eigene Kosten.

Ein derart sensibles Reagieren auf Verletzungen ist natürlich nur möglich, weil die Relation zwischen Schülern und Lehrern eine intensive Betreuung erlaubt. Einer Lehrkraft, die nur wenige Wochenstunden allein vor einer großen Klasse steht und sich vor allem auf die Vermittlung des Lernstoffs konzentrieren muss, würden viele Konflikte einfach entgehen. In der Freien Comenius-Schule kann hingegen eine Atmosphäre geschaffen werden, in der sich jede/r sicher und in seiner Persönlichkeit gewürdigt fühlen kann.

Freie Schulen können zwar in pädagogischer Hinsicht wertvolle Impulse geben, in einem Punkt sind jedoch ihre Erfahrungen nicht zu verallgemeinern: Ihre ökonomische Unabhängigkeit macht nur Sinn, weil Eltern mitarbeiten und finanzielle Beiträge leisten. Schulen flächendeckend in wirtschaftlicher Hinsicht in die Selbstständigkeit zu entlassen, würde zu einem Zwei-Klassen-Schulsystem führen.

In Gebieten mit einem hohen Anteil sozial schwacher Familien leben viele Kinder, die intensiver Förderung bedürfen. Ihre Eltern sind aber gerade nicht in der Lage, für den Schulbesuch zu zahlen, und oft fehlen auch Kompetenzen und zeitliche Möglichkeiten zur Mitarbeit. Der Staat darf sich seiner Aufgabe, allen Kindern die bestmögliche Bildung zukommen zu lassen, nicht entledigen, indem er öffentliche Schulen privatisiert. Dies wird jedoch zur Zeit im Bereich der beruflichen Schulen in einigen Bundesländern angegangen. Dadurch besteht jedoch die Gefahr, dass gerade dort, wo Hilfe am nötigsten ist, weiterer Verwahrlosung Vorschub geleistet wird. Ein Schulsystem wie in den USA, wo eine gute Bildung in Privatschulen nur denen vermittelt wird, die es sich leisten können, kann kein Vorbild sein.

Während pädagogische Freiheiten durch zentrale Vorgaben zunehmend beschnitten werden, sollen Schulen in wirtschaftlicher Hinsicht selbstständig werden. In Zeiten, in denen der Staat auf allen Ebenen spart, bedeutet dies, die Schulen mit unzureichenden Ressourcen allein zu lassen. Wenn diese dann zu fragwürdigen Maßnahmen greifen, etwa minderwertig ausgebildete Kräfte mit schlechter Bezahlung einsetzen – am besten auf Honorarbasis, weil man sich da die Sozialversicherung spart –, können die Landesregierungen ihre Hände in Unschuld waschen.

Besonders besorgniserregend sind internationale Vereinbarungen, die vorsehen, Bildung im Zuge der Globalisierung internationalen Konzernen zu öffnen. Dann steht nur noch der Profit im Vordergrund – die Bedürfnisse der Schülerinnen und Schüler werden dem untergeordnet sein.

Wenn derzeit von zusätzlichen Freiheiten die Rede ist, geht es vorwiegend um unternehmerische Freiheiten, nicht um Rechte für Kinder. Die allgemeine Schulpflicht beinhaltet das Recht auf eine möglichst gute und umfassende Bildung für alle Kinder, die ihnen eine kompetente Teilnahme am öffentlichen Leben ermöglicht. Dieses Recht droht durch Privatisierungsbestrebungen unterhöhlt zu werden. Den Widerstand dagegen artikulieren zur Zeit besonders »attac« und die Gewerkschaften. Damit er erfolgreich bleibt, tut breite Unterstützung Not, vor allem auch von Seiten der Schülerinnen und Schüler und der Eltern.

Wie Eltern ihre Schulkinder unterstützen können

Das Engagement von Eltern kann für Schulen eine große Unterstützung bedeuten, wie gerade deutlich wurde. Noch mehr tragen die Eltern zu Hause zur Förderung ihrer Kinder bei. Die häusliche Atmosphäre muss den Kindern erlauben, sich konzentriert mit ihren Themen und Aufgaben zu beschäftigen. Dazu dürfen sie nicht ständiger Reizüberflutung ausgesetzt sein. Wenn etwa Fernsehapparat, Radio oder Telefon für ständige Unruhe sorgen, ist dies kontraproduktiv. Stattdessen brauchen Kinder Rückzugsmöglichkeiten und ruhige Ecken, in denen sie sich intensiv beschäftigen können. Der Lebensstil der Eltern wirkt vorbildhaft; Konzentration und Sammlung können sich die Kinder bei ihnen abgucken – oder Ablenkung und Zerstreuung.

Wie wir bei den Kleinen bereits gesehen haben, trägt eine

Umgebung, die Erfahrungen ermöglicht, mehr zum kindlichen Lernen bei als ein Erwachsener, der ungefragt Vorträge hält. Altersentsprechende Materialien mit Aufforderungscharakter im Schulalter sind etwa Bastelutensilien, Werkstoffe zur handwerklichen und kreativen Betätigung, Bücher, Musikinstrumente etc. Oft ist ein Gegenstand interessanter, wenn die Eltern nicht erwarten, dass das Kind sich damit beschäftigt; spannender sind Dinge, die eigentlich »für die Großen« sind und die man nur mit ein wenig Anstrengung bekommt. Je älter das Kind wird, desto mehr wird es sich für die Bücher und Materialien, die die Eltern selber nutzen, interessieren.

Wenn die Eltern selbst aktiv am Leben teilhaben, kreativ sind, sich bilden und informieren, eigene Interessen verfolgen, eröffnen sich dadurch auch Erfahrungsfelder für ihre Kinder. Ein Haushalt, der ausreichende Experimentier- und Informationsmöglichkeiten bereithält und Möglichkeiten zur konzentrierten Beschäftigung bietet, und Eltern, die, statt Trotz zu wecken, zu eigenem Tun anregen, bilden eine gute Grundlage für kindliche Weiterentwicklung.

Mit zunehmender Selbstständigkeit verändert sich der Kontakt zwischen Kindern und Eltern. Die Freiräume, die die Kinder benötigen, um eigene Erfahrungen zu machen, werden größer. Dies erfordert, dass die Eltern loslassen und ihre Ängste aushalten, wenn die Kinder beziehungsweise Jugendlichen abends oder am Wochenende ohne sie unterwegs sind. Wenn Eltern ihre Kontrolle schrittweise aufgeben, hat dies einen stärkenden Effekt auf ihre Kinder. Sie drücken damit ihr Vertrauen in die Fähigkeit ihrer Kinder aus, selbst einzuschätzen, wann sie elterliche Hilfe brauchen und wann nicht. Das Zutrauen der Eltern stärkt den Glauben der Kinder und Jugendlichen an sich selbst. Das fällt vielen Eltern nicht leicht; zu sehr haben sie noch die Hilfsbedürftigkeit ihrer Kinder in Erinnerung, als diese noch klein waren.

Vertrauen darf allerdings nicht blind sein. Es sollte auf einer möglichst genauen Kenntnis der aktuellen Fähigkeiten und

Möglichkeiten der Kinder und Jugendlichen basieren. Weil sich Kinder aber so schnell verändern, sollte man sie mit wacher Aufmerksamkeit immer wieder neu sehen und seine bisherigen Wahrnehmungen in Frage stellen. Dafür müssen Eltern viel Zeit für ihre Kinder haben. Sie irgendwo zu »parken«, während man sich selbst anderen Aufgaben widmet, trägt nicht gerade dazu bei, den notwendigen Kontakt zu vertiefen. Kinder benötigen Erwachsene, die sie sehen, ihnen zuhören und sie ernst nehmen.

Dabei werden auch die aktuellen Bedürfnisse und Interessen der Kinder und Jugendlichen sichtbar. Sie wollen zunehmend mehr können und verstehen und immer schwierigere Anforderungen bewältigen. Eine häusliche Kultur, die die tatsächlichen Bedürfnisse und Notwendigkeiten fokussiert, statt auf Ablenkung zu setzen, unterstützt die Kinder dabei, sich weiterzuentwickeln. Wenn sich die Eltern mit ihren eigenen Fragen und Problemen ernsthaft auseinander setzen, statt Unzufriedenheiten zu ignorieren und mit Zerstreuung zu verdecken, können sie ihren Kindern und Jugendlichen als Vorbild dafür dienen, sich mit ihren altersspezifischen Interessen zu verstehen und zu artikulieren. Damit ist eine Grundlage dafür gelegt, Interessenskonflikte wahrzunehmen, auszudrücken und auf faire Art zu verhandeln.

Eltern sollten ihren Kindern authentisch, vor allem ehrlich begegnen, und dazu gehört auch, die eigenen Wünsche und Bedürfnisse nicht zu verleugnen. Grenzen müssen gesetzt werden; besonders Jugendliche testen viel aus. Hier sollten die Eltern möglichst offen ihre eigenen Interessen darstellen und erläutern, warum ein bestimmtes Verhalten sie stört. Die Begründung: »Das macht man nicht« ist wenig überzeugend, besonders für Jugendliche, die die konventionelle Moral in Frage stellen, um zu eigenen Werten zu finden. Das Beharren auf Konventionen lehrt auch nicht, auf andere Menschen individuell zu achten. Wenn die Eltern sich selbst ausreichend wertschätzen, werden sie in der Lage sein, überzeugend die Respektierung ihrer eigenen Bedürfnisse zu verlangen. Dann haben sie es nicht nötig, sich auf die öffentliche Moral zu berufen, wenn es in Wirklichkeit um sie selbst geht.

Authentisch sein bedeutet auch, offen mit eigenen Unzulänglichkeiten umzugehen. Wenn Eltern dies können, geben sie ein Vorbild dafür ab, die eigene Unvollkommenheit zu ertragen. Eltern sollten ebenso in der Lage sein, ihren Kindern und Jugendlichen Unfertigkeit zuzugestehen, damit sie diese nicht auf grandiose Weise überspielen, sondern sich mit ihr auseinander setzen und dazulernen. Gerade wenn es problematisch wird, brauchen Kinder und Jugendliche Unterstützung, um durchhalten und Schwierigkeiten überwinden zu können. Eltern, die nicht in der Lage sind, hier emotionalen Beistand zu leisten, sollten sich ernsthaft mit der Frage beschäftigen, ob sie wirklich ihr Kind lieben – oder nur seine Leistungen, letztendlich seine Grandiosität.

Für die psychische Entwicklung von Kindern und Jugendlichen ist die Erfahrung, dass sie um ihrer selbst willen geliebt werden, von herausragender Bedeutung. Sie bildet eine Grundlage dafür, sich selbst als Ganzes zu schätzen und dabei auch Unvollkommenheit als zur eigenen Person zugehörig zu akzeptieren. Daher benötigen Kinder die elterliche Liebe unabhängig von ihren Leistungen. Wenn sie gerade dann gestärkt werden, wenn sie etwas noch nicht können, steigert das ihren Mut weiterzumachen, auch wenn zuvor alles schief gegangen ist.

Auf Schulleistungen bezogen bedeutet das, dass Eltern sich für die Schule und den Lernstoff interessieren, Kontakte zu anderen Eltern und zu den Lehrkräften pflegen, sich für ihr Kind engagieren und Möglichkeiten zur Mitarbeit wahrnehmen. Kontraproduktiv wäre es hingegen, in Panik zu verfallen, wenn das Kind einmal schlechte Noten nach Hause bringt oder nicht versetzt wird, und dann mit Druck zu reagieren. Trost hat aufbauende Wirkung in verzweifelten Situationen, während Vorwürfe zusätzlich entmutigen. Liebevolle Unterstützung hilft allemal mehr.

Liebe und Lebensfreude

»Kleine therapeutische Wunder«, so gibt Kiphard eine Äußerung Marianne Frostigs wieder, »erreicht man nur durch tiefe Hingabe und Selbstlosigkeit.«[108] Aus einem unveröffentlichten Manuskript aus ihrem Nachlass zitiert er weiterhin: »Beim Lesen der Literatur war ich erstaunt, wie viele negative Worte ich in den Indexen der Literatur fand … Aber wichtige Worte wie Freude und Liebe fehlten in fast allen Indexen.« Kiphard teilt Frostigs Ziel, »die Lebensfreude der Kinder einfühlend und humorvoll teilnehmend zu steigern«.[109]

MacCracken berichtete 1976 über den Fall eines Kindes mit schweren emotionalen Störungen, das sich mit ihrer Unterstützung zu einer fähigen jungen Frau entwickeln konnte. Bereits der Untertitel des Buches macht deutlich, was ihrer Meinung nach heilende Wirkung hatte: ›Die Verwandlung eines »schwierigen« Kindes durch die befreiende Kraft der Liebe‹.[110] Aufsehen erregte der Bericht der Kinderpsychologin Virginia M. Axline über ›Dibs‹. Auch hier spielte die Kraft der Liebe die entscheidende Rolle, dass ein verzweifelter Junge, der sich völlig zurückgezogen hatte, inneren Halt in sich selbst fand.[111] Bruno Bettelheims Auffassung zeigt sich im Titel seines letzten, posthumen Buches ›Kinder brauchen Liebe‹.[112]

Die Kinderärztin Maria Vincze forderte als stellvertretende Direktorin des Emmi-Pikler-Instituts von den Betreuerinnen, den Kindern im Loczy »professionelle Liebe« zu geben. Diese Liebe soll ihr zufolge aus der Freude über die Zuneigung der Kinder und ihre Entwicklung entstehen. Im Unterschied zur elterlichen Liebe ist sie jedoch nicht mit einem Besitzanspruch verbunden.[113] Liebe in pädagogischen Zusammenhängen bedeutet, sich über ein Kind von Herzen zu freuen, es anzunehmen, wie es ist, ohne diese Akzeptanz von seinen Leistungen abhängig zu machen. Hier kann man zwar einwenden, es sei unmöglich, alle Menschen zu lieben, sorgfältige pädagogische Arbeit stärkt jedoch derartige Gefühle.

Wenn einer Pädagogin oder einem Pädagogen ein Kind anvertraut wird, wird der Grundstein für eine emotionale Verbindung gelegt. Die Freude an der genauen Beobachtung des Kindes trägt zur Entwicklung von Mitgefühl und der Fähigkeit, auch versteckte kindliche Bedürfnisse wahrzunehmen, bei. Einem Kind Liebe entgegenzubringen bedeutet in diesem Zusammenhang, es in seiner Einzigartigkeit zu sehen und zu achten. Liebe beinhaltet aber auch, das Kind als einen Menschen anzusehen, der genauso wertvoll ist wie man selbst.

Ein aus heutiger Sicht möglicherweise nur schwer nachvollziehbares, besonders extremes Beispiel für die Liebe zu den ihm anvertrauten Kindern ist Janusz Korczak. Der Arzt und Leiter eines Warschauer Waisenhauses begleitete seine jüdischen Schützlinge freiwillig ins Konzentrationslager Treblinka, wo er mit ihnen zusammen von den Nationalsozialisten ermordet wurde. Korczak vertrat die Auffassung, die pädagogische Arbeit müsse sich an den Interessen des Kindes orientieren, sowohl die Interessen der Pädagogen als auch die des Trägers oder des Staates sollten dahinter zurücktreten. Er glaubte an seine Kinder und begegnete ihnen liebenswürdig, heiter und humorvoll. Zwang lehnte er ab. Er wollte die kindliche Persönlichkeit nicht nach seinen Vorstellungen formen, sondern respektierte die Individualität jedes einzelnen Kindes.[114]

Aus selbstpsychologischer Sicht werden in einem von Liebe geprägten Kontakt intensive Selbstobjekterfahrungen gemacht. Es gibt kaum eine stärkere Möglichkeit, einen Menschen seinen (Selbst-)Wert spüren zu lassen, als ihn zu lieben. Die Erfahrung von Liebe, die erwidert wird, trägt in hohem Maß zur Konsolidierung des Selbst bei. Liebe vitalisiert, gibt Kraft, weckt die Lust am Leben. Sie macht Mut, auf andere Menschen zuzugehen, Kontakte zu knüpfen, Entdeckungen zu machen und zu lernen. Liebe ist eine der maßgeblichen Kräfte, die kleine, schwache, hilflose Wesen groß und stark werden lässt. Ihre Rolle für die kindliche Entwicklung kann nicht hoch genug geschätzt werden.

Dieses Wissen scheint in der pädagogischen Ausbildung und Literatur jedoch in den Hintergrund zu geraten. Es scheint nicht so recht in eine Zeit zu passen, die nur anerkennt, was in naturwissenschaftliche Versuchsreihen passt und sich digitalisieren lässt. In einer Welt, in der nichts zählt außer wirtschaftlicher Effizienz, hat Liebe nur noch Platz als Hollywood-Traum.

Vor einiger Zeit erzählte mir eine Kollegin, dass es ihr gelungen sei, eine ziemlich schwierige Klasse in besonderem Maß zu motivieren. Die Schülerinnen und Schüler arbeiteten in ihrem Unterricht außergewöhnlich konzentriert und engagiert mit. Ich fragte sie, wie sie das geschafft hätte, und sie antwortete mir, das wisse sie nicht so genau. »Ich weiß, dass man das nicht sagen soll«, fügte sie hinzu, »aber das ist sowieso meine Lieblingsklasse.«

Ich finde diese Antwort bemerkenswert. Meiner Meinung nach ist es ihr gelungen, die Klasse zu erreichen, weil sie eine starke Zuneigung zu den Schülerinnen und Schülern empfand. In der Klasse waren viele, die sehr schmerzliche Dinge in ihrer Vergangenheit erlebt hatten, die nicht geachtet, nicht geschätzt, nicht geliebt, sogar missbraucht worden waren. Die Kollegin hatte den Schülerinnen und Schülern mit ihrer liebevollen Zuneigung das gegeben, was sie brauchten, um sich wieder selbst akzeptieren zu können. Aber gleichzeitig hatte sie das Gefühl, damit etwas gemacht zu haben, was Lehrkräfte eigentlich nicht tun sollen.

Sicher sollen Pädagoginnen und Pädagogen keine Lieblinge haben. In Schulklassen löst eine derartige Bevorzugung Einzelner aufgrund der Rivalität um Zensuren besondere Ängste aus. Aber jeder beziehungsweise jedem auf individuelle Art das Gefühl zu geben, dass man sie und ihn richtig gern mag, ist die Grundlage für eine gute pädagogische Beziehung überhaupt.

Die oben erwähnten Ansätze sind geprägt von tiefer Humanität. Wenn wir Kinder stärken wollen, müssen wir hieran anknüpfen. Menschlichkeit muss jedoch in einer sich zunehmend narzisstisch gebärdenden Zeit verteidigt werden. Wenn die Bildung eines Menschen zum Produkt wird, das im Interesse des Staatshaushalts möglichst kostengünstig hergestellt werden soll, und wenn der zukünftige Arbeitgeber einer Schülerin oder eines Schülers als Kunde der Schule verstanden wird, die wiederum als wirtschaftliches Unternehmen gesehen wird, erscheint es anachronistisch, von Liebe zu sprechen. Treten wir dem Versuch, pädagogische Arbeit auf betriebswirtschaftliche Kategorien zu reduzieren, entschieden entgegen: Bildung ist keine Ware und Reifung kein Produkt. Menschen, die Kinder großziehen, müssen viel mehr sein als Dienstleister, wenn ihre Arbeit gelingen soll.

Danksagung

Bei der Arbeit an diesem Buch erhielt ich vielfältige Unterstützung.

Meine Lebensgefährtin Gabriele Helfert, Psychologin und promovierte Wirtschaftswissenschaftlerin, diskutierte meine Überlegungen mit mir und unterstützte mich bei meinen Recherchen. Darüber hinaus trug sie dazu bei, dass ein gut nachvollziehbarer Text vorliegt. Meine Mutter Hildegard Köditz gab mir aus ihrer pädagogischen Erfahrung als ehemalige Lehrerin an einer Sonderschule und als Leiterin einer Grundschule wichtige Hinweise, die ich gerne aufgriff. Gustl Marlock, der meine pädagogische Arbeit supervisorisch begleitet, gab mir als Kinder- und Jugendlichenpsychotherapeut, Lehrtherapeut und Dozent für Körperpsychotherapie und Tiefenpsychologie wertvolle Anregungen, die dazu führten, dass ich stärker akzentuierte und zusätzliche Aspekte berücksichtigte. Die Gepräche mit ihnen ermöglichten mir, neue Perspektiven zu entwickeln und den Text in vielfältiger Hinsicht abzurunden.

Hinweise zu einzelnen Themen beziehungsweise Einblicke in Institutionen verdanke ich Ute Bräuer, Rainer Jöckel, Christiane Köditz, Gonda Krüger, Werner Lange, Barbara und Kai Mauelshagen und Ute Steinmeyer.

Die Klasse 10s der Käthe-Kollwitz-Schule in Offenbach (Jahrgang 2002/2003) diskutierte ihre Schulerfahrungen mit mir und gab mir die Erlaubnis, die Ergebnisse zu veröffentlichen. Die Klasse 11s1 (Jahrgang 2001/2002) entwickelte Vorstellungen von einer »Schule der Zukunft«, die sie in der Öffentlichkeit vorstellte und auf die ich ebenfalls zurückgreifen konnte.

Hannelore Hartmann, Lektorin beim Deutschen Taschenbuch Verlag, gab den Anstoß für dieses Buch und begleitete den Entstehungsprozess mit viel Geduld und Verständnis.

Ihnen allen sage ich ganz herzlichen Dank.

Anmerkungen

1 Moore 2002
2 Daten aus Herweg 2001, S. 4
3 Vgl. Kahl 2002a, S. 20
4 Vgl. Köditz 2002b
5 Lasch 1980
6 Jirina Prekop prägte in diesem Zusammenhang den Begriff »kleiner Tyrann«: vgl. Prekop 1988
7 Fromm 1977, S. 225 ff.
8 Robert-Koch-Institut (Hg.) 2003, S. 6
9 Früher wurde von zwei getrennten Störungsbildern ADS (Aufmerksamkeits-Defizit-Syndrom) und HKS (Hyperkinetisches Syndrom) ausgegangen. Aufgrund des häufigen gemeinsamen Auftretens beider Störungsbilder entwickelte sich der Begriff ADHS (Aufmerksamkeitsdefizit-Hyperaktivitätsstörung).
10 Alt-Hoffmann und Herweg 2001, S. 20
11 Amft 2002, S. 49 f.
12 Zentner 1997, S. 170
13 Amft 2002, S. 109
14 Ebd., S. 43
15 Mattner 2002, S. 13
16 Kiphard 1994, S. 143 ff.
17 Schmid 2003, S. 42
18 Wolf 1998, S. 29
19 Ebd., S. 61
20 Ebd., S. 27
21 Vgl. Kiphard 1994, S. 13
22 Ebd., S. 157. Die weitere Darstellung folgt seinen Ausführungen auf S. 158 f.
23 Joachim Wille 2003
24 Vgl. Hillenbrand 2003
25 Eine Studie der Universität Eichstätt stellte fest, dass an bayrischen Schulen die überwiegende Mehrheit der Schüler in Gewalt- und Mobbinghandlungen involviert ist. Vgl. Fuchs, Lamnek, Luedtke 2001
26 Dies ist auch ein Hinweis darauf, dass der fachliche Umgang mit einem »schwierigen« Kind aufwändig ist und viel Zeit benötigt. Im Gegensatz dazu stehen die politischen Anstrengungen, im pädagogischen, sozialpädagogischen und beraterischen Bereich zu sparen und z. B. Gruppengrößen zu erhöhen sowie Personal zu

reduzieren. Ebenso ist aufgrund der Komplexität ein hohes Maß an Kompetenz erforderlich. Auch dies steht in striktem Gegensatz zu Sparmaßnahmen im Aus- und Fortbildungsbereich.

27 Wintels 2000, S. 22

28 Vgl. Kohut 1976, S. 51

29 Vgl. Wolf 1998, S. 224

30 Babys werden von momentanen Reizen beherrscht, ihre Aufmerksamkeit kann entsprechend schnell wechseln. In ihren wohligen Gefühlen sind sie sehr von der momentanen Nähe einer liebenden Bezugsperson, zu der noch keine Abgrenzung besteht, abhängig. Ist die Mutter weg, kann das Gefühl der Nicht-Verbundenheit schrecklich sein.

31 Vgl. Janus 2000

32 Die Darstellung der unterschiedlichen Selbstobjektbedürfnisse erfolgt in Anlehnung an Wolf 1998, S. 80 ff.

33 René A. Spitz: Stress: Psychische Beanspruchung und ihre Gegenwart. In: Adorno/Dierks (Hg.): Freud in der Gegenwart. Frankfurter Beiträge zur Soziologie VI. Frankfurt/Main 1957, S. 76; zitiert nach Strzyz 1978, S. 71

34 Kohut 1976, S. 70 f.

35 Ebd., S. 66

36 Ernest Wolf spricht in diesem Zusammenhang von »Effektanz«. Der Begriff »Selbstwirksamkeit« macht jedoch in höherem Maße deutlich, um was es hier geht. Stern zufolge spielt Selbstwirksamkeit bereits im Säuglingsalter eine große Rolle. Vgl. Stern 2000

37 Wolf 1998, S. 172

38 Vgl. Johnson 2000, S. 71 ff.

39 So stellte eine Studie des Deutschen Jugendinstituts fest, dass sich der Anteil von Kindern, die mit einem allein erziehenden Elternteil zusammenleben, zwischen 1988 und 2000 verdoppelt hat, bezogen auf die 16- bis 17-Jährigen. Vgl. Die Tageszeitung vom 25.7.2003, S. 2

40 Strzyz 1978, S. 79. In diesem Zusammenhang sind auch die Änderungen des Ladenschlussgesetzes kritisch zu betrachten.

41 Amft 2002, S. 35

42 Vgl. Sennett 1998

43 Angaben aus Hermann 2003, S. 9

44 Dies stellt die Regionalausgabe ›taz nord‹ am Beispiel einzelner Hamburger Stadtteile dar (Ausgabe vom 25.7.2003, S. 21).

45 In Petzold, Goffin, Oudhof 1997, S. 387

46 Elschenbroich 2001, S. 224 f.

47 Alexander Mitscherlich 1963, S. 80

48 Vgl. Strzyz 1978, S. 80 f.
49 Statistisches Bundesamt (Hg.) 2002, S. 30
50 Wie auch an anderen Stellen schreibe ich hier »viele«, um deutlich zu machen, dass das keineswegs überall so ist oder sein muss. Jedes Kind ist anders, jeder Elternteil ist anders, und auch die emotionale und wirtschaftliche Situation jeder Kleinfamilie ist anders. Eine generelle Problematik ist jedoch zu konstatieren, die sich im Einzelfall allerdings unterschiedlich auswirken kann.
51 Statistisches Bundesamt (Hg.) 2002, S. 29
52 Für die Zeit vor der derzeit geplanten Streichung der Arbeitslosenhilfe (bzw. der Einführung des Arbeitslosengeldes II) stellt das Statistische Bundesamt fest: »Die Zahl der für ihren Lebensunterhalt überwiegend auf Sozialhilfe angewiesenen allein Erziehenden steigt mit der Kinderzahl. Benötigte im April 2001 in Deutschland von den Elternteilen mit einem minderjährigen Kind nur etwa ein Zehntel (11 Prozent) Sozialhilfe zur überwiegenden Finanzierung des Lebensunterhalts, war es von den Elternteilen mit zwei minderjährigen Kindern etwa ein Fünftel (18 Prozent) und von den allein Erziehenden mit drei und mehr minderjährigen Kindern bereits weit über ein Drittel (36 Prozent).« Statistisches Bundesamt (Hg.) 2002, S. 25
53 Dass die spätere Bindungsfähigkeit von Kindern durch Scheidung der Eltern massiv beeinflusst wird, bestätigt eine aktuelle Langzeituntersuchung. Vgl. Wallerstein und Lewis 2002, S. 46–51
54 Strzyz 1978, S. 86
55 Ebd., S. 87
56 Grefe 1997, S. 28 ff.
57 Ebd., S. 54 f.
58 »Inselhopping« bezeichnet in der Tourismusbranche eine Rundreise, auf der verschiedene Inseln – meist eines Archipels – nacheinander besucht werden.
59 Bundeszentrale für gesundheitliche Aufklärung (Hg.) 2001, S. 11
60 Vgl. Rainer Patzlaff 2000
61 Als »Camouflage« wurde ursprünglich militärisch die Tarnung einer Verteidigungsanlage bezeichnet. Später wurde der Begriff erweitert benutzt, etwa für die Tarnung politischer Absichten oder die Verdeckung von Narben.
62 Die Anzeige erschien z. B. in der ›Wirtschaftswoche‹, 8/2002, S. 6.
63 Sloterdijk 2000, S. 52
64 Ebd., S. 63
65 So erklärte Gerhard Schröder als niedersächsischer Ministerpräsident mit großem Medienecho, dass Lehrer »faule Säcke« seien. Dies blieb im öffentlichen Bewusstsein haften, auch wenn

er sich später entschuldigte. Sein Nachfolger im Amt, Sigmar Gabriel, erklärte Vertreterinnen der Lehrerschaft zu »Gänsen«, mit denen man über Weihnachten nicht rede. Vgl. Köditz 2002a

66 Ritzer 1997, S. 146

67 Ebd., S. 191 f.

68 Lasch 1980, S. 23 f.

69 Vgl. Petzold 1993, S. 742

70 Petzold, Goffin, Oudhof 1997, S. 366 ff.

71 Ebd., S. 401

72 Vgl. Winnicott 1974

73 Das muss nicht die klassische Kleinfamilie Mutter-Vater-Kind sein. Wesentlich ist, dass das Kind hier – auch wenn es sich um eine »Kleinstfamilie« handelt – einen Rahmen hat, in dem es sich grundsätzlich sicher und geborgen fühlen kann und zu dem es sich zugehörig weiß.

74 Petzold, Goffin, Oudhof 1997, S. 405

75 Pikler 1982, S. 57

76 Ebd., S. 112 ff.

77 Martino o. J.

78 Tardos 2002, S. 141 f.

79 Maria Vincze belegt dies anhand einer Nachuntersuchung an 100 Kindern, die mindestens elf Monate im »Loczy« verbracht hatten. Vincze 2002, S. 18

80 Kiphard 1994, S. 36 ff.

81 Vgl. Elschenbroich 2001, S. 212

82 Pikler 1982, S. 117

83 Dabei werden vielfach zusätzlich die pädagogischen Vorstellungen von Freinet, Korczak, Montessori u. a. einbezogen.

84 Vgl. Zimmer 1984

85 Lange 2002

86 Ebd., S. 55

87 Ebd., S. 56

88 Kluge und Pfeifer 1998, S. 57

89 Tinnappel 2003

90 Wolf 1998, S. 117 ff.

91 Es handelt sich um die Klasse 10s (Jahrgang 2002/2003) der Käthe-Kollwitz-Schule in Offenbach. Die Schülerinnen und Schüler gaben mir ausdrücklich die Genehmigung, ihre Erfahrungen zu veröffentlichen. Dass keine Namen genannt werden, ist im Rahmen dieser Vereinbarung zu verstehen.

92 MacCracken 1976, S. 7

93 Ebd., S. 10

94 Köditz 2003, S. 10

95 Das gleichnamige Spiel besteht darin, dass Kinder zu Musik um Stühle laufen, die in der Anzahl immer um eins geringer sind als die Anzahl der Kinder. Wenn die Musik stoppt, müssen alle versuchen, einen Stuhl zu ergattern; wer übrig bleibt, scheidet aus. Beim jedem weiteren Durchgang wird immer ein Stuhl weggenommen usw. – wie im richtigen Leben.

96 Irmscher 2000, S. 6 f.

97 Lowen 1992, S. 117

98 Aus Kahl 2002b

99 Dieses Verfahren habe ich bereits dargestellt. Vgl. Köditz 1997

100 Vgl. Burow 1993, S. 29

101 Perls 1995a, S. 131 ff.

102 Perls schreibt: »Ich sage nicht, dass dieser Prozess des Hinunterschluckens von ganzen Brocken nicht gelegentlich einem guten Zweck dienen könnte. Der Student, der in der Nacht vor seinem Examen büffelt, um in einem sehr langweiligen Fach durchzukommen, hat legitime Gründe für sein Handeln. Wenn er sich aber vormacht, er habe wirklich etwas durch dieses Büffeln gelernt, dann wird er ein böses Erwachen erleben, wenn er sechs Monate später wieder im gleichen Fach geprüft wird. Denn zu der Zeit wird er den größten Teil des ›Gelernten‹ vergessen haben.« Aus Perls 1995b, S. 51 f.

103 Vgl. Bürmann 1993, S. 86 f.

104 Personalrat der Albert-Schweitzer-Schule Offenbach (2001), S. 5

105 Mit einer ganz bemerkenswerten Ausnahme: Das hessische Kultusministerium erlaubte einem großen Konzern, Lehrkräften seine Produktpalette vorzustellen. Windows-Schulungen wurden hessenweit angeboten – und dadurch die marktbeherrschende Stellung der Microsoft-Produkte weiter gefestigt.

106 Es handelt sich um die Klasse 10s (Jahrgang 2002/2003) der Käthe-Kollwitz-Schule in Offenbach.

107 Die Vorstellungen dieser Klasse wurden in vollständiger Form bereits veröffentlicht in: Klasse 11s1 (Jahrgang 2001/2002) der Käthe-Kollwitz-Schule in Offenbach, 2002.

108 Kiphard 1994, S. 56

109 Ebd.

110 MacCracken 1976

111 Axline 1982

112 Bettelheim und Rosenfeld 1993

113 Vincze 2002, S. 15

114 Korczak 1967

Literatur

Alt-Hoffmann, Birgit und Gert Herweg (2001): *»Wahrnehmungsgestörte Schüler und Schülerinnen«.* In: Fachberatung für Suchtprävention des Staatlichen Schulamtes für den Landkreis Offenbach und die Stadt Offenbach am Main (Hg.): Verhaltensauffällig – Schülerproblem oder Schulproblem? Heft 22 der Frankfurter Schriften »Suchtproblem und Schule«. Offenbach, S. 19 ff.

Amft, Hartmut (2002): *»Die ADS-Problematik aus der Perspektive einer ganzheitlichen Medizin«.* In: Hartmut Amft, Manfred Gerspach und Dieter Mattner: Kinder mit gestörter Aufmerksamkeit. ADS als Herausforderung für Pädagogik und Therapie. Stuttgart, Berlin, Köln, S. 37–121.

Axline, Virginia M. (1982): *Dibs – Ein autistisches Kind befreit sich aus seinem seelischen Gefängnis.* München.

Bettelheim, Bruno und Alvin A. Rosenfeld (1993): *Kinder brauchen Liebe.* Stuttgart.

Bürmann, Jörg (1993): *»Was ist Gestaltpädagogik? Ein Nachwort«.* In: Jürgen Heinel: Der König ruht im Klassenzimmer. Gestaltpädagogik zum Kennenlernen. Frankfurt am Main, S. 83–107.

Bundeszentrale für gesundheitliche Aufklärung (Hg.) (2001): *Gesundheit für Kinder und Jugendliche.* 2. Auflage. Köln.

Burow, Olaf-Axel (1993): *Gestaltpädagogik. Trainingskonzepte und Wirkungen.* Ein Handbuch. Paderborn.

Eisenberg, Götz (2002): »Die menschlichen ›Ungeheuer‹ entspringen unserer Normalität«. In: Frankfurter Rundschau vom 23. 5. 2002.

Elschenbroich, Donata (2001): *Weltwissen der Siebenjährigen. Wie Kinder die Welt entdecken können.* München.

Fromm, Erich (1997): *Anatomie der menschlichen Destruktivität.* Reinbek bei Hamburg.

Fuchs, Marek, Siegried Lamnek und Jens Luedtke (2001): *Tatort Schule: Gewalt an Schulen 1994–1999.* Opladen.

Grefe, Christiane (1997): *Ende der Spielzeit. Wie wir unsere Kinder verplanen.* Reinbek bei Hamburg.

Hermann, Ulrike (2003): *»Arbeitslosengeld II macht Kinder arm«.* In: Die Tageszeitung vom 1. 8. 2003, S. 9.

Herweg, Gert (2001): *»Einleitung«.* In: Fachberatung für Suchtprävention des Staatlichen Schulamtes für den Landkreis Offenbach und die Stadt Offenbach am Main (Hg.): Verhaltensauffällig – Schülerproblem oder Schulproblem? Heft 22 der Frankfurter Schriften »Suchtproblem und Schule«. Offenbach, S. 2 ff.

Hillenbrand, Thomas (2003): *»Die Leiden des Star-Wars-Kids«*. In: Spiegel Online vom 5. 8. 2003, http://www.spiegel.de/netzwelt/netzkultur/0,1518,259 878,00.html.

Irmscher, Rainald (2000): *»Plädoyer für menschliches Lernen«*. In: GEW-Info, Zeitschrift der Kreisverbände Offenbach-Land und Offenbach-Stadt der Gewerkschaft Erziehung und Wissenschaft, Heft 4, S. 6 f.

Janus, Ludwig (2000): *Der Seelenraum des Ungeborenen.* Pränatale Psychologie und Therapie. Düsseldorf.

Johnson, Stephen M. (2000): *Der narzisstische Persönlichkeitsstil.* 4. Auflage. Köln.

Kahl, Reinhard (2002a): *»Lau, sehr lau. Neue Irritationen über Schulleistungen«*. In: Erziehung und Wissenschaft, Zeitschrift der Gewerkschaft Erziehung und Wissenschaft, Heft 2, S. 20 f.

Ders. (2002b): *Spitze – Schulen am Wendekreis der Pädagogik.* Dokumentarfilm. Archiv der Zukunft (in Zusammenarbeit mit der Gewerkschaft Erziehung und Wissenschaft).

Kiphard, Ernst J. (1994): *Psychomotorik in Praxis und Theorie. Ausgewählte Themen der Motopädagogik und Mototherapie*. Dortmund.

Klasse 11s1 (Jahrgang 2001/02) der Käthe-Kollwitz-Schule in Offenbach (2002): *»Was Schüler wollen«*. In: GEW-Info, Zeitung der Kreisverbände Offenbach-Land und Offenbach-Stadt der Gewerkschaft Erziehung und Wissenschaft, Heft 7, S. 8–11.

Kluge, Ingrid und Georg Pfeifer (1998): *Weil ich das schon selber kann. Kinder brauchen Selbstbewusstsein*. Freiburg im Breisgau.

Köditz, Michael (1997): *»Zensuren – nichts als Ärger?«*. In: Hessische Lehrerzeitung, Zeitschrift der GEW Hessen für Erziehung, Bildung, Forschung, Heft 2, S. 32 f.; sowie in: Gestaltpädagogik, Zeitschrift der Gestaltpädagogischen Vereinigung e. V., Heft 9, S. 44–46.

Ders. (2002a): *»Von Säcken und Gänsen«*. In: Erziehung und Wissenschaft Niedersachsen, Heft 1, S. 27.

Ders. (2002b): *»Auffällige Schüler, schwierige Klassen«*. In: Psychologie Heute, Heft 7, S. 28–33.

Ders. (2003): *»Schwierige Klassen. Stress für Lehrkräfte«*. In: GEW-Info, Zeitung der Kreisverbände Offenbach-Land und Offenbach-Stadt der Gewerkschaft Erziehung und Wissenschaft, Heft 8, S. 10 f.

Kohut, Heinz (1976): *Narzissmus.* Frankfurt am Main.

Korczak, Janusz (1967): *Wie man ein Kind lieben soll.* Herausgegeben von Elisabeth Heimpel und Hans Roos. Göttingen.

Kurtz, Ron (1985): *Körperzentrierte Psychotherapie. Die Hakomi-Methode.* Essen.

Lange, Werner (2002): *»Öffnung für Kinder unter drei Jahren. Ein Projekt in der Planung«*. In: Kinder, Leben, Vielfalt. Die Kindertagesstätten der Lehrerkooperative – Orte der Bildung. Frankfurt am Main, S. 51–57.

Lasch, Christopher (1980): *Das Zeitalter des Narzissmus.* München.

Leboyer, Frederik (1986): *Geburt ohne Gewalt.* München.

Lowen, Alexander (1976): *Psychopathic Behaviour and the Psychopathic Personality.* New York.

Ders. (1992): *Narzissmus. Die Verleugnung des wahren Selbst.* München.

MacCracken, Mary (1976): *Lovey. Die Verwandlung eines »schwierigen« Kindes durch die befreiende Kraft der Liebe.* München.

Martino, Bernard (o.J.): *Wo kleine Menschen groß werden.* Dokumentarfilm. Association Pikler-Loczy-de France und ZDF (in Zusammenarbeit mit Arte).

Mattner, Dieter (2002): *»Zur Biologisierung abweichenden kindlichen Verhaltens«.* In: Hartmut Amft, Manfred Gerspach und Dieter Mattner: Kinder mit gestörter Aufmerksamkeit. ADS als Herausforderung für Pädagogik und Therapie. Stuttgart, Berlin, Köln, S. 7–36.

Mitscherlich, Alexander (1963): *Auf dem Weg zur vaterlosen Gesellschaft.* München.

Moore, Michael (2002): *Bowling for Columbine.* Dokumentarfilm. Universal Pictures.

Patzlaff, Rainer (2000): *Der gefrorene Blick. Physiologische Wirkungen des Fernsehens und die Entwicklung des Kindes.* Stuttgart.

Perls, Frederic S. (1995a): *Das Ich, der Hunger und die Aggression.* Die *Anfänge der Gestalt-Therapie.* 3. Auflage. München.

Ders. (1995b): *Grundlagen der Gestalt-Therapie. Einführung und Sitzungsprotokolle.* 9. Auflage. München.

Personalrat der Albert-Schweitzer-Schule Offenbach (2001): *»Unterrichtsversorgung – Irreführung der Öffentlichkeit«* (Presseerklärung). In: GEW-Info, Zeitung der Kreisverbände Offenbach-Land und Offenbach-Stadt der Gewerkschaft Erziehung und Wissenschaft, Heft 6, S. 5.

Petzold, Hilarion (1993): *Integrative Therapie. Modelle, Theorien und Methoden für eine schulenübergreifende Psychotherapie, 3 Bände,* Band 2: Klinische Theorie. Paderborn.

Petzold, Hilarion G., Joy J. M. Goffin und Jolanda Oudhof (1997): *»Protektive Faktoren und Prozesse – die ›positive‹ Perspektive in der longitudinalen, ›klinischen Entwicklungspsychologie‹ und ihre Umsetzung in die Praxis der Integrativen Therapie«.* In: Hilarion G. Petzold (Hg.): Frühe Schädigungen – späte Folgen? Psychotherapie und Babyforschung, Band 1. Paderborn, S. 345–497.

Pikler, Emmi (1982): *Friedliche Babys – zufriedene Mütter.* Freiburg im Breisgau.

Prekop, Jirina (1988): *Der kleine Tyrann. Welchen Halt brauchen Kinder?* München.

Ritzer, George (1997): *Die McDonaldisierung der Gesellschaft.* Frankfurt am Main.

Robert-Koch-Institut (Hg.) (2003): *Bundes-Gesundheitssurvey: Alkohol. Konsumverhalten in Deutschland. Beiträge zur Gesundheitsberichterstattung des Bundes.* Berlin.

Schmid, Wilhelm (2003): *»›Ich hab mich selbst so lieb …‹. Über die Lebenskunst der Kinder«.* In: Psychologie Heute, Heft 10, S. 42–45.

Sennett, Richard (1998): *Der flexible Mensch. Die Kultur des neuen Kapitalismus.* Berlin.

Sloterdijk, Peter (2000): *Die Verachtung der Massen. Versuch über Kulturkämpfe in der modernen Gesellschaft.* Frankfurt am Main.

Statistisches Bundesamt (Hg.) (2002): *Leben und Arbeiten in Deutschland. Ergebnisse des Mikrozensus 2001.* Wiesbaden.

Stern, Daniel N. (2000): *Die Lebenserfahrung des Säuglings.* Stuttgart.

Strzyz, Klaus (1978): *Sozialisation und Narzissmus. Gesellschaftlicher Wandel und die Veränderung von Charaktermerkmalen.* Wiesbaden.

Tardos, Anna (2002): *»Autonomie und/oder Abhängigkeit«.* In: Emmi Pikler und Anna Tardos (Hg.): Miteinander vertraut werden. Freiamt, S. 137–146.

Tinnappel, Friederike (2003): *»Viele Schulanfänger sind nicht schulreif. Untersuchung ergibt psychische und physische Probleme«.* In: Frankfurter Rundschau vom 19. 2. 2003.

Vincze, Maria (2002): *Mütterliche Liebe – professionelle Liebe.* München.

Wallerstein, Judith S. und Julia Lewis (2002): *»Für andere kann die Ehe funktionieren, aber nicht für mich«.* In: Psychologie Heute, Heft 3, S. 46–51.

Wille, Joachim (2003): *»Die Seele im freien Fall«.* In: Frankfurter Rundschau vom 5. 3. 2003, S. WB 1.

Winnicott, Donald W. (1974): *Reifungsprozess und fördernde Umwelt.* München 1974.

Wintels, Andreas (2000): *Individualismus und Narzissmus.* Mainz.

Wolf, Ernest S. (1998): *Theorie und Praxis der psychoanalytischen Selbstpsychologie.* Frankfurt am Main.

Zentner, Marcel R. (1997): *»Passung – eine neue Sichtweise psychischer Entwicklung. Die Entwicklung des Kindes aus der Perspektive moderner Temperamentforschung und ihrer Anwendungen«.* In: Hilarion G. Petzold (Hg.): Frühe Schädigungen – späte Folgen? Psychotherapie und Babyforschung, Band 1. Paderborn, S. 157–193.

Zimmer, Jürgen (1984): *»Der Situationsansatz als Bezugsrahmen der Kindergartenreform«.* In: ders. (Hg.): Erziehung in früher Kindheit. Band 6 der »Enzyklopädie Erziehungswissenschaft« (Hg. Dieter Lenzen). Stuttgart, S. 21–38.

... Eltern sein dagegen sehr

Erziehungsberater im dtv

Ben Bachmair
Abenteuer Fernsehen
Ein Begleitbuch für Eltern
ISBN 3-423-36243-X

Cheryl Benard, Edit Schlaffer
Einsame Cowboys
Jungen in der Pubertät
ISBN 3-423-36295-2

Wolfgang Bergmann
Erziehen im Informationszeitalter
ISBN 3-423-36304-5

Bruno Bettelheim
Kinder brauchen Märchen
ISBN 3-423-35028-8

Deepak Chopra
Mit Kindern glücklich leben
Die sieben geistigen Gesetze für Eltern
Übers. v. P. A. Schmidt
ISBN 3-423-36267-7

Oggi Enderlein
Große Kinder
Die aufregenden Jahre zwischen 7 und 13
ISBN 3-423-36220-0

Isabelle Filliozat
Heute lach ich, morgen wein ich...
Die emotionale Kraft unserer Kinder
Übers. v. M. Buchwald
ISBN 3-423-34019-3

Diane Ehrensaft
Wenn Eltern zu sehr...
Warum Kinder alles bekommen, aber nicht das, was sie wirklich brauchen
Übers. v. S. Schuhmacher und R. Seuß
ISBN 3-423-34014-2

Klaus Fritz
Ein Sternenmantel voll Vertrauen
Märchenhafte Lösungen für alltägliche Probleme
ISBN 3-423-36120-4

Frank Furedi
Warum Kinder mutige Eltern brauchen
Übers. v. S. Schäfer
ISBN 3-423-34072-X

Susan Gilbert
Typisch Mädchen! Typisch Junge!
Praxisbuch für den Erziehungsalltag
Übers. v. R. Seuß und S. Schuhmacher
ISBN 3-423-34078-9

Martha Heinemann-Pieper
William J. Pieper
Smart Love
Erziehen mit Herz und Verstand
Übers. v. C. Trunk
ISBN 3-423-34032-0

... Eltern sein dagegen sehr

Erziehungsberater im dtv

Barbara Högl
Störfälle?
Die viel zu unaufmerksamen Kinder
Notizen, Fundstücke und Interviews
ISBN 3-423-**36213**-8

Isabel Hörmann
Ein Traum von Kind
Aus dem Leben einer ratlosen Mutter
ISBN 3-423-**36222**-7

Christine Kaniak-Urban
Jedes Kind hat seine Stärken
Typgerecht erziehen, seelische Nöte erkennen, Kompetenzen fördern
ISBN 3-423-**34092**-4

Sophie von Lenthe (Hg.)
Kinder verstehen
Ein psychologisches Lesebuch für Eltern
ISBN 3-423-**35017**-2

Maria Montessori
Kinder sind anders
Übers. v. P. Eckstein und U. Weber
ISBN 3-423-**36047**-X

Angela Murmann
Das Tunnelbiest
und andere Geschichten aus meiner Erziehungskiste
Illustr. v. H. Schulmeyer
ISBN 3-423-**36141**-7

Cora Neuhaus, Corona Schmid
Nur eine Phase?
Verhaltensauffälligkeiten bei Kindern
ISBN 3-423-**36219**-7

Gerlinde Ortner
Märchen, die Kindern helfen
Geschichten gegen Angst und Aggression
ISBN 3-423-**36107**-7

Neue Märchen, die Kindern helfen
ISBN 3-423-**36154**-9

Jirina Prekop
Christel Schweizer
Unruhige Kinder
Ein Ratgeber für beunruhigte Eltern
ISBN 3-423-**36030**-5

Dorothy Rich
Lernspiele für den EQ
So fördern Sie die emotionale Intelligenz Ihres Kindes
Übers. v. H. Zeltner
ISBN 3-423-**36226**-X

Eva Zeltner
Weder Macho noch Muttersöhnchen
Jungen brauchen eine neue Erziehung
ISBN 3-423-**36123**-9

Mut zur Erziehung
ISBN 3-423-**36048**-8